Helge Döhring

Anarcho-Syndikalismus

Einführung in die Theorie und Geschichte einer internationalen sozialistischen Arbeiterbewegung

Helge Döhring

Anarcho-Syndikalismus

Einführung in die Theorie und Geschichte einer internationalen sozialistischen Arbeiterbewegung

CIP-Titelaufnahme der deutschen Bibliothek:
Helge Döhring: Anarcho-Syndikalismus. Einführung in die Theorie und Geschichte einer internationalen sozialistischen Arbeiterbewegung, 1. Auflage, 1. Tsd., Lich/Hessen, Verlag Edition AV

ISBN 978-3-86841-143-0

1. Auflage 2017

Satz: Martin Veith
Druck: Druckerei Kleb GmbH, Wangen/Allg.
Printed in Germany

Verlag Edition AV
Postfach 1215
D-35420 Lich/Hessen
editionav@gmx.net

www.edition-av.de

Katja Budde

Inhaltsverzeichnis

Vorwort

„Streiksieg bei General Motors in Argentinien [...] Der Streik wurde von der der anarchosyndikalistischen FORA angeschlossenen Metallarbeitergewerkschaft von Buenos Aires erklärt und zehn Monate lang mit größter Energie durchgeführt. [...] Sie erklärten, nicht länger als 8 Stunden arbeiten zu wollen [...] Tatsächlich gelang es auch, eine große Anzahl der Arbeiter zu einem Solidaritätsstreik zu bewegen. [...] Kein Tag verging, an dem es nicht zu Zusammenstößen zwischen den Streikenden und den arbeitenden Streikbrechern gekommen war. Verhaftungen folgen aufeinander, und im Verlaufe des Kampfes sind nicht weniger als 456 Arbeiter verhaftet und zu insgesamt 3.000 Tagen Kerker verurteilt worden. [...] Doch die Arbeiter ließen sich nicht einschüchtern. Wäre der Streik mit reformistischen Mitteln geführt worden, dann wäre wahrscheinlich schon nach kurzer Zeit ein Zusammenbruch erfolgt. Doch die anarcho-syndikalistische FORA propagierte modernere und wirkungsvollere Kampfesmittel, die schließlich zum Siege geführt haben.“

„Der Syndikalist“, Nr. 7/1930.

„Die von der Gewerkschaft gestellten Bedingungen, die von der Firma restlos anerkannt wurden, lauteten:
1. Entlassung der gesamten Belegschaft, die während des Streiks gearbeitet hat.
2. Wiedereinstellung sämtlicher Streiker unter folgenden Bedingungen: Die Streikenden, die wiedereingestellt werden wollen, haben sich am 6. Dezember in der Fabrik zu melden. Wer sich nicht gemeldet hat, wird eingestellt, wenn Bedarf vorliegt.
3. Seitens des Unternehmens darf gegen die Streikenden keinerlei Maßregelung vorgenommen werden.
4. Bei Arbeitsmangel wird die tägliche oder wöchentliche Arbeitszeit herabgesetzt.
5. Überstunden werden mit 50 Proz. Aufschlag bezahlt.
6. Der Anfangslohn beträgt 87 ½ Centavos stündlich, nach drei Monaten wird er auf einen Pesos die Stunde erhöht.
7. Frauen- und Männerarbeit wird gleichwertig behandelt und bezahlt.“

„Der Syndikalist“, Nr. 8/1930.

Vielen Dank für Hilfen für das Erscheinen dieses Buches, für Auskünfte, Bilder gehen an: Anarchiv, Marianne Enckell, Marcel Faust (Durchsicht), Wolfgang Haug (Durchsicht), Andreas Hohmann, Philipp L., Folkert Mohrhof (Material), Emmelie Öden (Durchsicht, Buchcover), Jonnie Schlichting (Durchsicht), Martin Veith (Durchsicht, Layout), Tim Wätzold (Durchsicht).

Einleitung

„Anarcho-Syndikalismus" ist der international einheitliche Begriff, unter dem die hier vorgestellte Arbeiterbewegung unverwechselbar bezeichnet wird. Im deutschen Sprachraum ist es zulässig, das „Anarcho" wegzulassen und einfach von „Syndikalismus" zu sprechen, und so halte ich es auch in diesem Buch. Mehr dazu führe ich im Kapitel „Zum Begriff Anarcho-Syndikalismus" aus.

Syndikalismus beginnt dort, wo sich auf ökonomischer Ebene Menschen zusammenschließen, um sich im Alltag gegenseitig zu helfen mit dem Ziel, der Ausbeutung des Menschen durch den Menschen ein Ende zu setzen.

Helmut Rüdiger, bedeutender Theoretiker des Syndikalismus, stellte fest: „Der Syndikalismus ist […] in höherem Grade als die übrigen Richtungen der Arbeiterbewegung eine aus rein praktischen Verhältnissen des Klassenkampfes hervorgegangene Bewegung, weniger eine Theorie. […] Der Syndikalismus ist sozialistisch, d.h. er zielt auf die Vergesellschaftung der Produktion und planmäßige Anpassung der Erzeugung an den Bedarf."[1]

Doch obgleich der Syndikalismus seine Strategien streng aus der jeweiligen Praxis ableitet, hat er ein theoretisches Fundament aufgebaut. Dieses speist sich im Kern aus etwa 150 Jahren Menschheitsgeschichte und ist eng geknüpft an das Zeitalter der Industrialisierung. Die syndikalistische Arbeiterbewegung fand ihre Ausformung in vielen Ländern zu unterschiedlichen Zeitpunkten zu sehr unterschiedlichen Rahmenbedingungen. Diese reichhaltigen Erfahrungswerte lassen sich zusammentragen und in zugespitzter Form darstellen. Es gilt, Kontinuitäten, Brüche und Kompromisse herauszustellen, die ihre Bedeutung auch für künftige Generationen freiheitlich-sozialistischer Gewerkschafter haben werden. Eine Anatomie und ein historisch-repräsentatives Bewegungsbild des Syndikalismus in groben Zügen offenzulegen und nachvollziehbar zu machen, ist die vorrangige Aufgabe dieses Buches.

Auswahlkriterien

In dieser Einführung beleuchte ich den Syndikalismus, aufgefächert auf drei Ebenen, nämlich den Bereichen der Ökonomie, der Politik und der Kultur, bzw. außergewerkschaftlicher Aktivität. Dem voran stelle ich nebst Begriffserörterung und der Kurzfassung syndikalistischer Zieldefinitionen eine chronologische Darstellung der Entwicklung des internationalen Syndikalismus samt Vorläufer. Die Erörterungen im Buch messen sich zum größten Teil an ihrem repräsentativen

Charakter bezüglich der Geschichte des Syndikalismus nach zeitlichen, regionalen und organisatorischen Kriterien. Getragen wurde diese Arbeiterbewegung seit 1922/23 vornehmlich von der in der Tradition der *„Ersten Internationale"* stehenden *„Internationalen Arbeiter-Assoziation"* (IAA) und ihren Mitgliedssektionen. Darum stellt die IAA mit ihren Grundsätzen, ihrem Aufbau, ihren Aktivitäten und Reflexionen einen Großteil des Grundgerüstes dieser Einführung dar. Gemeint ist die historische IAA, die mit ihrer Vorgeschichte die bedeutendsten Epochen des international organisierten Syndikalismus abdeckt, nämlich die Zeitspanne vom Ende des Ersten Weltkrieges bis zu ihrer Marginalisierung in den 1950er Jahren. Trotz dieses begrenzten Zeitrahmens kann ich in einigen Kapiteln an aktuelle Bezüge anknüpfen. Deren Inhalt ist geprägt von den Praxisbezügen und theoretischen Entwicklungen der bedeutenden IAA-Landessektionen. Zu den somit erfassten Erdteilen gehörten neben Europa noch Mittel- und Südamerika, sowie mit Japan ein Teil Ostasiens. In vielen Unterkapiteln habe ich Darstellungen aus Regionen favorisiert, in denen die Bewegung eine gesellschaftlich relevante Bedeutung erlangte und als impulsgebender Faktor auftrat. Dazu zählen in Europa vor allem Spanien, Schweden, Frankreich und Deutschland. Aus Südamerika liefert vor allem Argentinien illustre Beispiele syndikalistischer Aktion, und beispielhaft für Asien existierte auch in Japan eine sehr rege und aufopferungsvolle syndikalistische Arbeiterbewegung.[2]

Widersprüche und Entwicklungen

Ich möchte aufzeigen, dass viele der klassischen Problemstellungen im Syndikalismus bis heute einer Lösung harren. Das betrifft in erster Linie ökonomische Belange, aber auch politische, wie etwa die Stellung zum Staatswesen, sowie das Wechselverhältnis aus beiden, nämlich die Konkurrenz auf ökonomischer Ebene durch staatlich legitimierte und geschützte sozialpartnerschaftliche Befriedungsmodelle. Stets stellten sich der syndikalistischen Arbeiterbewegung die Fragen nach Kompromissmöglichkeiten, als Folge entstehender elementarer Widersprüche zwischen syndikalistischen Grundsätzen einerseits und der Machtfrage in der Gesellschaft andererseits. Der Geschichtsverlauf zeigt in den Etappen syndikalistischer Entwicklung eine Politik der Zugeständnisse auf, die auf internationaler Ebene eine breite inhaltliche Auffächerung dieser Arbeiterbewegung zur Folge hatte. Dem gegenüber hat sich das vorherrschende Weltwirtschaftssystem fester positioniert, wogegen der Syndikalismus weltweit bis heute keine einheitliche Strategie findet. Den Bezug auf die historische IAA stelle ich auch deshalb her, weil deren Protagonisten in theoretischer Hinsicht am weitesten fortgeschritten waren und ein hohes Reflexionsniveau aufwiesen. Die heutige internationale Bewegung hingegen ist seit über einem halben Jahrhundert numerisch marginalisiert, hat stark fragmentarischen

Charakter und ist von Diskontinuitäten gezeichnet. Nicht zuletzt ist über die Generationen hinweg ein enormes Bildungsgefälle zu beobachten. In vielen Ländern degenerierte der Syndikalismus, so dass dort ihrem Wesen nach anarchistische Gruppen Traditionen zu pflegen versuchen, denen sie nicht gewachsen sind. Wie dem praktisch begegnet werden kann, damit der Syndikalismus eine Renaissance erleben kann, zeige ich im letzten Kapitel des Buches auf. Der Syndikalismus ist niemals abgeschlossen, stets wandlungsfähig, darin liegt seine Chance, in Zukunft in anderen Ausprägungen gedeihen zu können. Je geschichtsbewusster und theoretisch versierter die Beteiligten sind, desto gründlicher kann eine Neuausrichtung erfolgen. An die Geschichte muss dabei ohne geistigen und ideologischen Dogmatismus offen und neugierig herangegangen werden, um historische Prozesse dezidiert darlegen und begreifen zu können. Die wechselreiche Geschichte der syndikalistischen Arbeiterbewegung bietet mit ihren Stärken und ihren Mängeln beste Lernmöglichkeiten und stärkt die Einsicht, dass bestimmte grundsätzliche Fragen, wenn überhaupt, nur temporär eindeutig beantwortet werden können, dass Entscheidungen oftmals defizitär bleiben.

Quellen und Literatur

Erforderlich ist deshalb keine oberflächliche, lediglich sich an Sekundärliteratur abarbeitende Betrachtung, sondern vielmehr eine kombinierte Wechselwirkung der historischen Quellen mit aktuellen Praxiserfahrungen. Nur so kann dem Untersuchungsgegenstand die nötige Erkenntnistiefe zuteil werden. Zu den wichtigsten Quellen zählen die programmatischen und theoretischen Grundlagentexte von repräsentativen Organisationen und Persönlichkeiten der syndikalistischen Arbeiterbewegung, die Kongressprotokolle der IAA, die Berichte des IAA-Pressedienstes und der internationalen Korrespondenten, sowie die Presse der Sektionen der IAA.

Weitergehender Forschungs- und Literaturüberblick

Um dem deutschsprachigen Lesepublikum entgegenzukommen, speist sich die vorliegende Einführung in die Theorie und Geschichte der syndikalistischen Arbeiterbewegung vorrangig aus einem reichhaltigen deutschsprachigen Quellen- und Primärliteraturfundus. Das gilt in höherem Maße für einige Unterkapitel, die verstärkt ins Detail gehen. Es erleichtert den deutschsprachigen Leserinnen und Lesern, in geographischer Nähe zum eigenen Lebensumfeld konkrete und praktische Bezüge herzustellen. In seinen Grundzügen ist diese Einführung jedoch repräsentativ für die Geschichte des internationalen Syndikalismus.

Dennoch möchte ich für international weitergehend Interessierte auf einige wichtige Beiträge und Forschungen verweisen, und zwar von Vadim Damier,[3] Michael Schmidt/Lucien van der Walt,[4] Wayne Thorpe/ Marcel van der Linden[5] und Tim Wätzold.[6]

Die spezifische Qualität jeder Ausarbeitung betrachtend, zeigt sich in obiger Literatur der bisherige Stand der Aufarbeitung der Geschichte des internationalen Syndikalismus in seiner Vielfältigkeit, wenngleich es mitunter stark an begrifflicher Schärfe, sowie an einer schlüssigen Eingrenzung des Untersuchungsgegenstandes mangelt.

Wer sich für den deutschsprachigen Raum interessiert, findet unter anderen bei Hans Manfred Bock,[7] Hans Jürgen Degen[8] oder beim Institut für Syndikalismusforschung[9] fachkundige Publikationen vor.

Aus der Sicht praktisch aktiver Syndikalisten möchte ich nicht zuletzt die Broschüre von Beltran Roca Martinez aus dem Jahre 2006 über die *„Renaissance des Anarcho-Syndikalismus. Eine Untersuchung am Beispiel der CNT Sevilla"* empfehlen, sowie die Ausarbeitungen von Heiko Grau-Maiwald: *„Aus dem Schatten treten! Anmerkungen für die anarchosyndikalistische Gewerkschaftsarbeit"* (2011) und *„Aus dem Takt. Offensive Betriebsarbeit im Gesundheitswesen"* aus dem Jahre 2009.

Ich wünsche spannende und erkenntnisreiche Lektüre.

Helge Döhring

Bremen, im Juni 2016

Anmerkungen

[1] Helmut Rüdiger: Föderalismus..., S. 228.
[2] Neuere Forschungen förderten auch Bewegungen in Korea, der Mandschurei, in China zutage, zu denen seitens der damaligen IAA keine Kontakte bestanden. Siehe dazu: Gotelind Müller: China, Kropotkin und der Anarchismus. Eine Kulturbewegung im China des frühen 20. Jahrhunderts unter dem Einfluß des Westens und japanischer Vorbilder, Wiesbaden 2001.
[3] Vadim Damier: Anarcho-syndicalism in the 20th Century, Edmonton 2009. (Online zugänglich)
[4] Lucien van der Walt/Michael Schmidt: Schwarze Flamme. Revolutionäre Klassenpolitik im Anarchismus und Syndikalismus, Hamburg 2013.
[5] Marcel van der Linden/Wayne Thorpe: Revolutionary Syndicalism. An International Perspective, Aldershot 1990. Ergänzt wurden die Forschungen von Marcel van der Linden 2001 mit den „Neuen Überlegungen zum revolutionären Syndikalismus", vgl.: 1999. Zeitschrift für Sozialgeschichte des 20. und 21. Jahrhunderts. Bd. 16/2001.
[6] Tim Wätzold: Der libertäre Atlantik. Unsere Heimat ist die ganze Welt. Die Entwicklung der Arbeiterbewegungen Südamerikas zur Zeit der europäischen Massenemigration als Teil der Kulturgeschichte des internationalen Proletariats, Hamburg 2015.
[7] Bock, Hans Manfred: Anarchosyndikalismus in Deutschland. Eine Zwischenbilanz, in: IWK, Nr. 3/1989. (Online zugänglich)
[8] Degen, Hans Jürgen: Anarchismus in Deutschland 1945-1960. Die Föderation Freiheitlicher Sozialisten, Lich 2015 (Neuauflage von 2002).
[9] www.syndikalismusforschung.info. Darunter Werke von Helge Döhring zu zwei Zeitepochen: Syndikalismus in Deutschland 1914-1918, Lich 2013 und Anarcho-Syndikalismus in Deutschland 1933-1945, Stuttgart 2013.

I. Begriff und Zielvorstellungen

1. Zum Begriff Anarcho-Syndikalismus

Internationaler Gebrauch

Sperrig klingt er, der Begriff Anarcho-Syndikalismus, und zur praktischen Verwendung ist er viel zu lang. Doch ist er auf internationaler Ebene die fachlich korrekte Ausdrucksweise für die Organisationsweise, die in diesem Buch beschrieben wird. Es setzt sich aus dem Grundwort „Syndikalismus" und dem Bestimmungswort „Anarcho" zusammen. Ersteres kommt aus dem romanischen Sprachgebrauch, genauer gesagt aus dem Französischen „syndicat" und bedeutet ins Deutsche übersetzt: „Gewerkschaft", im Englischen: „union". Damit ist der Gegenstand der Bewegung zwar angegeben, jedoch noch nichts über den genauen Charakter ausgesagt. In politischer Hinsicht gibt es sozialdemokratische, liberale und kommunistische, daneben aber auch christlich geprägte Gewerkschaften. Der Wesensgehalt und die Zielsetzung der hier beschriebenen Gewerkschaften orientieren sich an der Philosophie des kommunistischen Anarchismus, wie er prägend von Peter Kropotkin entworfen wurde.[10] Um eine international einheitliche Begrifflichkeit dieser speziellen Gewerkschaftsbewegung herzustellen, stellt man dem Grundwort „Syndikalismus" das Bestimmungswort „Anarcho" voran und trennt es mit einem Bindestrich: „Anarcho-Syndikalismus", spanisch: *„anarco-sindicalismo"*, englisch: *„anarcho-syndicalism"*. Der Bindestrich signalisiert die historische Gewachsenheit des Begriffs und lässt künftigen Überlegungen zur Ausrichtung breiten Raum. Gelegentlich wird er ohne Bindestrich geschrieben, was ihm eine charakterliche Endgültigkeit verleiht. Diese widerspricht jedoch der generellen Vielfältigkeit und Wandlungsfähigkeit dieser Bewegung in den etwa 150 Jahren ihrer Geschichte, weshalb ich ihn als ungeeignet betrachte. Die charakterliche Bandbreite des Anarcho-Syndikalismus reichte von der stark anarcho-kommunistisch beeinflussten Bewegung in Südamerika des beginnenden 20. Jahrhunderts bis zur revisionistisch-syndikalistischen Organisation im industriell geprägten Schweden der 1950er Jahre. Sie alle organisierten sich einst unter dem gemeinsamen Dach der „Internationalen Arbeiter-Assoziation", die alle „revolutionär-syndikalistischen" Organisationen der Welt zusammenfassen wollte. Im Deutschen wird synonym zum Begriff „Anarcho-Syndikalismus" auch der weniger umständliche Ausdruck „Syndikalismus" statt „Gewerkschaftswesen" gebraucht, im Englischen genügt der Begriff „syndicalism" da dieser keiner anderen relevanten Gewerkschaftsbewegung („unionism") zugeordnet wird. Der freiheitlich-emanzipatorische Gehalt, der das Bestimmungswort „Anarcho" auszeichnet, ist im Syndikalismus immanent. Im internationalen Maßstab präzisierte Helmut Rüdiger im Jahre 1947: „In den romanischen Ländern bedeutet Syndikalismus nur Gewerkschaftsbewegung schlechthin. Aber in Frankreich, Spanien, Italien werden von jeher auch mit dieser nicht nur lohnpolitische, sondern auch konstruktiv-sozialistische Vorstellungen verknüpft [...] Was in den skandinavischen Ländern, Deutschland, England usw. als Syndikalismus bezeichnet wird, ist der revolutionäre Flügel der Bewegung, der die parteipolitische Aktion überhaupt ablehnt und anstelle des Staates selbst die Organisation der Arbeit durch die Gewerkschaften setzt."[11]

In der historischen IAA (gegründet 1922 in Berlin), deren Theorie und Praxis das Grundgerüst für dieses Buch stellen, konnten laut Statuten alle „revolutionär syndikalistischen" Gewerkschaften angehören. Mit dieser Begrifflichkeit symbolisierte sie ihrerseits Offenheit gegenüber Organisationen, die ihre Ursprünge weniger auf anarchistische Impulse zurückführten.

Deutschland

Die Wandlungsfähigkeit des Begriffs Syndikalismus steht in Deutschland mit der Entwicklung der Arbeiterbewegung in engem Zusammenhang. Als sich die sozialdemokratische Arbeiterbewegung im 19. Jahrhundert zentralistisch auszurichten begann, entstand innerhalb der Mitgliederbasis eine Opposition, die ihre gewerkschaftlichen Vereinigungen föderalistisch miteinander verbunden wissen wollten, sie organisierten sich „lokalgewerkschaftlich" und unterstellten sich nicht der im Jahre 1890 geschaffenen „Generalkommission der Gewerkschaften Deutschlands". Die Ursachen dafür lagen vor allem in den Erfahrungen aus der Zeit der sogenannten „Sozialistengesetze" begründet. Föderalistische Strukturen erwiesen sich gegen die staatliche Repression als widerständiger und weniger angreifbar. Ebenso stellte diese Organisationsform ein Zugeständnis an das rigide preußische Vereinsgesetz dar, welches nur lokalen Gewerkschaften die Behandlung politischer Fragen gestattete. Sie nannten sich in Anlehnung an ihre Organisationsgeschichte und ihren Bedingungen des organisatorischen Aufbaus: *„Zusammenschluss der lokalorganisierten oder auf Grund des Vertrauensmännersystems zentralisierten Gewerkschaften Deutschlands"* oder kurz *„Vertrauensmänner-Zentralisation Deutschlands"* und ihren 1897 geschaffenen eigenen Dachverband seit 1901 *„Freie Vereinigung deutscher Gewerkschaften"*. Umgangssprachlich nannten sie sich *„Lokalvereinigungen"* und ihre Mitglieder salopp *„Lokalisten"* im Gegensatz zu den zentralgewerkschaftlich organisierten *„Zentralisten"*. Von diesen wurden sie in den Jahren nach 1905 auch als „Anarcho-Sozialisten" betitelt, was sie als Unruhestifter einer einheitlich-sozialdemokratischen Arbeiterorganisation brandmarken sollte. Als sich diese genuin in der Arbeiterbewegung verwurzelte lokalistische Richtung im ersten Jahrzehnt des 20. Jahrhunderts mehr

und mehr von der Sozialdemokratie abwandte,[12] spielten Einflüsse aus der französischen Arbeiterbewegung eine große Rolle, die den föderalistischen und konsequent klassenkämpferischen Bestrebungen und Entwicklungen der „Lokalisten" entgegenkamen. Auf diese Weise wurde der Begriff „Syndikalismus" in Deutschland eingeführt, das zentrale Presseorgan sofort nach dem Ersten Weltkrieg von „Die Einigkeit" in „Der Syndikalist" umbenannt, die Organisation 1919 in *„Freie Arbeiter-Union Deutschlands – Syndikalisten"* (FAUD-S), da die alte Organisation mit großen Teilen der entstehenden „Arbeiter-Unionen" verschmolz, besonders in Rheinland-Westfalen. Um dem Bekenntnis zum Programm des kommunistischen Anarchismus stärker Rechnung zu tragen, und weil sich besonders im Ruhrgebiet große unionistisch-marxistische Teile unter ähnlichem Namen von der FAUD abspalteten, präzisierte diese ihren Namen 1921 in *„Freie Arbeiter-Union Deutschlands - Anarcho-Syndikalisten"* (FAUD-A.S.). Ihr Programm trug weiterhin den Titel „Prinzipienerklärung des Syndikalismus" und wurde erst 1927 in „Prinzipienerklärung des Anarcho-Syndikalismus" geändert.[13] Jedoch blieb der Begriff „Syndikalismus" umgangssprachlich bestimmend, so auch im Zeitungstitel des FAUD-Hauptorgans bis 1933, „Der Syndikalist". Man kann die die Bewegung tragende Mitgliederbasis während der Weimarer Republik deshalb durchaus differenzieren: Wo die alten Gewerkschaftsgruppen aus der Zeit vor dem Ersten Weltkrieg bestimmend waren, sollte von „Syndikalismus" gesprochen werden. Für Regionen hingegen, wo, besonders ab Mitte der 1920er Jahre, eine wenig oder gar nicht in dieser lokalistisch-gewerkschaftlichen Tradition stehende zweite, junge Generation der FAUD wirkte, ist der Begriff „Anarcho-Syndikalismus" treffender. Denn diese, die weit weniger betrieblich verankert und wirksam war, brachte ihre anarchistischen Ideale weitaus deutlicher zum Ausdruck, als dass sie kollektiv wirksame Gewerkschaftsarbeit vollbrachte.

Ist der Syndikalismus Anarchismus oder Sozialismus?

Die sich eher in der Tradition der 68er Bewegung und der „Neuen sozialen Bewegungen" der 1970/80er Jahre neu formierende und sich beliebig an anarchistischen Ideen orientierende Jugendbewegung, die zu Beginn des 21. Jahrhunderts in vielen Ländern einen beträchtlichen Teil der anarcho-syndikalistischen Organisation ausmachte, betonte das Bestimmungswort „Anarcho" stärker. Daher wird der „Anarcho-Syndikalismus" auch in der aus dieser neueren Tradition stammenden Fachliteratur fast ausschließlich unter dem ideengeschichtlich geprägten Label „Anarchismus" subsumiert, was bei näherem Hinsehen unter historischen Gesichtspunkten zumindest für bestimmte Regionen und Epochen zu hinterfragen ist. Denn dafür erwies sich der Anarchismus zu häufig als diffuses und im Einzelnen sehr fragwürdiges philosophisches Ideenkonglomerat, denn als bedeutende und numerisch starke soziale und revolutionäre Bewegung, wie sie die syndikalistischen Gewerkschaften verkörpern konnten. Genauso gut könnte man aus sozialgeschichtlicher Perspektive heraus behaupten, der Anarchismus sei ein Nebenprodukt, ein Anhängsel des Syndikalismus, in dessen Windschatten er segelt. Vielmehr sollte der Syndikalismus der Klarheit zuliebe als eigenständige Begrifflichkeit geführt werden, der als Oberbegriff nicht den „Anarchismus" verwendet, sondern den Begriff „Sozialismus". So man doch das Bestimmungswort „Anarcho" extra zum Ausdruck bringen möchte, sollte man klarstellen, dass dieses nur auf einen sehr bestimmten Teil der anarchistischen Ideengeschichte zurückführt, nämlich auf die personelle Achse Proudhon-Bakunin-Kropotkin.

Diejenigen im deutsch- und englischsprachigen Raum, die den Oberbegriff „Sozialismus" favorisieren, aber diese anarchistische Ideen-Achse als Schnittmenge zum Syndikalismus nicht außer Acht lassen, sprechen wie ich von „Syndikalismus". Denn damit sind die Traditionen und auch die anarchistischen Einflüsse klar definiert. Zudem wird entgegen mancher ahistorischer Ausarbeitung der gewerkschaftliche Charakter gebührend betont und das - häufig unsachliche Assoziationen hervorrufende - Bestimmungswort „Anarcho" vermieden. Es bleibt Anarchisten überlassen, sich weiterhin darüber den Kopf zu zerbrechen, ob der „Anarchismus" mit seinen zahlreichen obskuren Unterströmungen eine eher sozialistische oder eine eher individualistische Ideenrichtung oder gar eine gesellschaftspolitische Alternative darstellt. Syndikalismus und Anarchismus sollten nicht generell über einen Kamm geschoren werden. Denn das erschwert in unnötiger Weise differenzierte und präzise Untersuchungen, Betrachtungen und schließlich auch Bewertungen.

Ideengeschichtlich lässt sich der Syndikalismus deutlich den Zielvorstellungen des Kommunistischen Anarchismus zuordnen, soziologisch betrachtet ist der Syndikalismus ein Teil der weltweiten sozialistischen Arbeiterbewegung.

2. Zielvorstellungen

> „Föderalismus will direkte anstelle der extrem repräsentativen Demokratie setzen. Das Volk soll selbst – nicht durch Vertreter regieren. [...] Föderalismus bedeutet heute auf internationalem Gebiet Aufgabe der Idee des außenpolitisch souveränen Staates; innenpolitisch und sozial die Ersetzung der zentralistischen Demokratie mit ihren atomisierten Wähler- und Interessencliquen auf der einen und isolierter Parlaments- und Regierungsapparatur auf der anderen Seite durch eine territoriale und funktionell stärker gegliederte soziale und politische Gemeinschaft mit einem neuen, volksnäheren und elastischerem System. Im weiteren Sinne werden alle Erscheinungen als föderalistische Tendenzen betrachtet, die, auch von verschiedenen Ausgangspunkten, nach Schaffung frei aufgegliederter Gemeinwesen streben."[14]
>
> (Helmut Rüdiger)

Die Statuten der syndikalistischen „Internationalen Arbeiter-Assoziation" definierten ihre Absichten so: „Der revolutionäre Syndikalismus ist die auf dem Boden des Klassenkampfes fußende Bewegung der werktätigen Volksschichten, welche die Vereinigung aller Hand- und Kopfarbeiter in wirtschaftlichen Kampforganisationen erstrebt, um deren Befreiung vom Joche der Lohnsklaverei und des staatlichen Unterdrückungsapparates anzubahnen und praktisch durchzuführen."[15]

Der Syndikalismus hat eine Gesellschaft auf föderalistischer Grundlage zum Ziel, in der die Freiheit, die Gleichheit und die gegenseitige Hilfe unter den Menschen gewahrt sind. Dies sind die Forderungen aus der Französischen Revolution von 1789. Den Unterschied zu kapitalistischer und staatssozialistischer Herrschaft sehen die Syndikalisten darin, dass diese Werte für eine ideale Gesellschaft als gleichwertig zu erachten sind. Wird die Freiheit stärker betont, besteht die Gefahr einer Klassengesellschaft, in der es reichere und ärmere Menschen gibt. Wird stattdessen die Gleichheit mehr betont, besteht die Gefahr einer despotischen Diktatur. Der russische Anarchist Michael Bakunin (1814-1876) schrieb zutreffend, dass „Freiheit ohne Sozialismus Privileg und Ungerechtigkeit und dass Sozialismus ohne Freiheit Sklaverei und Brutalität bedeutet".[16] Daran gekoppelt betonen die Syndikalisten in besonderem Maße die kulturellen Werte einer Gesellschaft. Denn Menschen, die besonders die Ideale von gegenseitiger Hilfe und Solidarität nicht leben wollen, sind unfähig, sich selber frei und gleich zu organisieren und konstruktiv miteinander in Beziehung zu treten. Dem kulturellen Aspekt wohnt damit gleichsam das Streben nach Bildung und libertärer Pädagogik inne.

Ich gebe einen Überblick über die Ansichten der Syndikalisten zu den zentralen Bereichen menschlichen Zusammenlebens auf den Gebieten der Ökonomie, der Politik und der Kultur. Obwohl sie die drei Bereiche als gleichwertig ansehen, legen sie in der Klassengesellschaft als Gewerkschafter ihren praktischen Hauptansatzpunkt auf die wirtschaftliche Ebene. Dies hat zwei Gründe: Zum einen ist der ökonomische Sektor derjenige, der unmittelbar zum Überleben der Menschheit notwendig ist, und zum anderen stellt er den Bereich dar, von dem ausgehend die ganze Gesellschaft nachhaltig transformiert werden kann. Denn wer die Produktion kontrolliert, sichert nicht nur das eigene Überleben, sondern hat darüber hinaus die Macht über alle anderen gesellschaftlichen Bereiche, etwa die Politik, das Militär, die Justiz oder den Bildungsbereich.

Der Syndikalismus setzt elementar an der materiellen Basis an. Träger dieser historischen Bewegung war die Arbeiterschaft, die ihren Ursprung im Industrialisierungsprozess des 19. Jahrhunderts hat. Seit 1864 organisierte sich auf internationaler Ebene ein repräsentativer Teil innerhalb der „Ersten Internationale". Dabei handelte es sich neben individuellen Mitgliedschaften vor allem um einen Zusammenschluss einzelner Gewerkvereine und Landessektionen. Aus den zentralen Konfliktlinien zwischen den Sektionen gingen zwei große Strömungen der internationalen Arbeiterbewegung hervor: Die marxistische Ideenrichtung, vertreten durch Karl Marx (1818-1883) und Friedrich Engels (1820-1895), sowie der Anarchismus, der sich in der Symbolfigur Michael Bakunins verkörperte.[17] Erstere speiste sich aus der Entwicklung materialistisch orientierter Philosophie und zentralistischer Ausrichtung, letzterer bezog auch die idealistischen Richtungen der Philosophie mit ein und war in politischer Hinsicht föderalistisch orientiert. Im Widerspruch zu ihrem materialistischen Weltbild, setzte die marxistische Strömung ihr Hauptaugenmerk jedoch nicht auf den ökonomischen Bereich als Basis des gesellschaftlichen Seins und gesellschaftlicher Veränderung. Ausgerechnet auf den von ihnen daraus abgeleiteten, dem „Überbau" zugehörigen politischen Bereich sahen sie ihr revolutionäres Kampfterrain. Sie wollten am Staat partizipieren und diesen schließlich übernehmen, was ihrer zentralistischen Ausrichtung entsprach. Im Gegensatz dazu hielt der anarchistisch orientierte Flügel der „Internationale" an der Prämisse fest, durch ökonomische Kämpfe die Basis der Gesellschaft umzuwälzen; Zwischenziel war die direkte Arbeiterselbstverwaltung, ohne dabei die Strukturen des Staates zu übernehmen. Dies war nur möglich auf föderalistischer Grundlage, da der Staat als Ausdruck des politischen und militärischen Zentralismus angesehen wurde. In den Statuten der „Internationalen Arbeiter-Assoziation" hieß es 1923:

Das Ziel des revolutionären Syndikalismus „ist die Reorganisation des gesamten gesellschaftlichen Lebens auf der Basis des freien

Kommunismus durch die gemeinschaftliche revolutionäre Aktion der arbeitenden Klassen selbst. Er vertritt den Standpunkt, dass nur die Wirtschaftsorganisationen des Proletariats für die Erfüllung dieser Aufgaben geeignet sind und wendet sich daher an die Arbeiter in ihrer Eigenschaft als Produzenten und Erzeuger gesellschaftlicher Werte, im Gegensatz zu den modernen politischen Arbeiterparteien, die für konstruktive wirtschaftliche Zwecke nicht in Betracht kommen. [...] Der revolutionäre Syndikalismus ist ausgesprochener Gegner aller wirtschaftlichen und sozialen Monopole und erstrebt deren Beseitigung durch die Wirtschaftskommunen und Betriebsverwaltungen der Industrie- und Feldarbeiter auf dem Boden eines freien Rätesystems, das keiner politischen Macht oder Partei unterstellt ist."[18]

3. Arbeitsbörsen

Im Frankreich des ausgehenden 19. Jahrhunderts entwickelten sich die „Bourses du travail" („Arbeitsbörsen"). Dies waren kommunal und regional gesponserte Gewerkschaftshäuser auf lokaler Ebene, in denen sich Arbeitsvermittlung, Bibliothek, Versammlungsräume und andere Selbstverwaltungsstrukturen befanden. Sie entwickelten sich schließlich als Föderation zu organisatorischen Kernelementen einer autonomen Arbeiterbewegung. So erwuchs aus ihnen und Gewerkschaften der französische Syndikalismus, zusammengeschlossen in der „Confédération générale du travail" (CGT).[19] Über die Zusammenfassung wichtiger Aktivitäten in Form von Arbeitsbörsen - gestaffelt nach geographischen Einheiten: Städte, Landkreise, Bezirke, Länder - sollte es gelingen, gesamtgesellschaftliche Belange ganz zu erfassen, zunächst in die notwendigen zentralen Aufgaben unterteilt, die Organisation:

A) der Produktion, darunter: Land- und Forstwirtschaft, Lebens- und Genussmittel, Bekleidungs- und Textilindustrie, Schuh- und Lederindustrie, Baugewerbe, Holzindustrie, Bergbau, Hütten und Salinen, Chemische Industrie, Metall- und elektronische Industrie, Graphisches Gewerbe und Papier-Industrie, Verkehr und Freie Berufe, sowie

B) der Konsumtion, darunter: Ernährungswesen, Bekleidung, Wohn- und Bauwesen, Bildung, Unterhaltung und Kunst, Gesundheitswesen und öffentlicher Verkehr.[20]

Die im Produktionsbereich tätigen syndikalistischen Industrieföderationen sollten innerhalb der Arbeitsbörse mit der Organisation des Konsums korrespondieren, die Produktion auf die tatsächlichen Bedürfnisse abstimmen, statt unter kapitalistischen Marktgesetzen die Profitmaximierung zum Ziel zu haben. Der syndikalistische Theoretiker Rudolf Rocker (1873-1958)[21] illustrierte: „Damit wäre [...] die Grundlage für eine planmäßige Produktion geschaffen. Hätten die Arbeiterbörsen die

Aufgabe, den Konsum zu organisieren, so hätten die Industrieverbände die Aufgabe, die Organisation der Produktion in die Hand zu nehmen. Sie würden sämtliche Maschinen, Werkzeuge, Rohstoffe usw. unter ihre Verwaltung nehmen und die einzelnen Betriebe und Industrien mit den notwendigen Werkzeugen und Materialien versorgen. Auf diese Art würde die Sozialisierung von unten nach oben durch die Arbeiter selbst vor sich gehen, und dies allein wäre imstande, uns den Sozialismus zu bringen."[22]

Die Arbeiterbörse verzahnte organisatorisch den Bereich der Industrie mit dem des außerbetrieblichen gesellschaftlichen Lebens. Letzterer beinhaltete nicht nur die Organisation des Konsums, sondern auch die Belange des Zusammenlebens der Bevölkerung auf kultureller Ebene, beispielsweise die Bildung (besonders die Hebung des Klassenbewusstseins), generell die Befähigung eines solidarischen Umgangs miteinander, allgemein gesprochen, die „geistige und sittliche Entwicklung der Einzelpersönlichkeit".[23] Im Arbeitskonflikt war die Arbeiterbörse das Zentrum der Entfaltung von Propaganda, der Koordination von Streiks und generell der Vorbereitung breit angelegter gesellschaftlicher Umwälzung. Es ging nicht alleine um die Aneignung technischen Wissens, sondern darüber hinaus um die Rolle spezieller Arbeitsbereiche im Gesamtgefüge von Produktion.

Entworfen und zur Geltung gebracht wurde dieses – die Staatsform ausschließende Modell – von Fernand Pelloutier (1867-1901). Er war einer der Hauptakteure innerhalb der Bewegung, die „in den Massen die Reife zur Übernahme der Gesamtproduktion" verankern wollte. Dazu propagierten sie die Methoden der „Direkten Aktion" und des *Generalstreiks*. Auf der anderen Seite warnten sie vor dem Weg des Parlamentarismus und der Sozialgesetzgebung: „Die Lehre von [Pierre Joseph] Proudhon, die in Frankreich so reiche Spuren hinterließ, verband [Pelloutier] mit dem Idealismus eines Bakunin."[24] Später bekam er den Posten des Sekretärs der Arbeiterbörsen übertragen. Zu seinen theoretischen Werken zählten besonders die Bücher „Les Syndicats en France" (1897) und „Histoire des bourses du travail" (1902).[25] Fortan galt er weltweit als einer der Urheber des modernen Syndikalismus.

Daran angelehnt wurde in der kurzen Blüte des Syndikalismus in Deutschland zu Beginn der 1920er Jahre unter dem Titel „Die Arbeiterbörsen des Syndikalismus" ein theoretisches Konzept entworfen. Die Syndikalisten erkannten nicht nur den unmittelbaren praktischen Wert, sie legten Wert darauf, schon in vorrevolutionärer Zeit, die Börsenstruktur zu proben und sie theoretisch begleitet von sogenannten „Studienkommissionen" in den einzelnen Industrien auszubauen, bevor an die Stelle des kapitalistischen Wirtschaftssystems und des Staates die von ihnen erstrebte „Freie Gesellschaft" treten würde:

„Die Studienkommissionen sollen Vorarbeit leisten für die Sozialisierung. Für jede Industrie ist eine besondere Studienkommission zu bilden, die zu untersuchen haben, welche Aufgaben die entsprechende Industrie zu lösen hat, am Tage der sozialen Revolution. Schon heute aber können die Studienkommissionen Material dafür liefern, welche Waren notwendig und welche schädlich sind für die Masse der arbeitenden Bevölkerung."[26] Die Arbeiterbörsen der 1920er Jahre hatten sich neben der organisatorischen Erfassung der Frauen und der Jugendlichen vornehmlich zwei Aufgaben gestellt:

„1. Die Arbeiter in Berufs- und Industrieorganisationen zusammenzufassen, um täglich den Kampf zu führen für Verbesserung der Lohn- und Arbeitsbedingungen, für bessere hygienische Einrichtungen der Betriebe, für die moralische Durchbildung der Mitglieder, bei der Herstellung von Waren einzuwirken auf die Qualität und nach den Bedürfnissen des arbeitenden Volkes.

2. Die Mitglieder zu schulen für die sozialistische Gesellschaftsordnung, sie zu erziehen dahin, dass sie fähig werden, die Träger und Verwalter der sozialistischen Produktion zu werden."[27]

In der Prinzipienerklärung des Syndikalismus heißt es ausführlicher:

„Die Gewerkschaften der verschiedenen Berufe vereinigen sich an jedem Orte in der Arbeiterbörse, dem Mittelpunkt der lokalen gewerkschaftlichen Tätigkeit und der revolutionären Propaganda. Sämtliche Arbeiterbörsen des Landes vereinigen sich in der Allgemeinen Föderation der Arbeiterbörsen, um ihre Kräfte in allgemeinen Unternehmungen zusammenfassen zu können. Außerdem ist jede Gewerkschaft noch föderativ verbunden mit sämtlichen Gewerkschaften desselben Berufs im ganzen Lande und diese wieder mit den verwandten Berufen, die sich zu großen allgemeinen Industrieverbänden zusammenschließen. Auf diese Weise bilden die Föderation der Arbeiterbörsen und die Föderation der Industrieverbände die beiden Pole, um die sich das ganze gewerkschaftliche Leben dreht. Würden nun bei einer siegreichen Revolution die Arbeiter vor das Problem des sozialistischen Aufbaus gestellt, so würde sich jede Arbeiterbörse in eine Art lokales statistisches Büro verwandeln und sämtliche Häuser, Lebensmittel, Kleider usw. unter ihre Verwaltung nehmen. Die Arbeiterbörse hätte die Aufgabe, den Konsum zu organisieren und durch die Allgemeine Föderation der Arbeiterbörsen wäre man dann leicht imstande, den Gesamtverbrauch des Landes berechnen und auf die einfachste Art organisieren zu können.

Die Industrieverbände ihrerseits hätten die Aufgabe, durch ihre lokalen Organe und mit Hilfe der Betriebsräte sämtliche vorhandenen Produktionsmittel, Rohstoffe usw. unter ihre Verwaltung zu nehmen und die einzelnen Produktionsgruppen und Betriebe mit allem Notwendigen zu versorgen. Mit einem Wort: Organisation der Betriebe und Werkstätten durch die Betriebsräte; Organisation der allgemeinen Produktion durch die industriellen und landwirtschaftlichen Verbände; Organisation des Konsums durch die Arbeiterbörsen."[28]

Dass es sich bei den Grundzügen des Arbeiterbörsenmodells nicht um Kopfgeburten handelte, hat die Geschichte während der Spanischen Revolution 1936 gezeigt. So konnte die spanische anarcho-syndikalistische Gewerkschaft „Confederación Nacional del Trabajo" (CNT) im hochindustrialisierten Katalonien tatsächlich eine reibungslose Versorgungslage der Bevölkerung in Stadt und Land gewährleisten. Durch die bedürfnisorientierte Wirtschaftsweise wurden Kapazitäten frei für den Aufbau einer Rüstungsindustrie im Kampf gegen den Faschismus, und viele Arbeitskräfte zogen in Milizen von ihren Produktionsstätten an die Front. Die Selbstbestimmung sorgte darüber hinaus für größere Kreativität und Innovation im Produktionsbereich. Zudem funktionierte in der ersten Phase der Kriegszeit der Austausch zwischen Industrie und Landwirtschaft.

Beispiel: Freie Gesellschaft in Spanien 1936

Tatsächlich konnten diese theoretischen Überlegungen in die Praxis umgesetzt werden: In Teilen Spaniens, nämlich in Katalonien, Aragonien, sowie mit Abstrichen in Andalusien und Kastilien hat die Arbeiterselbstverwaltung ihre Blüte erlebt und dies gleichermaßen sowohl im ökonomisch hoch entwickelten industriellen Ballungszentrum um Barcelona als auch in den landwirtschaftlich geprägten Regionen. Mit Beginn des Spanischen Krieges (1936-1939) und der Spanischen Revolution im Juli 1936 avancierte der Syndikalismus auf nahezu allen Gebieten des gesellschaftlichen Lebens zur treibenden Kraft. Der Syndikalismus konnte in Spanien auf eine lange Tradition zurückgreifen, die sich bis in die Mitte des 19. Jahrhunderts zurückverfolgen lässt. Dazu führte Rudolf Rocker aus:

„Nach Nettlaus Meinung war Spanien das einzige Land Europas, in dem die liberalen Überlieferungen der Vergangenheit mit den modernen Bestrebungen der freiheitlichen sozialistischen Bewegung so innig verschmolzen waren, dass niemals ein gewaltsamer Abbruch stattfand.

Während z.B. in Deutschland die ganze Agitation Lassalles und seiner Anhänger von Anfang an darauf eingestellt war, alle liberalen Ideen unter der Arbeiterschaft auszutilgen und ihre Träger für die nationalen Bestrebungen des deutschen Einheitsstaates empfänglich zu machen, den Bismarck angebahnt und später verwirklicht hat, bestand in Spanien stets ein innerer geistiger Zusammenhang mit allen revolutionären Bewegungen der Vergangenheit, die der klerikalen Monarchie Trotz geboten und für neue politische und soziale Lebensbedingungen gekämpft hatten. [...] Die föderalistische Organisationsform der Gewerkschaften und der regelmäßige Wechsel ihrer Vertreter in der inneren Verwaltung verhinderte das Aufkommen einer professionellen Führerschicht und sicherte die geistige Unabhängigkeit ihrer Anhänger. Das ist die Ursache, weshalb gerade in Spanien die Überlieferungen der ersten Internationale sich am besten erhalten haben, während sie in den meisten anderen Ländern durch die Beteiligung der Sozialisten an der nationalen Machtpolitik des Staates und eine immer mehr um sich greifende Zentralisation der Bewegung allmählich in Vergessenheit gerieten. Aus diesem Grunde glaubte Nettlau, dass Spanien so ziemlich als einziges Land in Europa verblieben ist, wo größere soziale Umwälzungen die meiste Aussicht haben und wo sie im Falle einer ernstlichen politischen Krise, die er für unvermeidlich hielt, auf lebhafte Mitwirkung breiter Volksschichten rechnen konnten."[29]

Die Genese und Entwicklung der Arbeiterbewegung fußte auf sehr günstigen Voraussetzungen. Denn in diesem von Großgrundbesitz, Feudal- und Kirchenherrschaft geprägten und vom Analphabetismus betroffenen Land klafften die Klassengegensätze so weit auseinander, dass der Syndikalismus ein Organisationsvakuum auszufüllen imstande war, welches der Staat nicht bedienen konnte. Die 1910 gegründete Confederación Nacional del Trabajo (CNT) übernahm viele Funktionen, die in anderen Ländern in staatlichen oder sozialdemokratischen Händen lag. Bevor die soziale Revolution einsetzte, trugen die Syndikalisten bereits weitgehende gesellschaftliche Verantwortung in elementaren Bereichen und waren auf entsprechend hohem Niveau konstituiert. Eine solche in der Praxis geschulte Struktur bot auf föderalistischer Grundlage ohne zentrale Machteliten die besten Voraussetzungen für die Errichtung einer freien Gesellschaft.

Diese Fähigkeiten zur Regelung des gesellschaftlichen Lebens verbanden sich mit dem Willen zur sozialen Revolution, als auch mit der Beharrlichkeit zur Verteidigung derselben, denn, so der Spanische Historiker Abel Paz: „Je stärker das Selbstwertgefühl des Volkes ist, desto schwächer wird die Macht des Staates."[30]

Die betriebliche Basis und die politischen Aktivitäten der CNT konnten im Verlauf des Krieges durch republikanische wie auch diktatorische staatliche Maßnahmen sowie durch die sozialdemokratische Konkurrenz Unión General de Trabajadores (UGT) zwar eingeschränkt werden. Die kulturellen Elemente dieser Bewegung kamen aber weiterhin zur Geltung, denn sie deckten wesentliche Aufgaben ab, die in anderen Ländern staatlichen oder kirchlichen Einrichtungen oblagen. Dazu zählten beispielsweise das in Spanien unterentwickelte Schulwesen und die Unterstützungsleistung-en für die Arbeiter.

Als strategisches Programm für die kommende soziale Revolution verabschiedete die CNT im Mai 1936 ein „Konzept des libertären Kommunismus".[31] Dies beinhaltete an der Praxis orientierte Punkte über die „konstruktiven Vorstellungen von der Revolution" und über „die Organisation der neuen Gesellschaft nach der revolutionären Tat", untergliedert in die Kapitel:

„Die ersten Maßnahmen der Revolution",

„Plan für die Organisation der Produzenten",

„Die freiheitlichen Kommunen und ihre Arbeitsweise",

„Aufgabe und innere Organisation der Kommune",

„Gegenseitige Kontakte und Austausch der Produkte",

„Pflichten des Individuums gegenüber dem Kollektiv und Idee von der gerechten Verteilung",

„Die Familie und die Beziehungen zwischen den Geschlechtern",

„Die religiöse Frage",

„Pädagogik, die Kunst, die Wissenschaft und das freie Experimentieren", und die

„Verteidigung der Revolution".

Diesem Programm kam eine theoretische Scharnierfunktion zu zwischen der gewerkschaftlichen Organisation innerhalb der alten Gesellschaft und der angestrebten „freien Gesellschaft", nach dem Konzept der Arbeiterbörsen.

Der faschistische Putsch im Juli 1936 hatte unmittelbar die Revolution in den genannten Regionen zur Folge. Die CNT übernahm die Kontrolle der kleinen und großen Betriebe, der Industrien in allen Produktionssektoren sowie das Gesundheits- und Bildungswesen. Das wirtschaftliche

Leben in manchen Regionen wurde kollektiviert. Ein Kongress aller kollektivierten Industrie- und Landwirtschaftsbetriebe Spaniens vertrat im Jahre 1938 insgesamt 1.600.000 Menschen. Es wurde eine deutliche Verbesserung der Arbeitsbedingungen erreicht, die Wochenarbeitszeit einheitlich auf 40 Stunden herabgesetzt und die Löhne weitgehend einander angepasst oder gar Einheitslöhne gezahlt. Zugunsten wirtschaftlich schwächerer Industrien schuf die CNT Ausgleichskassen. Großgrundbesitzer wurden enteignet, der Boden ging mancherorts in Kollektivbesitz über, und die Kirchen wurden innerhalb der befreiten Gebiete entmachtet. Räte und Volksversammlungen boten eine breite Partizipationsmöglichkeit für die gesamte Bevölkerung. Delegierte konnten durch die Vollversammlungen wieder abberufen werden und unterlagen einer basisdemokratisch kontrollierten Rechenschaftspflicht. Die Menschen organisierten sich in größtenteils erprobten, weil über viele Jahre syndikalistisch sozialisierten Zusammenhängen, die untereinander ein hohes Maß an Vertrauen voraussetzten. Es gelang dieser facettenreichen syndikalistischen Arbeiterbewegung, die mit dem Volke identisch war, die Produktion nicht nur zu übernehmen, sondern sie unter Kriegsbedingungen auf Rüstungsproduktion umzustellen. Der Güteraustausch, insbesondere zwischen Stadt und Land funktionierte ebenfalls.

Hinsichtlich der Börsenkonzeption resümierte der syndikalistische Theoretiker Helmut Rüdiger: „Die CNT reorganisierte sich in Katalonien auf der Grundlage von Föderationen, die in 12 großen Industriegruppen die Arbeiter und Angestellten jedes Zweiges von der Rohstoffgewinnung über die eigentlichen Fabrikationsprozesse bis zur Verteilung der Produkte einheitlich und mit Hinsicht auf effektive Nutzung des industriellen Apparates zusammenfasste."[32]

Abel Paz skizzierte: „Was macht das soziale Leben in einem kleinen oder großen Ort aus? Es ist das soziale Wohlbefinden: wenn die Bedürfnisse nach Nahrung, gesundheitlicher Versorgung und Kultur gleichermaßen gedeckt sind. Aber wenn man der Erfüllung dieser Bedürfnisse noch die kollektive Partizipation in administrativen und politischen Belangen hinzufügt, ohne dass ein parasitärer bürokratischer Organismus den im Kollektiv erwirtschafteten Mehrwert absorbiert, [...] kann man sagen, dass ein solches System eine hohe Stufe im sozialen Streben nach einer klassenlosen Gesellschaft erreicht hat, dem Streben des utopischen Sozialismus. Das war bei uns der Fall."[33]

Anmerkungen Kapitel I

[10] Beispielsweise in „Die Eroberung des Brotes“ aus dem Jahre 1892.
[11] Helmut Rüdiger: Föderalismus…, S. 228.
[12] 1908 kam es auf dem Nürnberger Parteitag der SPD per Unvereinbarkeitsbeschluss zum endgültigen Bruch.
[13] Vgl.: DS, Nr. 24/1927.
[14] Helmut Rüdiger: Föderalismus…, S. 5/7.
[15] IAA: Resolutionen angenommen auf dem Internationalen Kongress der Revolutionären Syndikalisten zu Berlin, vom 25. Dezember 1922 bis 2. Januar 1923. Herausgegeben von der Internationalen Arbeiter-Assoziation, Berlin o.J. [1923], S. 10
[16] „That liberty without socialism is privilege and injustice and that socialism without liberty is slavery and brutality.“ Michael Bakunin, On Federalism and Socialism; in: ders., Selected Writings. Edited and Introduced by Arthur Lehning, London 1973, S. 110.
[17] In England entwickelte sich zudem der „Tradeunionismus“.
[18] IAA: Resolutionen angenommen auf dem Internationalen Kongreß der Revolutionären Syndikalisten zu Berlin, vom 25. Dezember 1922 bis 2. Januar 1923. Herausgegeben von der Internationalen Arbeiter-Assoziation, Berlin o.J. [1923], S. 10.
[19] Vgl. hierzu: Fernand Pelloutier: Historie des Bourses du Travail, Paris 1921; die neuere Forschung fasst zusammen: Peter Schöttler, Die Entstehung der »Bourses du Travail«. Sozialpolitik und französischer Syndikalismus am Ende des 19. Jahrhunderts, Frankfurt/M – New York 1982. Ähnliche Entwicklungen fanden in Italien und Südamerika statt.
[20] Vgl.: Franz Barwich: Die Arbeiterbörsen des Syndikalismus.., S. 64 f.
[21] Zur Person Rudolf Rocker siehe Peter Wienand. Der „geborene“ Rebell. Rudolf Rocker. Leben und Werk, Berlin 1981. Und Emmelie Öden: Proletarisches Mainz. Der Rudolf Rocker Stadtführer, Bremen 2017.
[22] Rudolf Rocker, zit.n.: Franz Barwich: Die Arbeiterbörsen des Syndikalismus…, S. 27.
[23] Raphael Friedeberg, 1904, in: DS, Nr. 34/1921.
[24] Armando Borghi: Fernand Pelloutier, ein Vorläufer des Syndikalismus; in: DI, Nr. 1/März 1924, S. 11.
[25] Siehe: Fernand Pelloutier: Les Syndicats en France, Paris 1897; Fernand Pelloutier: Historie des Bourses du Travail, Paris 1921.
[26] DS, Nr. 8/1920.
[27] DS, Nr. 8/1920.
[28] Protokoll über die Verhandlungen vom 12. Kongress…, S. 4 f.
[29] Rudolf Rocker: Max Nettlau…, S. 248.
[30] Bernd Drücke u.a. (Hg.): Abel Paz…, S. 90.
[31] Vgl.: FAU-Bremen (Hg.): Die CNT als Vortrupp… S. 105-119.
[32] Helmut Rüdiger: Föderalismus…, S. 234. Eine genaue Beschreibung bietet: Erich Gerlach/Augustin Souchy: Die soziale Revolution in Spanien…
[33] Abel Paz: Anarchist mit Don Quichottes Idealen, S. 198.

II. Geschichtlicher Überblick

Vorläufer des Syndikalismus etablierten sich bereits mit den Anfängen der Industrialisierung in England. Zunächst lagen den gewerkschaftlichen Bestrebungen dort nach Rudolf Rocker keine „tieferen sozialen Ideen“ zugrunde. Das änderte sich in den 1830er Jahren mit der Tätigkeit *Robert Owens*, des bedeutendsten Ökonomen seiner Zeit. Er postulierte den unversöhnlichen Gegensatz zwischen Kapital und Arbeit und fand für seine sozialistischen Ideen Anhänger in der „Builders' Union“, der Bauarbeiterschaft. Die von ihm angedachte „freie Gesellschaft“ gründete sich auf den Vorstellungen eines Gilden-Sozialismus mit der Gründung von Produktivgenossenschaften unter gewerkschaftlicher Kontrolle. Dabei ging es um die vollständige Erfassung der Produktion durch die Gesellschaft selbst, darum, den Kapitalismus zu überwinden und „durch die kooperative Arbeit aller Produzenten zu ersetzen, die nicht mehr den Gewinn einzelner, sondern die Befriedigung der Bedürfnisse aller im Auge hatte.“[34] Als Schritt in diese Richtung gründete sich 1834 die „Grand National Consolidated Trade Union of Great Britain and Ireland“ (GNC), die binnen kurzer Zeit bis zu 800.000 Mitglieder vereinte. Ihrem Charakter nach war sie weder fixiert auf einen bloßen Trade Unionismus (unpolitisches Nur-Gewerkschaftertum), noch sah sie ihre Aufgabe darin, mit politischen Reformern zusammen zu arbeiten. Die Versorgung der Bevölkerung sollte, gegliedert nach Produktionszweigen in Landwirtschaft und Industrie, über sogenannte „labor bazaars“, zum Selbstkostenpreis mittels Austauschgeld, bzw. „labor-tickets“ erfolgen. Neben dem praktischen Nutzen hatte diese Struktur den Effekt, dass sich die Arbeiter durch ihre praktisch genossenschaftliche Betriebsamkeit alle Kenntnisse von Produktion und Verwaltung selber aneignen konnten, um dadurch „immer weitere Kreise der gesellschaftlichen Produktion unter ihren Einfluß zu bringen, bis endlich das gesamte Wirtschaftsleben von den Produzenten selbst geleitet und jeder Ausbeutung ein Ziel gesetzt sei.“[35]

Auf diese Weise bedürfe es keiner übergeordneten politischen Institution mehr. Die grobe Struktur der späteren syndikalistischen Bewegung spiegelt sich hier wieder. Dies betraf auch Etappenforderungen, beispielsweise nach einer Reduzierung der täglichen Arbeitszeit oder die Idee des allgemeinen Streiks, festgehalten bereits im Jahre 1832 durch William Benbow in seiner Schrift „Grand National Holiday and Congress of the Productive Classes“. Lokale Streikkomitees wurden von der Bourgeoisie vehement bekämpft, Streikführer juristisch verfolgt. 1842 mündete die Propaganda für den Generalstreik in große Arbeitskämpfe im Raum Lancashire, Yorkshire, in Wales und Schottland. Von außen bekämpft, suchte ein bedeutender Teil der Mitglieder eine kompromissorientierte Lösung im Chartismus, der politischen Reformen ein größeres Gewicht zumaß. Der Trade Unionismus erlangte wieder Oberwasser und wurde schließlich zur dominanten Strömung innerhalb der britischen Arbeiterbewegung. Die rasche Formierung der Arbeiterbewegung in England wurde vor allem durch eine im europäischen Vergleich frühe und zügige Industrialisierung bedingt.

In Frankreich wurde die Arbeiterorganisation wesentlich durch die Französische Revolution gefördert. Die Arbeiter nutzten das im Zuge der Revolution seit 1799 zugestandene Recht auf Vereinigung dazu, legale Gewerkschaftsstrukturen aufzubauen. Als diese im Raum Paris jedoch auf etwa 80.000 Mitglieder anwuchsen, erließ die Regierung ein Verbot der Vereinigungen, das bis 1864 Bestand hatte. Die Arbeiter organisierten sich fortan in geheimen Widerstandsgesellschaften und Streikbewegungen. Zusammenfassend charakterisierte Rudolf Rocker: „Schon in den dreißiger Jahren war eine ganze Anzahl dieser Arbeiterverbindungen mit sozialistischen Ideen bekannt geworden, und diese Bekanntschaft legte nach der Februarrevolution von 1848 die Grundlage für die Bewegung der französischen ‚Arbeiter-Assoziation', eine kooperative Bewegung mit gewerkschaftlichem Einschlag, welche durch konstruktive Versuche auf eine Erneuerung der Gesellschaft hinarbeitete."[36]

1. Syndikalismus vor 1914

1.1. Erste „Internationale"

Die Arbeiterbewegungen in Großbritannien und in Frankreich waren auch die treibenden Kräfte bei der Konstituierung der „Internationalen Arbeiter-Assoziation" (IAA) im Jahre 1864.[37] Vorausgegangen war die Einsicht, dass die Arbeiterklasse ihre volle Schlagkraft nur dann entfalten kann, wenn ihre sozialistischen Bestrebungen auf eine internationale Grundlage gestellt werden. Dies geschah beispielsweise durch gemeinsame Sammlungen zugunsten streikender Arbeiter oder durch die Zusammenarbeit im Kampf gegen Streikbrecher aus anderen Ländern. Wie die eingangs beschriebenen sozialistischen Vorläufer legte auch die IAA in ihren Statuten den Schwerpunkt auf die ökonomische Befreiung der Arbeiterklasse, der sie etwaige politische Bewegungen unterordnete. Damit die Sektionen der „Internationale" im Lande flexibel blieben, wurden der IAA föderalistische Prinzipien zugrunde gelegt, „die jeder besonderen Richtung die Möglichkeit gewährten, nach eigener Überzeugung und auf Grund der besonderen Bedingungen in jedem Lande" für die allgemeinen Ziele der „Internationale" zu wirken.[38] Die folgenden Kongressbeschlüsse der Jahre 1866 (Genf), 1867 (Lausanne) und 1868 (Brüssel) nahmen deutliche Anleihen bei Robert Owen und führten direkt in die Methodenwelt des späteren Syndikalismus. Produktionsmittel sowie Grundstücke sollten in Kollektiveigentum übergehen. Künftige Kriege sollten durch Generalstreiks verhindert werden. Bestätigt wurden diese Inhalte auf dem Kongress zu Basel im Jahre 1869.

Der internationale Syndikalismus entwickelte sich aus den romanischen Sektionen der IAA, die ihre Schwerpunkte in Frankreich, Spanien, Belgien und dem Schweizer Jura hatten. Zu den bekanntesten Vertretern zählten beispielsweise James Guillaume (Schweiz, 1844-1916), Eugène Hins (Belgien, 1839-1923), und Anselmo Lorenzo (Spanien, 1841-1914). Diese föderalistische Richtung innerhalb der „Internationale" überwarf sich mit den Anhängern von Karl Marx, die einen politischen Zentralismus vertraten. Der sich formierende Syndikalismus stand fortan im strengen Gegensatz zur marxistischen Ideologie. Um die Geschichte des Syndikalismus weiter verfolgen zu können, sollen die Vorstellungen des föderalistischen Teiles der IAA betrachtet werden. Ganz in ihrem Sinne beschloss der Baseler Kongress 1869: „Der Kongress erklärt, dass alle Arbeiter die Gründung von Widerstandsgesellschaften in den verschiedenen Berufen anstreben sollen. Sobald eine Gewerkschaft gebildet wird, sind die Vereine des nämlichen Berufes davon zu unterrichten, damit die Bildung nationaler Industrieverbände ins Werk gesetzt werden kann. Diese Verbände sollen beauftragt werden, alles ihre Industrie betreffende Material zu sammeln, die gemeinschaftlich zu ergreifenden Maßregeln zu beraten und auf die Durchführung derselben hinzuarbeiten, damit das heutige Lohnsystem durch die Föderation der freien Produzenten ersetzt werden kann."[39] Wie schon im England des frühen 19. Jahrhunderts, klingt auch hier das spätere Fundament der Arbeiterbörsen im Syndikalismus an, wirtschaftliche Zellenstrukturen als Grundgerüst einer künftigen sozialistischen Gesellschaftsordnung herauszubilden, die die zentralistischen politischen Systeme, also auch die Staatsformen, durch Wirtschaftsräte ablösen sollte. Die angestrebten Strukturen wurden „Arbeits-Kammern" genannt. Diese „sollten eine Vertretung der in allen Berufen und Industrien organisierten Arbeit vorstellen, die sich mit allen Fragen der sozialen Ökonomie und der wirtschaftlichen Organisation auf sozialistischer Grundlage beschäftigen sollen, um die Übernahme der Produktionsmittel durch die Arbeiterschaft praktisch vorzubereiten und für die geistige Erziehung der Produzenten in diesem Sinne Sorge zu tragen. Außerdem sollten diese Körperschaften zu allen in den bürgerlichen Parlamenten behandelten Fragen, die für die Arbeiter von Interesse waren, von ihrem Standpunkt aus Stellung nehmen, um auf diese Weise die Auffassung der Arbeiter der Politik der bürgerlichen Gesellschaft entgegenzustellen"[40]

Dieses Modell barg schon die Selbstverständlichkeit, sich nicht an bürgerlichen Wahl- und Regierungsprozeduren zu beteiligen. Denn diese brächten im Verein mit zentralistischen Prinzipien stets die Gefahr von Diktaturen über die Arbeiter, den Gehorsam gegenüber von anderen diktierten Gesetzen. Deutlich und ausgiebig formuliert

wurde die Staatsablehnung von Michael Bakunin („Staatlichkeit und Anarchie"), der neben einem wirtschaftlichen auch den politischen Föderalismus erörterte, gestützt auf die Freiheit der Individuen. Diese Freiheit Einzelner könne nur in der Gleichheit aller verwirklicht werden: „Die Ordnung in der Gesellschaft muß die Resultate der größtmöglichen Entwicklung aller lokalen, kollektiven und individuellen Freiheiten sein."[41] In einem „Rätesystem der Arbeit" hingegen verkörpere „sich der Wille von unten, die schöpferische Gestaltungskraft des werktätigen Volkes."[42] Einen solchen „konstruktiven Sozialismus" stellten die Föderalisten den jakobinischen und babouvistischen Traditionen gegenüber, die von der marxistischen Organisation aufgegriffen wurden.[43] 1872, nach dem Kongress in Den Haag, trennten sich beide Strömungen. Die IAA war fortan gespalten. Die Föderalisten konstituierten sich im gleichen Jahr in St. Imier (Schweiz) neu, wo sie die zentralistischen Entwicklungen in der IAA für nichtig erklärten und ihrerseits als „Antiautoritäre Internationale" fortbestanden. Aus der Verschiebung der außenpolitischen Kräfteverhältnisse durch den Deutsch-Französischen Krieg von 1870/71 gingen die zentralistischen Strömungen gestärkt hervor, während die vornehmlich in Frankreich beheimateten Föderalisten durch die stark einsetzende Repression nach der Niederlage der Pariser Kommune und die Dominanz Preußen-Deutschlands ins Hintertreffen gerieten.

1.2. Frankreich

Dem zum Trotz formierte sich schon bald eine Richtung, die die Ideen der alten IAA aufgriff und sich erstmals unter dem Titel „revolutionärer Syndikalismus" formierte. Sie baute auf dem Grundgerüst der „Arbeiter-Kammern", bzw. der späteren „Arbeiterbörsen"/„Bourses du Travail" auf. In dieser Tradition ging es stets darum, das gesamte gesellschaftliche Leben neu zu organisieren. In Frankreich entstand mit dem revolutionären Syndikalismus eine Gegenbewegung zur Dominanz des politischen Sozialismus. Seit den 1880er Jahren äußerte er sich in der Gründung der Arbeiterbörsen. 1895 wurde in Limoges die Gewerkschaft „Confédération générale du travail" (CGT) ins Leben gerufen,[44] um die Gewerkschaftsverbände des gleichen Berufszweiges in ganz Frankreich, sowie die Arbeiterbörsen zu einigen. Hierfür erklärte sie sich seit 1896 als unabhängig von allen politischen Parteien und war laut Helmut Rüdiger „eine aus Berufsgruppen, Landesföderationen und lokalen ‚Arbeitsbörsen' (Kartellen) zusammengesetzte wirtschaftliche Kampforganisation, die sich […]

ohne Rücksicht auf die weltanschauliche Einstellung ihrer Mitglieder zum Klassenkampf, zum Internationalismus und zur Übernahme der Produktionsmittel durch die Arbeiter bekannte."[45] Dies lag ganz im Sinne der freiheitlich-emanzipatorischen Arbeiterbewegung und wirkte vorbildlich über die Landesgrenzen hinaus. 1902 schlossen sich der CGT auch die Arbeiterbörsen an. Die französische Arbeiterbewegung fand einen günstigen Nährboden zur Propagierung des Generalstreiks, der von der marxistischen Arbeiterbewegung vehement bekämpft wurde. Der revolutionäre Syndikalismus brachte unter anderen mit Victor Griffuelhes (1874-1922), Fernand Pelloutier (1867-1901), Émile Pouget (1860-1931), Paul Delesalle (1870-1948) und Georges Yvetot (1868-1942) Theoretiker hervor, die durch die Dominanz marxistischer Geschichtsschreibung weitgehend in Vergessenheit gerieten. Die CGT war zwar nicht einheitlich ausgerichtet, jedoch konnte sich der Syndikalismus als starker revolutionärer Flügel in ihr formieren.[46] Die gesamte Organisation betonte ausgiebig die proletarischen Kampfmittel der Sabotage und des Boykotts. Bis 1902 befand sich die CGT in einer Phase der inhaltlichen Orientierung und des organisatorischen Aufbaus. Im Sinne des Ideals der „Unité ouvrière" (Arbeitereinheit) rückte der Klassenaspekt gegenüber des Organisationsprinzips des Fachvereins in den Mittelpunkt. Außerdem wurden antistaatliche Beschlüsse gefasst und antimilitaristische Positionen bezogen. Die Organisation lehnte sozialpartnerschaftliche und staatlich sanktionierte Maßnahmen wie das Schlichtungswesen ab. Die CGT avancierte zur bestimmenden Kraft der französischen Arbeiterbewegung und sollte auch im internationalen Maßstab zur Geltung kommen. Neben den klassischen Betätigungsfeldern einer Gewerkschaft formulierte sie als Ziel, das Lohnsystem sowie das kapitalistische Unternehmertum generell abzuschaffen und einen neuen Gesellschaftstypus auszuformen. Dieser sei nur durch die Produzenten selber und keinesfalls durch politische Interessenvertretungen zu schaffen. Die ideelle Basis bildete der föderalistische Gedanke: „Jedem Syndikat [Gewerkschaftsgruppe] wurde, unabhängig von seiner Größe, eine Stimme verliehen. Jedes Glied des Gebildes war voll autonom. Über den Syndikaten erhoben sich zwei Syndikatsverbände: Der nationale Berufsverband, der die Arbeiter desselben Berufes, derselben Industrie oder einer ähnlichen Beschäftigung zusammenschloß, und der Lokalverband oder die Bourse du Travail, die die Arbeiter verschiedener Berufe an einem Orte in sich vereinigte. Dementsprechend bestanden zwei Sektionen: Die Sektion der Arbeitsbörsen und die Sektion der Industrie- und Gewerbeverbände, die in der CGT mündeten, deren Vertretung dem konföderalen Komitee oblag, das sich aus den Vertretern der beiden Sektionen zusammensetzte."[47]

Charte d'Amiens

Eine moderne Grundlage syndikalistischer Organisation bot das 1906 verkündete Manifest „Charte d'Amiens". Dieses galt als ein Höhepunkt der internationalen syndikalistischen Arbeiterbewegung. Ähnlich wie in Deutschland die Sozialdemokratie repräsentierte die syndikalistische CGT in Frankreich fast die gesamte werktätige Klasse. Gleichermaßen, und dies ist das Hauptcharakteristikum der Charte, richtete sie sich sowohl gegen die Einflüsse der Parteisozialisten, als auch gegen sektiererische Anarchisten. Ihnen gegenüber sollte die Unabhängigkeit gewahrt bleiben: „Die vereinigten Organisationen in ihrer Eigenschaft als syndikalistische Gruppen haben sich nicht um die Parteien und Sekten zu kümmern, die neben und parallel mit ihnen in voller Freiheit die soziale Umgebung anstreben können."[48] Auch ohne diese trage der Syndikalismus alle Voraussetzungen in sich, eine klassenlose Gesellschaft durch die Expropriation der Kapitalisten zu errichten, die Methode der „direkten Aktion" vornehmlich als Angriffswaffe anzuwenden, die Klassenkämpfe zu forcieren und den Generalstreik zu propagieren. Die Ideenträger und eifrigsten Propagandisten für das Mittel des Generalstreiks waren Fernand Pelloutier, der sich auf dem Arbeiterkongress in Tours 1892 deutlich dafür aussprach, sowie der spätere französische Außenminister Aristide Briand, damals noch ein eifriger Verfechter des Syndikalismus. Die Werktätigen sollten als Träger der Produktion auch für die Reorganisation der Gesellschaft die treibenden Kräfte sein. Kulturell sei auf die Förderung des Klassenbewusstseins und des Solidaritätsgefühls hinzuarbeiten. Das föderalistische Organisationsmodell stand generell in starkem Gegensatz zu patriotischen und militaristischen Gedanken, wie zur Staatlichkeit überhaupt. Die Charte d'Amiens machte sich die Parole zueigen: „Proletarier aller Länder, vereinigt Euch!".[49]

2. Syndikalismus im Ersten Weltkrieg

Der Antimilitarismus ist ein dem Syndikalismus immanenter Bestandteil an Grundeinsicht und Schwerpunktsetzung. Jeder Kampf um Befreiung hat nicht nach zentralistisch-militärischem Vorbild zu erfolgen, sondern nach den Gesichtspunkten des Föderalismus unter der strengen Kontrolle durch die Arbeiterschaft. Jeder Krieg unter Ägide des Bürgertums hingegen wird abgelehnt und bekämpft. So lauteten die Grundansichten auch zu Beginn des Ersten Weltkrieges im Jahre 1914. Jeder große Krieg in der Geschichte hatte Folgen für die Entwicklung der Lage der Arbeiterschaft und der freiheitlich-emanzipatorischen Bewegungen. Die preußische Reaktion beispielsweise hatte ihren Auftrieb nicht unwesentlich ihrem Sieg über Frankreich im Jahre 1871 zu verdanken. Preußen wurde von vielen Syndikalisten als der Prototyp eines modernen Militärstaates angesehen, dessen Ausweitung seines Machtbereiches es zu verhindern galt. Da die Arbeiterschaft in diesem Lande jedoch zu den am wenigsten revolutionären der Welt zählte, während sie in Frankreich und anderen Ländern in ihrer revolutionären

Entwicklung weiter fortgeschritten war, fassten einige international angesehene Syndikalisten und Anarchisten eine Neuorientierung ihrer Politik ins Auge. Demnach hätte der Ausgang des Ersten Weltkrieges, der zurecht als weitaus zerstörerischer eingeschätzt wurde, als alle vorausgegangenen Kriege, weitreichende und nachhaltige Folgen für die europäische Arbeiterschaft und darüber hinaus. Würde Preußen-Deutschland nicht in seine Schranken gewiesen, brächen in ganz Europa ungünstige Zeiten an und würden die Errungenschaften im Gefolge der Französischen Revolution von 1789 zurückgedrängt. Dazu stellte Peter Kropotkin weitgehende kulturhistorische Überlegungen an. Kropotkin wurde als Begründer des „kommunistischen Anarchismus" für die syndikalistische Arbeiterbewegung weltweit ein maßgeblicher Orientierungspunkt. Er vertrat den Standpunkt, bei einem Angriffskrieg des Deutschen Reiches die alliierten Gegenmächte zu unterstützen. Dieser den Syndikalisten wesensfernen „Politik des kleineren Übels" schlossen sich 14 weitere namhafte Persönlichkeiten, vor allem aus Frankreich an. Sie unterzeichneten 1916 das von Jean Grave (1854-1939) entworfene und stark von den Gedanken Kropotkins beeinflusste sogenannte *„Manifest der 16"*.[50] Veröffentlicht wurde es im selben Jahr in der Zeitschrift „La Bataille".[51] Die antimilitaristische Grundhaltung innerhalb der französischen CGT, die knapp eine Million Mitglieder umfasste, kam mit dem Einmarsch deutscher Truppen in die westlichen Nachbarländer zum Einsturz. Sie arbeitete nun mit der Staatsregierung zusammen und entledigte sich ihrer revolutionär-syndikalistischen Grundsätze. Nationalismus und Opportunismus hatten sich der Organisation bemächtigt. Die überzeugten Syndikalisten bildeten nun eine Minderheit. Die CGT war für den Nachkriegssyndikalismus untragbar geworden, der fortan separate Organisationen aufbaute.[52]

Wenngleich der Franzose James Guillaume (1844-1916), der für die internationalen Syndikalisten eine enorme Vorbildfunktion innehatte, das Manifest nicht unterzeichnete, sprach auch er sich für einen Sieg der Alliierten über Deutschland aus. Dennoch verblieb die überwältigende Mehrheit der Syndikalisten international auf dem grundsätzlichen Standpunkt unbedingter Unparteilichkeit, darunter auch die „Freie Vereinigung Deutscher Gewerkschaften" (FVDG) in Deutschland, deren „Mitteilungsblatt" im Februar 1915 gar ein Abschied von Kropotkin verkündete: „Wir müssen uns jetzt jedes weitere Wort der Kritik versagen, und nur der herbe Gedanke drängt sich uns auf, wie viel besser es doch um den großen Namen mancher Leute bestellt sein würde, wenn sie zur rechten Zeit gestorben wären."[53] Die FVDG mit ihren reichsweit wenigen tausend Mitgliedern unterlag während der Kriegszeit zwar keinem Verbot, wurde in ihrer Bewegungsfreiheit jedoch stark eingeschränkt. Sie hatte unter ähnlich schweren Bedingungen gestanden, wie ihre gewerkschaftlichen Vorläufer unter den „Sozialistengesetzen" des späten 19. Jahrhunderts. Dazu gehörten Belagerungszustände und Inhaftierungen. Hinzu kamen die Einberufungen zum Militär, sowie die Verluste von Mitgliedern an der Kriegsfront. Außerdem wurden die Repressionen unter der Maßgabe des sogenannten „Burgfriedens" mit Hilfe der Sozialdemokratie ganz auf die revolutionären und kriegsgegnerischen Kräfte konzentriert. Zusammengefasst beschränkten sich die Tätigkeiten der Syndikalisten in Deutschland auf:

1. *Arbeitskämpfe und verdeckte Propaganda,*

2. *Arbeitsvermittlung,*

3. *Arbeitslosenunterstützung und Kontrolle,*

4. *Versorgung von Hinterbliebenen,*

5. *Vereinsversammlungen/Bildungsveranstaltungen/Feierlichkeiten/Bibliotheken und*

6. *Kassenwesen und Pressedistribution. Erst nach dem Waffenstillstand konnte sich die Bewegung wieder entfalten und hatte regen Mitgliederzulauf zu verzeichnen.*[54]

3. Internationale Arbeiter-Assoziation (IAA), seit 1922

3.1. Geschichte

Ausgangssituation

Das politische Machtvakuum infolge des Weltkrieges bot neue Möglichkeiten des Aufschwungs der internationalen Arbeiterbewegung. Die sozialdemokratische Richtung hatte sich durch ihren „Burgfrieden" und ihre offene Kollaboration mit den Kapitalisten und Militärs bei einer Vielzahl von Arbeitern diskreditiert. Sie wollte weder den Kapitalismus abschaffen, noch den Staat überwinden, sondern die Arbeiterschaft durch verstärkte sozialpartnerschaftliche Maßnahmen und durch das Wahlrecht in ein modernisiertes Herrschaftssystem integrieren. Die sozialdemokratischen Gewerkschaften hielten bereits 1919 einen ersten Kongress in Amsterdam ab und schlossen sich unter dem Namen „Internationaler Gewerkschaftsbund" (IGB) zusammen.

Die zweite Richtung formierte sich auf der Basis der siegreichen Oktoberrevolution (1917) in Russland. Diese bolschewistischen Bestrebungen konstituierten sich 1919 zunächst auf politischer Ebene mit der Gründung der „Kommunistischen Internationale" unter zentraler Führung mit Sitz in Moskau. Ein Hauptaspekt dieser Richtung lag darin, alle proletarischen Kräfte jenseits des IGB zusammenzufassen, sie einheitlich-zentralistisch auszurichten, und in den Dienst des sich konstituierenden Staatssozialismus zu stellen.

Eine dritte proletarische Richtung konnte sich mit keiner der erstgenannten Tendenzen anfreunden, da sie jeden Zentralismus, Militarismus und (Staats-)Kapitalismus ablehnte. Der syndikalistische Gedanke wandte sich gegen die Restauration bürgerlicher Herrschaft mittels Sozialpartnerschaft, totaler Staatsherrschaft (wie im bolschewistischen Russland) und der sich z.B. in Italien, Ungarn oder Spanien abzeichnenden faschistischen Regierungsformen.

Gründung

1921 wurde die kommunistische „Rote Gewerkschafts-Internationale" (RGI) gegründet. Sie sollte der Führung der „Kommunistischen Internationale" unterstehen und sich weltweit besonders um die nicht dem IGB angeschlossenen radikaleren Gewerkschaften bemühen. Damit die syndikalistischen und unentschlossenen sozialrevolutionären Gewerkschaftsorganisationen nicht in deren Fahrwasser gerieten, berieten die Syndikalisten über eine eigene Internationale. Mit ihr sollten die noch unorganisierten Kräfte gebündelt und inhaltlich klar positioniert werden, um der zentralistischen Organisation eine reale Alternative internationaler Arbeiterorganisation entgegen zu stellen.

So fand im Dezember 1920 eine internationale syndikalistische Konferenz in Berlin statt, maßgeblich organisiert von Vertretern der „Freien Arbeiter-Union Deutschlands" (FAUD) unter richtungsweisendem Einfluss Rudolf Rockers. Nach zwei weiteren Vorkonferenzen im Oktober 1921 in Düsseldorf und im Juli 1922 in Berlin wurde zum Jahreswechsel 1922/23 schließlich in der Nachfolge der „Ersten Internationale" des 19. Jahrhunderts die Internationale Arbeiter-Assoziation (IAA) gegründet. Zum Sitz wurde Berlin bestimmt, Rudolf Rocker, Augustin Souchy und Alexander Shapiro zu Sekretären gewählt und eine von Rocker verfasste Prinzipienerklärung angenommen. Es vereinigten sich in der IAA über 2.000.000 Menschen. Auf dem Gründungskongress waren Delegierte folgender Organisationen vertreten: „Federación Obrera Regional Argentina" (FORA, Argentinien, 200.000 Mitglieder), „Industrial Workers of the World" (IWW, Chile, 20.000 Mitglieder), „Syndikalistischer Propagandaverband" (Dänemark, 600 Mitglieder), „Freie Arbeiter-Union Deutschlands" (FAUD, Deutschland, 120.000 Mitglieder), „National Arbeids Secretariaat" (NAS, Niederlande, 22.500 Mitglieder), „Unione Sindacale Italiana" (USI, Italien, 500.000 Mitglieder), „Confederación General de Trabajadores" (CGT, Mexiko, 30.000 Mitglieder), „Norsk Syndikalistik Federation" (NSF, Norwegen, 3.000 Mitglieder), „Confederacao Geral do Trabalho" (CGT, Portugal, 150.000), „Sveriges Arbetares Centralorganisation" (SAC, Schweden, 22.000 Mitglieder), „Confederación Nacional de Trabajo" (CNT,

Spanien, 1.000.000 Mitglieder), nur mit beratender Stimme: „Allgemeine Arbeiter-Union Deutschlands" (AAU, Deutschland, 75.000 Mitglieder), „Syndikalistisch-Anarchistische Jugend Deutschlands" (SAJD, Deutschland, 1.500 Mitglieder), „Comiteé de Défense Syndicaliste Révolutionaire" (Frankreich, 100.000 Mitglieder), „Fédération du Batiment" (Frankreich, 32.000 Mitglieder) und die „Féderation des Jeunesses de la Seine" (Frankreich, 750 Mitglieder).[55] Dem Sekretariat wurde ein Verwaltungsausschuss an die Seite gestellt, der aus je einem Vertreter jeder Sektion bestehen sollte. Hierzu ernannt wurden Fritz Kater aus Deutschland, Albert Jensen aus Schweden, Lucien Huart aus Frankreich, Diego Abad de Santillán aus Argentinien und Armando Borghi aus Italien.[56]

Zusammengefasst hatte die IAA zwei historische Funktionen:

1. dem international organisierten Kapital die international geeinte schlagkräftige Arbeiterschaft entgegenzustellen und

2. jedem Versuch vorzubeugen, die Arbeiterschaft unter zentraler (politischer) Führung auszurichten. Hierbei wandte sie sich besonders gegen die RGI.

Alexander Shapiro ging von drei Phasen aus, die die IAA zu durchlaufen habe:

1. Vorbereitung/Konstituierung,
2. Verschmelzung der angeschlossenen Landessektionen
3. geschlossene Aktion auf internationaler Ebene.[57]

Inhalt und Funktion

Die einzelnen Landessektionen waren mit unterschiedlichen Regierungsformen, Kulturen und ökonomischen Verhältnissen konfrontiert. Daher wurden ihnen größtmögliche Entscheidungsfreiheiten zugestanden. Der Sinn des internationalen Zusammenschlusses lag nicht in gegenseitiger Beschränkung oder Bevormundung, sondern in gleichberechtigter Zusammenarbeit gewerkschaftlich tätiger Arbeiterorganisationen begründet. Die IAA wurde als Fortführung der *„Ersten Internationale"* angesehen und stand in der Tradition des Föderalismus, sowie des Anspruchs, dass die Befreiung der Arbeiter nur das Werk der Arbeiter selbst sein könne und nicht das Werk zentralistischer Organisationen. So betonte Rudolf Rocker: „Die Organisation der IAA war ganz auf föderalistischen Grundsätzen aufgebaut, wie dies dem Wesen der syndikalistischen Bewegung entsprach, und sicherte jeder Landesföderation ihr volles Selbstbestimmungsrecht, die einzige Basis, auf der ein gedeihliches Zusammenwirken möglich ist."[58]

Sie gab sich folgende Zielsetzungen:

„a) die Bildung von neuen und die Stärkung der bereits bestehenden gewerkschaftlichen Organisationen, die entschlossen sind, für die Zerstörung des Kapitalismus und des Staates zu kämpfen;

b) den Klassenkampf in dem oben umschriebenen Sinne zu verschärfen;

c) dem Eindringen jeder politischen Partei entgegenzuwirken und entschlossen gegen jeden Versuch dieser Parteien zu kämpfen, der geeignet ist, die Gewerkschaften mit Beschlag zu belegen;

d) gemeinsame Aktionen vorübergehend mit anderen gewerkschaftlichen und revolutionären proletarischen Organisationen zu unternehmen, und wenn es erforderlich ist, auch gemeinsame internationale Aktionen im Interesse der Arbeiterklasse durchzuführen;

e) der Willkürherrschaft aller Regierungen gegen die der sozialen Revolution ergebenen Revolutionäre entgegenzuwirken, sie bloßzustellen und zu bekämpfen;

f) alle Fragen der Arbeiterklasse der ganzen Welt zu untersuchen, um die internationalen Bewegungen für die Errungenschaften und die Verteidigung der Arbeiterschaft weiterzuleiten und fortzuentwickeln;

g) bei großen wirtschaftlichen Kämpfen, oder bei verschärften Kämpfen gegen die offenen und versteckten Feinde der Arbeiterklasse jede Form der gegenseitigen Hilfe auszuüben;

h) die Klassenbewegung der Arbeiterschaft jedes Landes, deren Leitung in den Händen der Landesorganisation des Proletariats liegt, moralisch und materiell zu unterstützen. Die Internationale greift nur dann in die gewerkschaftlichen Fragen eines Landes ein, wenn die angeschlossene Organisation dies erfordert, oder wenn diese von den Richtlinien der Internationale abweicht."[59]

Zum Grundziel erklärte die IAA *„eine freie, kommunistische Gesellschaft, die sich auf der Basis des freiheitlichen Föderalismus entwickelt."*[60]

Entwicklung

1928 gehörten der IAA zwischenzeitlich auch Sektionen aus Ecuador („Grupo Solidaridad de Propaganda y Organización Obrera") und Kolumbien („Sindicato Libertario do Sastres") an.[61] 1929 gründete sich eine „Kontinental-Amerikanische Arbeiter-Assoziation" als Teil der IAA. Im Jahre 1930 vereinte diese folgende Landessektionen:

Argentinien: *Federación Obrera Regional Argentina*, 40.000 Mitglieder
Belgien: *Syndicat des Mecaniciens de Liege*, 250 Mitglieder
Bolivien: *Federación Local de la Paz* (Anzahl der Mitglieder nicht zu ermitteln)
Brasilien: *Federacao Operaria de Rio de Janeiro*, 4.000 Mitglieder.
Brasilien: *Federacao Operaria de Rio Grande do Sul*, 2.000 Mitglieder
Brasilien: *Federacao Operaria de Bage* (Anzahl der Mitglieder nicht zu ermitteln)
Brasilien: *Federacao Operaria de Uruguayana* (Anzahl der Mitglieder nicht zu ermitteln)
Brasilien: *Federacao Operaria de Pelotas und Para* (Anzahl der Mitglieder nicht zu ermitteln)
Bulgarien: *Anarchosyndikalistische Propagandaorganisation* (Anzahl der Mitglieder nicht angegeben)
Chile: *Industrial Workers of the World illegal.* (Anzahl der Mitglieder nicht zu ermitteln)
Costa Rica: *Agrupacion Obrera de Estudios Sociales* (Anzahl der Mitglieder nicht zu ermitteln)
Deutschland: *Freie Arbeiter-Union (Anarcho-Syndikalisten)*, 9.500 Mitglieder
Frankreich: *Confederation Generale du Travail Syndicaliste revolutionaire*, 8.000 Mitglieder
Guatemala: *Comite pro Acción Sindical de Guatemala*, 2.000 Mitglieder
Holland: *Nederlandsch Syndicalistisch Vakverbond*, 1.500 Mitglieder
Italien: *Emigrationskomitee der Syndikalistischen Union Italiens*
Japan: *Kanto Chibo Ippon Rodosha Kumial* (Mitgliederzahl nicht zu ermitteln)
Mexiko: *Confederación General de Trabajadores* (Mitgliederzahl nicht zu ermitteln)
Norwegen: *Norsk Syndikalistisk Federation*, 500 Mitglieder
Österreich: *Propagandagruppe für die Freie Arbeiter-Union Österreichs*
Paraguay: *Centro Obrero Regional des Paraguay* (Anzahl der Mitglieder nicht angegeben)
Peru: *Agrupacion „La Protesta"* (Anzahl der Mitglieder nicht angegeben)
Polen: *Anarchosyndikalistische Gewerkschaftsopposition* (Mitgliederzahl nicht angegeben)
Portugal: *Confederacao Geral do Trabalho* (Mitgliederzahl nicht angegeben)
Rumänien: *Anarchosyndikalistische Propagandaorganisation.* 200 Mitglieder
Schweden: *Sveriges Arbetares Centralorganisation*, 28.150 Mitglieder
Spanien: *Confederación Nacional del Trabajo*, 250.000 Mitglieder
Uruguay: *Federación Obrera Regional Uruguaya*, 6.000 Mitglieder[62]

Die Präsentation von Zahlen gibt nur ein schwammiges Bild über die tatsächliche Wirkung und Stärke der Organisationen wieder. Zum einen schwanken die Angaben zwischen absoluten Mitgliederzahlen und denjenigen, die nur zahlende Mitglieder aufführen. Zum anderen können diese Auflistungen zwar als Indiz für die Stärke eingeordnet werden, sie erfassen jedoch keinesfalls die volle Wirkungsmacht der Organisation. Dies kam besonders in einem Bericht über die stark anarchistisch geprägte FORA in Argentinien Mitte der 1920er Jahre zum Ausdruck: „Im allgemeinen wird die Stärke unserer Organisation nicht nach Ergebnissen statistischer Zahlenreihen bemessen. Wir beurteilen und empfinden unsere Stärke mehr nach tatsächlichen Erfolgen und nach der Suggestivkraft, die unsere Organisationen und ihre revolutionären Handlungen auf die breiten Massen der Arbeiterschaft in Perioden hochgradiger Erregung ausüben." Statistische Berichte fertigten die argentinischen Syndikalisten deshalb an, „um auch den europäischen Kameraden ein klares und übersichtliches Bild von der FORA innerhalb der argentinischen Arbeiterbewegung" aufzeigen zu können.[63]

1928 schätzte sich die IAA als „eine in sich gefestigte, theoretisch und praktisch gut fundierte Bewegung und Organisation" ein.[64] Rudolf Rocker stellte fest, dass sie sich nicht nur stabilisiert habe, sondern auch das „Vordringen des diktatorischen Staatssozialismus aus Moskau [habe] aufhalten können." Damit sei es immerhin gelungen, die Prinzipien der Ersten Internationale zu bewahren und der teils unschlüssigen syndikalistischen Arbeiterbewegung weltweit eine Alternative zum autoritären Sozialismus geboten zu haben.[65] Über diese konstituierende Phase ihrer Existenz kam die IAA nur punktuell hinaus. Immerhin sei diese nach eigener und sehr optimistischer Einschätzung dadurch gekennzeichnet, dass es „kein Land in Europa und Amerika [gäbe], wo die Ideen der IAA nicht Wurzel gefasst hätten."[66]

Das IAA-Sekretariat verfasste Solidaritätsaufrufe und organisierte Unterstützungsleistungen bei Arbeitskämpfen und Inhaftierungen. Es beschickte diverse Kongresse der Landessektionen mit Delegationen, die Grußansprachen hielten und Referate vortrugen. Desweiteren wurden mehrsprachige Plakate mit Auflagen von 10.000 hergestellt und verbreitet.[67]

Auf internationaler Ebene gelang es jedoch nur selten, gemeinsam und ausdauernd zu agieren. Das lag an den unterschiedlichen nationalen ökonomischen, politischen und sozialen Rahmenbedingungen (Repression, Konkurrenzgewerkschaften, Industrialisierungsgrad). Nicht zuletzt gaben kulturelle Belange den Ausschlag für gewichtige Differenzen bezüglich innerer Ausrichtung und Festigkeit. So kam es beispielsweise zu erheblichen Spannungen zwischen den IAA-Sektionen aus Argentinien einerseits und denen aus Spanien, Portugal und später Frankreich andererseits. Den Streitpunkt bildete u.a. die Taktik der CNT, die in der argentinischen syndikalistischen Presse scharf attackiert wurde. Die IAA schlichtete zunächst und betrachtete die Angelegenheit auf ihrem 3. Kongress 1928 als erledigt. Sie mahnte dazu, gegenseitig größtmögliche Toleranz walten zu lassen, da die Umstände in den jeweiligen Ländern sich teilweise stark unterschieden.[68] Dennoch konnten solche Gegensätze nur notdürftig überbrückt werden, und die Konflikte loderten wieder auf.

Auch die Versuche, internationale Industrieföderationen und außergewerkschaftliche Kommissionen aufzubauen, blieben mangels Beteiligung auf nur wenige engagierte Sektionen beschränkt. Es gelang nicht, die südamerikanischen Organisationen wirkungsvoll einzubinden. Selbst auf dem europäischen Kontinent blieben die Nachbarsektionen oftmals unter sich. Die Internationale litt auch unter einem numerischen Ungleichgewicht: Die CNT in Spanien führte ein Eigenleben, ihre Mitgliederzahlen übertrafen diejenigen der restlichen IAA.

Einen organisatorischen Höhepunkt erreichte die Internationale auf ihrem 4. Kongress im Juni 1931 in Madrid. Vertreten waren dort 23 Landessektionen, darunter die bis 1930 nicht genannten aus Russland, Polen, Ecuador und Salvador. Aus Deutschland nahmen die Delegierten Rudolf Rocker und Augustin Souchy als Sekretäre, aber auch Helmut Rüdiger und Carl Windhoff bedeutende Funktionen ein.[69] Der Kongress befasste sich vornehmlich mit den Fragen des eigenen Verhältnisses zur bürgerlichen Demokratie, mit Wirtschaftsangelegenheiten (Krisenerscheinungen und -ursachen, Rationalisierung, Arbeitszeitverkürzung und Landwirtschaft), ideologischen Fragen, der Kulturreaktion sowie der Stellung zum internationalen Klassenkampf und der Reorganisation des Syndikalismus unter den Bedingungen weltweiter Diktaturen. Er nahm außerdem Stellung zu Krieg und Kriegsvorbereitungen.[70] Als Sitz der IAA wurde Berlin wiedergewählt mit Augustin Souchy zum ersten Sekretär und Rudolf Rocker zum Beisitzer.[71]

„Kontinental-Amerikanische Arbeiter-Assoziation" (KAA)

Die IAA unterteilte sich organisatorisch in eine europäische und in eine amerikanische Untersektion. Außerhalb dieser beiden Kontinente existierten sympathisierende Gewerkschaftsföderationen zeitweilig in China und in Japan.[72]

Im Mai 1929 gründete sich in Buenos Aires die „Asociación Continental Americana de los Trabajadores"[73] als „amerikanische Sektion der IAA", der folgende Landessektionen angehörten: Argentinien: FORA, Bolivien: Federación Local de la Paz, Brasilien: fünf lokale Organisationen, Chile: Industrial Workers of the World, Guatemala: Comité pro Acción Sindical de Guatemala, Mexiko: Confederación General de Trabajadores,

Paraguay: Centro Obrero Regional del Paraguay, Peru: Agrupación „La Protesta", Uruguay: Federación Obrera Regional Uruguaya. Ein Jahr später kamen Sektionen aus Costa Rica und Kuba hinzu.[74] Die KAA gab die Monatszeitschrift „La Continental Obrera" heraus.[75] Sie sah es als ihre Aufgabe an, „die Verbindung zwischen den Arbeiterorganisationen der einzelnen Länder des amerikanischen Kontinents enger zu gestalten, die Propagandamöglichkeiten zu erhöhen und den Kampf gegen den Kapitalismus und die Reaktion einheitlich zu führen."[76] Auf dem 4. IAA-Kongress 1931 erklärten die südamerikanischen Sektionen zu den Differenzen in den Fragen der sozialrevolutionären Umgestaltungen zwischen den europäischen und ihren Sektionen, „dass die Lage und Verhältnisse in den einzelnen Ländern und Regionen je nach dem Grade der wirtschaftlichen und kulturellen Entwicklung verschieden sind, und aus diesem Grunde erscheinen auch die Probleme der kommenden Revolution und der dem Proletariat eigenen Organisationen, die die Revolution fördern und leiten sollen, in den einzelnen Ländern nicht gleichartig."[77]

Die Diskrepanzen zu den Sektionen auf dem europäischen Kontinent waren zu groß, die IAA wäre nicht flexibel genug gewesen, hätte es keine kontinentalen Untergliederungen gegeben. Auch in Amerika hatte die Bewegung sowohl mit staatlich-repressiven Maßnahmen als auch mit aggressiver parteikommunistischer Konkurrenz zu kämpfen. Nachdem die Bewegung in Argentinien seit der Diktatur seit 1930 der Illegalität anheimfiel, wurde das KAA-Sekretariat nach Montevideo verlegt.[78]
Die Differenzen zwischen der Mehrheit der südamerikanischen Sektionen und der französischen „CGT-Syndicaliste révolutionnaire" gingen soweit, dass die Franzosen 1931 den 4. IAA-Kongress aus Protest verließen.[79] Ursächlich dabei war die Frage, inwieweit Gewerkschaften und Industrieföderationen bei der Errichtung einer anarchistischen Gesellschaft notwendig seien.

Niedergang

Bereits das sich abzeichnende Ende der Spanischen Revolution in den Jahren 1936/37 zeigte der Entfaltung des internationalen Syndikalismus deutlich die Grenzen auf. Die Bewegung stagnierte in vielen Ländern oder wurde zerschlagen. Zwar wurde der Hitlerfaschismus 1945 niedergerungen, und der Weltkrieg war beendet. In Osteuropa jedoch etablierten sich bolschewistische Diktaturen, welche die syndikalistische Bewegung verfolgten, in den Untergrund zwangen und schließlich weitgehend zerschlugen. Somit stand der erste Nachkriegskongress der IAA in Toulouse (1951) vor den Fragen einer Reorganisation des internationalen Zusammenschlusses. Diese Stadt hatte als Ausrichtungsort einen hohen symbolischen Wert. Denn „die spanischen Anarchisten und Syndikalisten sind es gewesen, die im Jahre 1944 einen großen Teil Südfrankreichs von den Nazihorden befreit hatten. [...] Ihr Kampf gegen die Naziherrschaft in Frankreich war die direkte Fortsetzung des spanischen Bürgerkrieges."[80] Sie hofften, dass mit der Hitlerdiktatur auch die Herrschaft Francos ein Ende finden würde. Die Spanische Frage und die Haltung und Möglichkeiten der IAA hierzu wurden unter den Delegierten und Mandaten aus Argentinien, Frankreich, England, Italien, den Niederlanden, Schweden, Deutschland, Kuba, Portugal, Dänemark, Norwegen, Österreich, Chile, Uruguay und Bulgarien als die bedeutendsten Punkte auf der Tagesordnung angesehen. Funktionsfähige syndikalistische Gewerkschaften existierten nur noch in Schweden - wo seit 1939 auch das IAA-Sekretariat beheimatet war - Frankreich, Uruguay, Chile, Argentinien und in Spanien, wobei letztere sich illegal organisieren mussten, genauso wie die bulgarischen Syndikalisten unter der staats-kommunistischen Herrschaft. Nach dem Sturz Mussolinis wurde die italienische USI erst im Jahre 1950 wieder gegründet, konnte aber nicht an ihre Erfolge um 1920 anschließen, als sie eine halbe Million Mitglieder vereinte. Die portugiesische CGT, die in den 1920er Jahren den Hauptteil der Arbeiterschaft organisatorisch erfasste, wurde von der Diktatur Salazars seit 1926 nachhaltig niedergeschlagen. In Österreich, England, Dänemark, Deutschland und Norwegen bestanden lediglich Propagandagruppen.

In Spanien seien „immer noch [...] über die Hälfte der spanischen Arbeiter und Bauern anarchistisch eingestellt und in den illegalen syndikalistischen Gewerkschaften organisiert" gewesen.[81] Abel Paz spricht in seinen Erinnerungen von 30.000 Organisierten (1946) alleine in Barcelona.[82] Jedoch war die CNT seit 1945 offen gespalten. Anlass war die Auseinandersetzung um ihre Regierungsbeteiligung während des Krieges. Die damalige politische Situation - und speziell ihre Regierungsbeteiligung der Jahre 1936/37 - zwang die CNT dazu, auf dem IAA-Kongress 1938 einen Antrag zu stellen, wonach es jeder IAA-Sektion gestattet sei, ihre Taktik „in Übereinstimmung mit den sozialen und revolutionären Gegebenheiten des Landes" frei zu handhaben.[83] Die Annahme dieses Antrages ermöglichte es der CNT, mit dem in den IAA-Statuten verankerten Prinzip zu brechen, sich nicht an politischen Vertretungsinstanzen zu beteiligen. Dieser Beschluss, aus pragmatischen Gründen mit den eigenen Prinzipien brechen zu können, kann als kurzsichtig und improvisiert beurteilt werden, weil lediglich sieben Jahre zuvor auf dem 4. IAA-Kongress 1931 „auf Wunsch der CNT [...] und speziell für ihre Bedürfnisse zugeschnitten" folgendes beschossen wurde: „Propagiert ein Mitglied einer an die IAA angeschlossenen Organisation in Wort oder Schrift die Idee, die sich zu den Grundsätzen der IAA, d.h. zu antistaatlichem und antikapitalistischem Geiste, der sie charakterisiert, im Widerspruch befindet, dann verliert es automatisch das Recht, irgendwie eine Funktion in den Gewerkschaften zu vertreten."[84]

Es lässt sich feststellen, dass die weltpolitische Wirklichkeit die IAA zwang, sprunghafte Konzessionen einzugehen und ihre eigenen Prinzipien in hohem Maße aufzuweichen. Diese Schieflage gerade zu rücken, war Aufgabe der Kongresse nach dem Krieg.

Dem zehntägigen 7. IAA-Kongress 1951 in Toulouse gelang es nicht, eine Einigung in die Wege zu leiten. Ebenso unbefriedigend zeigte sich die

I.A.A. PRESSEDIENST
INTERNATIONALE ARBEITER-ASSOZIATION

ADRESSEN:
Generalsekretär der I.A.A. John Andersson, Box 415, STOCKHOLM I, Schweden
Geldsendungen adressieren an: Internationale Arbeiter-Assoziation, I.A.A., Postgiro 155 636, Box 415, STOCKHOLM I, Schweden

AUSGABE:
Pressedienst erscheint wenigstens einmal monatlich und in den folgenden Sprachen: spanisch, französisch, schwedisch, deutsch und englisch. Artikel aus dem Pressedienst dürfen nur mit Angabe der Quelle abgedruckt werden

Nummer I — Stockholm, Jan. 1939.

EIN APPELL AN DIE SEKTIONEN DER IAA.

Das Sekretariat der IAA ist jetzt, gemäss dem Beschluss der auf ordentlichen Kongresses in Paris am Ende des vorigen Jahres gefasst, wurde, nach Stockholm, Schweden verlegt worden.

Das neue Sekretariat ist über die gewaltige Aufgabe, die ihm abliegt, völlig im klaren, aber wird versuchen dieselbe nach Kräften zu erfüllen. Dies besonders im Bewusstsein der unbedingten Notwendigkeit für die Arbeiterklasse, sich in allen Ländern anarchosyndikalistisch zu organisieren, sich für den Sieg und für die weltbefreiende soziale Revolution vorzubereiten.

Die Welt wird jetzt von gewaltsamen kriegerischen Entscheidungen erschüttert. Massen von Menschen werden bei den gewaltigen Zusammenstössen gemordet, und es sieht aus als ob ein neuer Weltkrieg fertig wäre auszubrechen. Dies als eine klare Konsequenz des imperialistischen Konkurrenzkampfes des Kapitalismus um Rohwaren und Einfluss auf den Weltmarkt. Der Kapitalismus versucht auch mit Hilfe von Nazismus und Faszismus die Arbeiterbewegung zu zerschmettern und all freies Denken zu vernichten. Wer wird in dieser gewaltigen Kampfe zwischen den Klassen siegen? Es ist die grosse Frage des Tages. Die Arbeiterklasse muss die Antwort geben durch ungebrochene Solidarische

Die erste Ausgabe des Pressedienstes der IAA 1939 stand im Zeichen des beginnenden 2. Weltkrieges: „*Der Kapitalismus versucht auch mit Hilfe von Nazismus und Faszismus die Arbeiterbewegung zu zerschmettern und all freies Denken zu vernichten.*“

Das historische Symbol der CNT. Die Arbeiterklasse ringt die Bestie Kapitalismus nieder.

Diskussion um die Ausrichtung der IAA. Es wurde betont: „Es gibt keine Taktik für alle Länder und für alle Zeiten." Gestaltete es sich schon mühselig, diese Diskrepanz zwischen den alten Prinzipien und der Neuausrichtung im Sinne einer bloßen Fortexistenz der IAA zu kaschieren, so machte die Situation in Spanien dieser Möglichkeit einen Strich durch die Rechnung. Während die CNT im Inland den Kurs der Zusammenarbeit mit der spanischen Exilregierung in Mexiko unter dem Ministerpräsidenten José Giral Pereira verfolgte, sah die sich in Frankreich konstituierende „Exil"-CNT (etwa 30.000 Mitglieder) auf ihrem Pariser Kongress 1945 genau dies als Fehler an, der sich - in anbetracht der Regierungsbeteiligung der CNT 1936 - nicht wiederholen dürfe. Daher forderte sie generell die Streichung des 1938 gefassten Toleranzbeschlusses. Zwar wurde der Passus aufgehoben, die Abstimmung war jedoch geprägt von Enthaltungen, was die allgemeine Unentschlossenheit in dieser Frage offenbarte. Die Inlands-CNT nahm nicht daran teil. Auch künftig müsse sich das Statut an der Realität messen lassen, denn, so ein Bericht: Es sei kaum anzunehmen, „dass syndikalistische Organisationen in einer revolutionären Situation in den Statuten der Internationalen Arbeiter-Assoziation nachsehen werden, wie sie handeln sollen."[85]

Aufgrund der Komplexität in der Problemlage war die stark fragmentierte IAA sichtlich damit überfordert, weiter einheitlich zu verfahren. Die Disharmonien verstärkten sich dadurch, dass die Inlands-CNT ihren Kurs nicht mit der CNT im Exil absprach. Der Beschluss, zur spanischen republikanischen Exilregierung zwei Delegierte zu entsenden, löste bei den syndikalistischen Emigranten Entrüstung aus.[86] Die Exilregierung bemühte sich erfolglos um Anerkennung bei den Vereinten Nationen, woraufhin die Inlands-CNT ihren Kurs änderte und sich fortan gegen eine Beteiligung an der Exilregierung aussprach. In den spanischen Gefängnissen saßen zahlreiche Syndikalisten, die weiterhin auf der Grundlage der CNT-Beschlüsse von 1936 verharrten und an den Entscheidungen der CNT im Exil nicht teilnehmen konnten, geschweige denn in Kenntnis gesetzt wurden. Sie erhofften sich nach Beendigung des Weltkrieges durch weitere Regierungsbeteiligungen im besten Falle Amnestien und einen Neuaufbau der Gesellschaft, bei dem die CNT eine starke Rolle einnehmen könne. Hinzu kam die abweichende Haltung zum bewaffneten Widerstand gegen das Franco-Regime. Verfahrenstechnisch stellten sich aufgrund der illegalen Beteiligung der Inlands-CNT Probleme in der Frage ein, welche Delegation zum

IAA-Kongress mit welchen Mandaten versehen sei. Damit waren die Bemühungen zur Einigung in der Spanischen Frage gescheitert.[87]

Am 8. IAA-Kongress in Puteaux (1953) beteiligten sich Delegationen aus Argentinien, Uruguay, Schweden, Frankreich, Italien - aus Ländern, in denen die syndikalistischen Gewerkschaften weitgehend funktionstüchtig blieben - zudem aus Chile, Dänemark, Norwegen, den Niederlanden, Österreich und Großbritannien, wo die Syndikalisten lediglich als Propagandisten auftraten. Die Fronten in der Diskussion hatten sich zudem dahingehend verkompliziert, dass der Kongress es parallel zur Exil-CNT nunmehr mit zwei Inlands-CNT zu tun hatte. Diese nahmen jeweils unterschiedliche Richtungen in dieser spanischen Streitfrage ein, denn eine orthodoxe Sektion gründete sich im Jahre 1949 als oppositionelles Nationalkomitee, das einen „reinen, kompromisslosen Anarchosyndikalismus wiederherstellen" wollte. Der 8. Kongress der IAA erkannte schließlich nur die Exil-CNT als Mitglied an, womit die CNT im Inland als ausgeschlossen galt, weil laut Statuten pro Land nur eine IAA-Sektion erlaubt war.[88]

Doch nicht nur in der spanischen Frage schieden sich die Geister: Die schwedische SAC zählte etwa 20.000 Mitglieder und hatte während und nach dem Krieg bis 1953 das IAA-Sekretariat inne. Sie legte einen dezidiert ausgearbeiteten reformistischen Kurs vor, den sie mit weitgehender Zustimmung der Sektionen aus Deutschland und den Niederlanden analog zu ihrer neuen Prinzipienerklärung von 1952 offensiv vertrat. Dieses von Rudolf Rocker verfasste und von Helmut Rüdiger gestützte revisionistische Programm trug deutlich sozialdemokratische Züge. Dessen pragmatische Ausrichtung wurde im Sinne von „Föderalismus, neue[n] Formen der Mitbestimmung und Eroberung wirklicher sozialer und ökonomischer Verantwortung" definiert.[89] Unter den Bedingungen des Wohlfahrtstaates nahm der Syndikalismus in diesen Ländern einen starken liberalen Charakter an. Führende Größen des internationalen Syndikalismus wie Helmut Rüdiger, Diego Abad de Santillán, Augustin Souchy, Albert de Jong oder auch Rudolf Rocker setzten sich dafür ein. Statt des Prinzips des Klassenkampfes sei auf Integration und Zusammenarbeit mit staatlichen Institutionen Wert zu legen. Die revisionistische Inlands-CNT bemerkte, ganz dem liberalen Kurs entsprechend, dass das „Eintreten für spezifisch syndikalistische Ziele demokratische Zusammenarbeit mit anderen Sektoren" voraussetze: „Der Gedanke an eine plötzliche, kompromisslose, völlig konsequente Verwirklichung der eigenen Ideen und programmatischen Forderungen erscheint den kämpfenden spanischen Syndikalisten als eine Form der totalitären Entartung, die für unsere Zeit charakteristisch ist."[90] Entgegen dieses neuen Trends beschloss der 8. IAA-Kongress, die alten IAA-Statuten aus dem Jahre 1923 abermals zu ratifizieren. Das IAA-Sekretariat wechselte konsequenterweise von Schweden nach Frankreich, ins Lager der an den alten Prinzipien festhaltenden Syndikalisten.[91]

Die IAA hatte sich in ihren prinzipiellen und strategischen Anschauungen überlebt. Sie zerfaserte in vier Teile:

1. die durch die Illegalität weitgehend abgeschirmten und isolierten Sektionen (Bulgarien, Spanien-Inlandsorganisation, Portugal),

2. die sich offen zum Reformismus bekennenden Sektionen (Schweden, Niederlande, Deutschland),

3. diejenigen Sektionen, die zu den alten Prinzipien zurückkehren wollten (Spanien-Exilorganisation, Frankreich, Italien, Großbritannien) und

4. Indifferente oder marginalisierte Organisationen (Argentinien).

Auf den Kongressen in Toulouse und in Puteaux wurden die Weichen gestellt, die bis heute die syndikalistischen Organisationen innerhalb wie auch außerhalb der IAA in ihren grundlegenden Fragen betreffen.

Im Vergleich zur Vorkriegs-IAA bemerkte Rudolf Rocker nach den Worten Helmut Rüdigers: „1923 […] handelte es sich darum, wirklich existierende große Organisationen zusammenzufassen und ihnen im sozialen Kampfe programmatische Richtlinien zu geben. Die IAA hat ihre Aufgabe so gut es ging, erfüllt. Die Zeiten haben sich geändert. Solange man Organisationen zur Verfügung hatte, konnte es einen Sinn haben, auf internationalen Kongressen ihre Arbeitsweise zu diskutieren. Aber mit Hilfe internationaler Kongresse wird man keine neuen Organisationen schaffen können. Worauf es ankommt, ist heute, in freiheitlich-sozialistischem Geiste zu den neuen Problemen einer völlig veränderten Zeit Stellung zu nehmen."[92]

Da die SAC sich, um einem Mitgliederverfall zuvorzukommen, ihrem revisionistischen Programm gemäß dem staatlichen Arbeitslosensystem anpasste, trat sie 1957 aus der IAA aus, gegen deren Prinzipien sie mit dieser Maßnahme verstieß.[93] Auch die deutsche „Föderation freiheitlicher Sozialisten" (FFS) trat nach kurzer Mitgliedschaft bereits 1952 wieder aus, da die IAA als nicht mehr zeitgemäß betrachtet wurde. Albert de Jong brachte seine Meinung über das Befinden der IAA 1956 gegenüber Rudolf Rocker auf den Punkt: „Mit der IAA geht es schlecht. Das Sekretariat, die Franzosen und angeschlossenen Spanier betreiben einen Fanatismus, den man von Bolschewisten und anderen Religiösen, aber nicht von Anarchisten erwarten würde. Ich glaube, die IAA wird auf dem nächsten Kongress zu Grunde gehen."[94] Auch der im gleichen Jahr stattfindende 9. IAA-Kongress in Marseille konnte ihn nicht umstimmen: „Der Kongreß war m. E. dumm u[nd] fanatisch. Ich habe dort oft an Dich [Rudolf Rocker] gedacht. Man schwörte auf Deine Prinzipienerklärung 1922 und machte davon ein

Kirchendogma. Traurig. Ich weiß, dass, obwohl Du älter bist als wir alle, dies dir gar nicht liegt, dass Du den anarchistischen Geist der ewigen Kritik besitzt, der fortwährenden Prüfung von dem, was man einmal als wahr angenommen hat. Die hundertprozent prinzipiellen, die die ewige Wahrheit gefunden zu haben glauben, sind gar keine Anarchisten, sondern religiöse Kirchengeister. Schade!“[95] Auch im 21. Jahrhundert stehen die bedeutenden revisionistischen syndikalistischen Organisationen, wie die SAC oder die Confederación General del Trabajo (CGT/Spanien), außerhalb der IAA. Diese wiederum betreibt weiterhin eine dogmatische Politik der Prinzipientreue und isoliert sich. Einen starken Einfluss auf sie üben kleine, rein anarchistisch orientierte Landessektionen aus, sogenannte „Telefonzellenorganisationen“.

Spanien nach 1975

Wenngleich die syndikalistische Arbeiterbewegung besonders in Katalonien auch unter der Diktatur Francos im Untergrund weiter bestand und nach Angaben des Historikers Abel Paz in den 1960er Jahren auch im Untergrund über eine ansehnliche Basis verfügte, hinterließen knapp 40 Jahre Diktatur folgenreiche Spuren. Die kommunistische Partei arrangierte sich mit dem Franco-Regime und ihre Gewerkschaften, die „Comisiones Obreras“ (CCOO), wurden legalisiert. Daher blieben letztere auch nach dem Tode Francos im Jahre 1975 diejenigen, die neben der traditionellen sozialdemokratischen „Unión General de Trabajadores“ (UGT) die Arbeiterklasse offiziell repräsentierten und somit erste Ansprechpartner für organisierungswillige Arbeiter. Die CNT gründete sich offiziell im Dezember 1977 erneut. Zu ihren ersten öffentlichen Kundgebungen kamen mehrere 10.000 Menschen. Es machte den Anschein, als sei die Bewegung wieder auferstanden und könne mit frischem Schwung an die Arbeit gehen. Doch nahm die CNT nicht nur diesen Elan mit in die kommenden Jahre, sondern ebenso jene Konflikte aus den 1930er Jahren, die aufgrund der revolutionären Situation entweder lediglich überdeckt wurden oder erst recht eskalierten. Dieses waren die Streitfragen, die insbesondere die Zusammenarbeit mit gesetzlichen Institutionen, bzw. mit dem Staat an sich betrafen, die im Dualismus zwischen Reform und Revolution begründet lagen. 1979 gab es die erste Spaltung zwischen dem syndikalistischen und dem anarchistischen Flügel der CNT. Die erste organisierte sich schließlich mit einem syndikalistischen Programm eigenständig als „Autonome Arbeiter Gewerkschaften“ (SAT).[96] Die in der CNT dennoch verbliebenen syndikalistisch orientierten Arbeiter sahen ihre Chance, sich neben den dominanten CCOO in den Betrieben reorganisieren und etablieren zu können, darin, an den gesetzlichen Betriebsräten zu partizipieren, über diese ihren Einfluss zu vergrößern bzw. zu sichern. Durch den praktischen Einsatz für die Verbesserung der Arbeitsbedingungen wollten sie ihre Präsenz als Arbeitervertretung stärken. Sie wird gekennzeichnet als „CNT-Renovado“ (Die „erneuerte

CNT"). Diese Spaltung war entscheidend für die Destabilisierung der CNT. Es kam vor, dass ein Teil der CNT im Betrieb zu Betriebsratswahlen aufrief, während der andere, prinzipientreue, Teil dazu aufrief, diese zu boykottieren. Sie spekulierten auf den Verfall der kommunistischen Partei und damit der CCOO, dessen Mitglieder sie anstelle der UGT auffangen wollten. 1980 separierte sich auch die CNT-Renovado. Aus ihr ging die später tatsächlich drittstärkste Gewerkschaft „Confederación General del Trabajo" (CGT) hervor, die bis zur Jahrtausendwende auf etwa 60.000 Mitglieder anwuchs. Ihren Namen änderte sie im Jahre 1989 jedoch keinesfalls freiwillig. Der Streit um den Namen CNT sowie das Erbe und Vermögen der Bewegung eskalierte so heftig, dass er schließlich gerichtlich vor dem „Tribunal Supremo" ausgetragen wurde. Dabei ging es um die rechtliche Nachfolge der historischen CNT und um unter Franco enteignete Immobilien, die zurückgefordert wurden - nach Schätzungen der CNT im Gesamtwert von etwa 90 Millionen Euro. Die CGT agierte nun offen reformistisch, beteiligte sich an Betriebsratswahlen, liebäugelte mit Tarifverträgen und führte für syndikalistische Verhältnisse eine hohe Anzahl bezahlter Funktionäre ein.[97] Sie professionalisierte sich zusehends, ohne jedoch das Label Anarcho-Syndikalismus aufzugeben. Übrig blieb eine in sich gekehrte und dogmatische Rest-CNT, in der sich die entsprechend orientierten Mitglieder scharten, ohne größere Anbindung in den Betrieben, als Ideenorganisation mit nur wenigen Tausend Mitgliedern, etwa einem Zehntel der Stärke der CGT. Die Rivalität zwischen der CNT, die sich in der Folgezeit noch weitere Male spalten sollte, und der CGT dauerte weitere Jahrzehnte lang an, schließlich ging es im Streit noch um das Erbe der historischen Archivbestände, die im Internationalen Institut für Sozialgeschichte (IISG) in Amsterdam lagern.

Folgende Kongresse der historischen IAA fanden statt:

I. Kongress: Gründungskongress Jahreswende 1922/23 in Berlin
II. Kongress: März 1925 in Amsterdam
III. Kongress Mai 1928 in Lüttich
IV. Kongress Juni 1931 in Madrid
V. Kongress August 1935 in Paris
VI. Kongress August 1938 in Paris
VII. Kongress Mai 1951 in Toulouse
VIII. Kongress Juli 1953 in Puteaux
IX. Kongress Juli 1956 in Marseille
X. Kongress August 1958 in Toulouse

3.2. Tätigkeiten der IAA

Diese allgemeine Geschichte gibt nur einen groben Überblick. Nicht weniger aufschlussreich sind die konkreten Tätigkeitsbereiche der IAA, also praktische und repräsentative Beispiele für ihre Sinnhaftigkeit. Diesen ist anzumerken, dass diese Internationale Organisation und Tätigkeiten unter keinem guten Stern standen, sprich den aufkommenden Diktaturen: Konstruktive, aufbauende Aspekte blieben weitgehend in einer embryonalen Phase verhaftet, weil sie mit wenigen Ausnahmen keinen fruchtbaren Boden fanden. Stattdessen wurden neben der umfangreichen propagandistischen Tätigkeit reichlich Kräfte aufgewendet für die Internationale Solidarität bezüglich der Gefangenenhilfe. Dennoch spiegeln auch die zu kurz gekommenen konstruktiven Elemente die Ernsthaftigkeit der internationalen Organisation wieder.

Studienkommission und Industrieföderationen

Um syndikalistische Perspektiven für eine alternative Weltwirtschaft in die Wege zu leiten, bildete die IAA seit 1925 eine Studienkommission. Diese hatte es sich zur Aufgabe gemacht, „über die verschiedenen Seiten der Arbeiterbewegung, über den Kampf gegen den Weltkapitalismus und zur Lösung der politischen, wirtschaftlichen und sozialen Probleme, die sich dem für den freiheitlichen Kommunismus kämpfenden Proletariat entgegenstellen", aufzuklären.[98] Es komme darauf an, für die politischen und wirtschaftlichen Aufgaben im Weltmaßstab praktische Lösungen zu finden. Flankiert werden sollte die Studienkommission durch den Aufbau von internationalen Industrieföderationen, unterstützt vom IAA-Sekretariat. Dafür sollten seit 1925 zunächst drei Bereiche erfasst werden: Die Bauarbeiter formierten sich als „Internationale syndikalistische Bauarbeiter-Föderation" (ISBF) mit Sitz in Portugal. Die dortige CGT musste jedoch die Leitung wegen Überforderung unter der Diktatur Salazar schon bald an die Sektion in den Niederlanden abgeben. Die internationalen Metallarbeiter wurden durch die FAUD in Deutschland vertreten, und die Seeleute sollten durch den „Nederlandsch Syndicalistisch Vakverbond" (NSV) ihren Sitz in Holland bekommen.[99] Letztere Föderation scheiterte bereits im Ansatz, da die Seeleute laut interner Einschätzung insgesamt wenig vom syndikalistischen Gedanken erfasst seien.[100]

Bauarbeiterföderation

Die 1926 in Lyon konstituierte „Internationale syndikalistische Bauarbeiter-Föderation" (ISBF) hingegen erarbeitete und verabschiedete ein Regulativ und gab in den Jahren 1931/32 einen eigenen und sehr informativen „Presse-Dienst" heraus. Neben der allgemeinen

Propaganda, besonders für den 6-Stunden Tag, sowie der internationalen Solidarität machten es sich die Sektionen zur Aufgabe, „bei Lohnkämpfen und Arbeitslosigkeit [...] jeden Zuzug nach dem betreffenden Lande zu verhindern". Die Organisationen, denen nahe gelegt wurde, jeglichen parteipolitischen Einfluss abzuwehren, sollten auf die nachrevolutionären Aufgaben in einer freien Gesellschaft vorbereitet werden. Die ISBF solle „über die Arbeits- und Betriebsverhältnisse im Baugewerbe der verschiedenen Länder" das entsprechende Material sammeln und Statistiken erheben. Aufgenommen wurden diejenigen Sektionen, die bereits Mitglied eines IAA-Dachverbandes waren. Über die Aufnahme anderer, nicht schon der IAA angeschlossenen Verbände, würde die Konferenz der ISBF befinden.[101] 1926 betrug die Stärke der Landessektionen in Schweden 15.000, in Portugal 10.000, in Holland 600 und in Deutschland 4.000 Mitglieder. 1931 wurde das Sekretariat nach Deutschland verlegt. Zu diesem Zeitpunkt organisierten sich in Portugal 3.000, in Holland 500, und in Deutschland 3.500 Mitglieder.[102] In Spanien stellten die etwa 100.000 in der CNT organisierten Bauarbeiter in vielen bedeutenden Städten die (absoluten) Mehrheiten.

In:

Barcelona 24.000,
Sevilla 9.050,
Madrid 7.000,
Malaga 5.500,
Saragossa 5.000,
Valencia 5.000,
Granada 3.694,
Alicante 3.000,
Gijon 2.548,
Badalona 1.050,
Sabadell 1.000,
Lerida 950,
Tarragona 989,
Coruña 800,
Cordoba 750,
Mataro 700,
Santander 567,
Murcia 520,
Mallorca 500 Mitglieder.[103]

Dennoch beklagte die internationale Föderation im Jahre 1928, dass gerade diese mitgliederstarken Sektionen unter sich blieben: „Die ISBF funktionierte von Anfang an schlecht. Die Sektionen in Portugal und die Genossen in Spanien gaben nie ein Lebenszeichen. Auch mit den syndikalistischen Bauarbeiterföderationen Lateinamerikas war keine Verbindung anzuknüpfen."[104] Die deutsche Sektion spaltete sich 1927 aufgrund innerorganisatorischer Differenzen. Der eine Teil war mit etwa 600 Mitgliedern lediglich der ISBF angeschlossen, der andere, etwa doppelt so viele Mitglieder starke Teil, der in der FAUD verblieb, war hingegen nur der IAA angeschlossen. 70 Prozent der Kollegen seien erwerbslos. Die Ortsvereine sahen sich einem hohen Druck seitens der Zentralverbände ausgesetzt; durch deren Lohndrückereien und Streikbruchaktivitäten. In Portugal reorganisierten sich unter der Diktatur bis 1931 etwa ein Drittel der ursprünglichen Mitglieder neu. In den Niederlanden schwächten die kommunistischen Bewegungen die Bauarbeiterföderation, die 1931 etwa 500 Mitglieder zählte (von den insgesamt 3.000 Mitgliedern im NSV). Als Maßnahme gegen die Erwerbslosigkeit beschloss eine internationale Bauarbeiterkonferenz 1931 in Madrid, auf internationaler Ebene Arbeit zu vermitteln. Da das Sekretariat in Frankreich seiner Arbeit nur mangelhaft nachkam, wurde es 1931 nach Deutschland verlegt.[105]

Metallarbeiter

Mit der Konstituierung einer internationalen Metallarbeiterföderation wurde die Geschäftsleitung der FAUD-Metallarbeiter in Deutschland beauftragt. Sie gründete ein Sekretariat und berief eine internationale Konferenz nach Hamburg ein, an der die künftigen Sektionen aus den Niederlanden und aus Dänemark teilnahmen. Anschlusswillig erklärten sich die syndikalistischen Metallarbeiter Schwedens und Frankreichs. Auch die Vereinigung der Mechaniker aus Lüttich (Belgien) sympathisierte mit der Föderation.[106] Damit stand es um die Organisationsvorhaben der Metallarbeiter ähnlich mangelhaft wie bei den Bauarbeitern, denn sie war weder stabil noch ausbaufähig und reichte nicht über Zentraleuropa hinaus. Kamen die beiden Industrieföderationen wenigstens noch in die Startlöcher, so scheiterte das Vorhaben auf Bildung einer internationalen Studienkommission bereits im Ansatz. Stattdessen wurden die Sektionen aufgefordert, „Monographien über die syndikalistische Arbeiterbewegung in jedem Lande" herauszugeben, damit das Projekt anlaufen könne.[107] Mit dem Beginn der Nazidiktatur in Deutschland kamen die Föderationen zum Erliegen.

Landwirtschaft

Zwar erstarkte der Syndikalismus vornehmlich in prosperierenden Wirtschaftszentren. Das bedeutete jedoch nicht, dass er sich auf industrialisierte Regionen beschränkte. Besonders in den lateinamerikanischen Ländern als auch in Spanien fand der Syndikalismus weite Verbreitung nicht nur innerhalb der Industriearbeiterschaft, sondern auch bei den Landarbeitern. In Mexiko war fast die gesamte CGT dort verankert. Und während der spanischen Revolution stellte er in Aragonien und in der Levante mit unzähligen Landarbeiterkollektiven die wichtigste sozialistische Strömung dar, wo ihm vorrangig in der Versorgungsfrage eine herausragende Bedeutung zukam. Auf welche Weise die revolutionären Veränderungen ihren Ausdruck finden konnten, dafür legte der Landarbeiterkongress der portugiesischen CGT im Jahre 1925 folgende Zielsetzung fest:

„1. Die vollständige und uneingeschränkte Vergesellschaftung allen landwirtschaftlichen Besitzes, aller Maschinen, Geräte, Zugtiere, des Zucht- und Mastviehs, der Getreidespeicher, Kelterhäuser usw.

2. Die gesamte Landwirtschaft untersteht der Verfügungsgewalt der freien Gemeinschaft. Die Dinge werden einzig unter dem Aspekt verteilt, das Land möglichst effektiv und rational zu nutzen, entsprechend den Beschaffenheiten des Bodens und den Möglichkeiten zum Anbau verschiedener Agrarprodukte, die für die Ernährung der Bevölkerung unverzichtbar und am wichtigsten sind.

3. Nach Beratung mit Agrarfachleuten werden die Gewerkschaften der Landarbeiter, direkt oder vertreten durch ihre Industrieföderation, die landwirtschaftliche Produktion leiten, bei kollektivem Einverständnis bezüglich der Umsiedlung von Arbeitskräften und der Ausübung der verschiedenen Tätigkeiten im landwirtschaftlichen Produktionsbereich, entsprechend den konkreten Verhältnissen jeder Region. Sie werden die Arbeitsgeräte verteilen, die Aussaat, den Dünger usw., und werden ebenso an Statistiken und dergleichen mitarbeiten.

4. Die Landarbeiter lehnen das System der Lohnarbeit ab und übernehmen es nicht in das System eines freien Kommunismus eines vergesellschafteten Landes. Sie streben die brüderliche Vereinbarung zwischen den Bauernorganisationen und den Industrieorganisationen über den gegenseitigen Austausch der benötigten Produkte, Werkzeuge und Rohstoffe an, koordiniert auf nationaler Ebene durch die CGT und auf internationaler Ebene durch die IAA."[108]

Dies deckte sich weitgehend mit den Agrarprogrammen anderer IAA-Sektionen. In Deutschland hingegen kam die Bewegung zu keiner Zeit über theoretische Erörterungen und minimale Propaganda hinaus. Aber auch sie entwickelten „Richtlinien für eine Föderation der Landarbeiter und verwandter Berufsgruppen" mit syndikalistischen Grundlagen und Zielen.[109]

Internationaler Wirtschaftsrat

Auf dem vierten IAA-Kongress in Madrid gründete sich 1931 ein Internationaler Wirtschaftsrat, bestehend aus den deutschen Syndikalisten Rudolf Rocker, Fritz Dettmer und Gerhard Wartenberg. Er wurde mit folgenden Aufgaben betraut:

1. Wissenschaftliches Studium der weltwirtschaftlichen Entwicklung, der Krisen, der Industrialisierung, der Ausbeutungsmethoden des internationalen Kapitalismus und der angeblich sozialistischen

Methoden Sowjetrusslands, insbesondere

a) Erfassung der einzelnen Produktionen und des Bedarfs in jedem einzelnen Lande
b) Feststellung der gegenseitigen wirtschaftlichen Abhängigkeit der Länder
c) Feststellung der notwendigen und der unnötigen Ein- und Ausfuhr
d) Organisation des Bank- und Kreditwesens
e) Verschwendung durch kapitalistische Methoden (unnötiger Transport, Reklame, Verderben durch lange Lagerung, direkte Vernichtung wegen mangelnden Absatzes usw.)
f) Verteilung der Produktionskosten (Material, Transport, Arbeitslohn usw.) und des Ertrags (Profit, Steuern, Lohn usw.)
g) Dumpingsystem
h) Die Rationalisierung und ihre Folgen
i) Krisenursachen und Krisenheilung

2. Zerstörung der nationalistischen Legenden durch Gegenüberstellung der Versionen in den einzelnen imperialistischen Ländern, durch Aufdecken der wahren imperialistischen Ziele der Staaten,

3. Ausarbeitung von Umrissen einer rationellen sozialistischen Organisation der Weltwirtschaft,

4. Regelmäßige Veröffentlichungen der Ergebnisse dieser Arbeiten"[110]

Der zügige Niedergang der IAA ließ diese Vorhaben jedoch weitgehend unverwirklicht.

Gefangenenhilfe weltweit

Der Terror durch die Bolschewiki in Russland begann nach Angaben der Syndikalisten bereits um 1918, als anarchistische und sozialrevolutionäre Lokale gestürmt, die Versammelten verhaftet wurden und Haussuchungen stattfanden. Der Blickwinkel in der Geschichte ist oftmals auf die Niederschlagung der Kommune von Kronstadt,[111] sowie auf den Kampf der Roten Armee gegen die Machnowtschina beschränkt.[112] Die Repression seitens der Kommunisten war jedoch allgegenwärtig. Hilfe und Aufklärung setzten seit 1919 zuerst durch die FAUD und die „Föderation kommunistischer Anarchisten Deutschlands" (FKAD) ein. Immer wieder berichtete der „Syndikalist" über die Lage der Genossinnen und Genossen in Russland. Über ein hochwertiges internationales Korrespondentennetzwerk wurde das ganze Ausmaß der Verfolgungen offenbar. Überschriften im „Syndikalist" lauteten beispielsweise: „Ein Not- und Hilfeschrei aus russischen Gefängnissen" oder „Die bolschewistische Reaktion gegen die Anarchisten und Anarcho-Syndikalisten in Rußland".[113] Kommunistische Strömungen

Alexander Berkman

der Arbeiterbewegung in Deutschland hingegen rechtfertigten die Taten der Sowjetregierung.

Die organisierte Hilfe für die dortigen Syndikalisten und Anarchisten setzte seit Dezember 1921 ein, als die international sehr angesehenen Anarchisten Alexander Shapiro (1890-1942), Alexander Berkman (1870-1936) und Emma Goldman (1869-1940) Russland verlassen mussten. Noch von Riga aus starteten sie einen Aufruf für die verfolgten Genossen. In Berlin angekommen, vereinigte sich dieses „anarchistische Hilfskomitee" mit linken Sozialrevolutionären und Maximalisten zum „Vereinigten Komitee" (Joint Committee) für die „Verteidigung der gefangenen Revolutionäre in Sowjetrußland". Ein „Bulletin des Relieffonds der IAA" schilderte die Verhältnisse der verfolgten politischen Gefangenen in Russland, führte Sammlungen für diese durch und erteilte Rechenschaft über die Verteilung der Mittel.[114]

Inspiriert von russischen Aktivisten im Exil rief das IAA-Sekretariat im November 1926 den Relieffonds als „Unterstützungsfonds der IAA für gefangene und verbannte Anarchisten und Anarcho-Syndikalisten in Sowjet-Rußland" ins Leben. Das Sekretariat übernahmen Alexander Berkman (St. Cloud/Frankreich) und Mark Mratschny (Berlin).[115] Die Nachfolge Mratschnys in Deutschland trat Milly Witkop-Rocker an. Als zentrale Forderung wurde „die vollständige Freiheit, die zunächst in Presse- und Versammlungs- und Koalitionsfreiheit, sowie in der Befreiung aller politischen revolutionären Gefangenen zum Ausdruck kommen müsste", aufgestellt. Dazu war es nötig, die verfolgten Genossen nicht nur finanziell zu unterstützen, sondern auch „das internationale Proletariat [aufzuklären] und es [anzutreiben], den notwendigen Druck auf Sowjetrussland und die russischen Regierungsvertreter im Auslande" auszuüben. In Deutschland, Frankreich und den USA gab es in mehreren Städten Veranstaltungen zum 1. Mai oder zum 10. Jahrestag der Oktoberevolution. Gelder des Hilfskomitees wurden angenommen bzw. gespendet durch anarchistisch-syndikalistische Vereinigungen, beispielsweise in New York, Chicago, Cleveland, Washington (Sammlungen von Emma Goldman), Los Angeles und Detroit; außerhalb der USA sind besonders Toronto und Montreal, sowie London erwähnenswert. In Deutschland übernahmen nicht nur Gruppen der FAUD, sondern auch andere emanzipatorische Gruppen Patenschaften mit festem Monatsbeitrag zugunsten einzelner Sowjet-Gefangener, so die „Föderation Kommunistischer Anarchisten Deutschlands", die „Tutmonda Ligo de Esperantistaj Senŝtatanoj" („Weltbund esperantistischer Staatsgegner"/TLES) oder auch die „Allgemeine Arbeiter Union – Einheitsorganisation" (AAU-E).[116] Die Syndikalisten betonten: „Diese Art der Unterstützung ist besonders empfehlenswert, weil sie unserem föderalistischen Prinzip entspricht, indem sie das Schwergewicht vom Zentrum wegleitet und an die Peripherie legt.“[117]

Francesco Ghezzi

Mit über 60 Gefangenen und Verbannten (teils in „kleinen Kolonien“) stand das Hilfskomitee in direkter Verbindung, und über diese in Kontakt zu weiteren syndikalistischen und anarchistischen Aktivisten und Gefangenen. Die Gelder wurden solidarisch nach Bedarf aufgeteilt und kamen auf diese Weise auch den Familien sowie den Kranken zugute. Von 1927 bis 1928 wurden über 5.000 Dollar allein nach Russland transferiert. Betreut wurden Genossen in Zentral- und Ostrussland, Nordrussland, die Solowetzki-Inseln, Sibirien, Kasachstan und Turkestan. Zu den Spenden zählten auch Sachwerte wie (Wörter-)Bücher und Zeitschriften.[118]

Der russische Hilfsfond unterstützte die Gefangenen permanent, schickte ihnen Bücher, Lebensmittel und Briefe. Am IAA-Solidaritätsfond arbeiteten besonders die Landessektionen aus Argentinien, Schweden und Deutschland mit, also aus Ländern, in denen die Syndikalisten die Frage nach der Institutionalisierung von Solidaritätsfonds sehr unterschiedlich bewerteten. Der vom Geheimdienst GPU in Russland inhaftierte italienische Anarchist Francesco Ghezzi wurde 1931 auf internationalen Druck hin entlassen.[119] Die IAA setzte sich ebenso für den in Russland gefangenen genommenen italienischen Anarchisten Alfonso Petrini ein.[120]

Mit zwei ebenso international bekannten Revolutionären gab es in den 1920er Jahren aufsehenerregende Solidarität: Simon Radowitzky und Kurt Wilckens. Zugunsten beider initiierte die FORA Generalstreiks.[121] Wilckens tötete im Januar 1923 den Oberstleutnant Varela, der im Jahre 1921 in Patagonien für den Tod von 1.500 Arbeitern verantwortlich war. Die FORA unterstützte ihn bei den Gerichtsprozessen und rief im Juni 1923 einen einwöchigen Generalstreik aus, „eine der imposantesten Kundgebungen, die Argentinien erlebte“, der neben Verhaftungen auch Tote zur Folge hatte.[122] Radowitzky tötete am 14. November 1909 den Polizeipräsidenten Oberst Falcón in Buenos Aires, den Verantwortlichen für den Tod von Arbeitern auf einer Maidemonstration. Dafür saß Radowitzky zwei Jahrzehnte im Gefängnis ein, bis er 1930 auf Druck der Arbeiterschaft freigelassen wurde.[123]

Zu Beginn der 1930er Jahre beteiligten sich die Syndikalisten auch an strömungsübergreifenden Komitees zur Freilassung von Tom Mooney und Warren Billings in den USA. Auf einer Kundgebung in Berlin sprachen unter anderem Rudolf Rocker und Erich Mühsam (1878-1934).[124] Als letzterer 1933 in Deutschland in ein Konzentrationslager kam, betrieb die IAA auch für ihn eine breit angelegte Solidaritätsarbeit.[125] Umfangreich und andauernd war zudem die Hilfe für die in den USA seit 1920 gefangen gehaltenen Nicola Sacco und Bartolomeo Vanzetti. Am 23. August 1927 wurden die beiden italienischstämmigen Anarchisten auf dem elektrischen Stuhl hingerichtet. Dieser Akt ging als Justizmord in die Geschichte ein, und ähnlich wie zu den drohenden Hinrichtungen infolge der Haymarket-Ereignisse im Jahre 1887, setzte eine internationale Protestwelle weit über syndikalistische Kreise hinaus ein. Sacco und Vanzetti starben wegen ihrer politischen Gesinnung und gewerkschaftlichen Aktivität. Offiziell angeklagt waren sie wegen Raubmordes, den sie im Jahre 1919 begangen haben sollen. Das 1921 gefällte Todesurteil wurde jedoch wegen beantragter Prozessrevisionen jahrelang aufgeschoben. Das bot der Ausweitung der Proteste reichlich zeitlichen Rahmen für umfangreiche Demonstrationen, Streiks, Hilfeleistungen und Öffentlichkeitsarbeit. Die zum Tode verurteilten wurden zum Symbol für den grundsätzlichen antikapitalistischen Widerstand. So betonte Sacco: „Ich weiß, das Urteil wird zwischen zwei Klassen fallen, der unterdrückten Klasse und der reichen Klasse, und immer wird Kampf sein zwischen den beiden. Wir kommen brüderlich zu dem Volk mit Büchern, mit Literatur. Ihr verfolgt das Volk, tyrannisiert es und mordet seine Söhne. Wir versuchen immer die Erziehung des Volks. Ihr versucht eine Trennung zu setzen zwischen uns und eine andere Nationalität, um einander zu hassen. Deshalb bin ich heute hier auf dieser Bank, weil ich der unterdrückten Klasse angehöre. Sie sind die Unterdrücker."[126] Das Sekretariat der IAA rief alle Mitgliedssektionen zu Protestveranstaltungen auf und leistete Aufklärungs- und Solidaritätsarbeit.[127]

Aktionskomitee

In Paris setzte die IAA seit 1928 ein Aktionskomitee ein, das sich für die syndikalistische Propaganda unter ausgewanderten Arbeitern einsetzte, besonders denjenigen aus Italien, Russland und Spanien, deren Organisationen in der Heimat von den Diktaturen betroffen waren. Tatsächlich wurden kurzzeitig drei Periodika in verschiedenen Sprachen herausgegeben. Das zentrale Organ des Aktionskomitees der IAA trug den Namen „La Voix du Travail". Es erschien ab August 1926 bis November 1927 in 16 Ausgaben. Das Emigrationskomitee der „Unione Sindacale Italiana" (USI) publizierte seit 1927 alle zwei Monate die „Guerra di Classe" in einer Auflage von 1.200 Exemplaren. Von den spanischen Emigranten wurde wöchentlich die „Tiempo

Rudolf Rocker 1929 in Heilbronn.

Nuevo" herausgebracht und nach deren Verbot „El Libertario", bis die Redakteure aus dem Land gewiesen wurden. Dieselben gaben dann in Belgien vierzehntätig „El Rebelde" heraus, in der sie weiterhin für die Gewerkschaftspolitik der CNT eintraten. Zu Michael Bakunins 50. Todestag gab das Aktionskomitee eine Broschüre in 5.000 Auflage heraus. Das vorrangige Ziel bestand darin, die stets von Ausweisung bedrohten Arbeiter dazu aufzufordern, in die syndikalistischen Gewerkschaften einzutreten.[128]

IAA-Kinderhilfe

Die Auswirkungen der Weltwirtschaftskrise von 1923, darunter die Hyperinflation, betrafen in besonderem Maße die Arbeiterschaft: Arbeitslosigkeit, Verelendung und Hunger verbreiteten sich vornehmlich in den Industriegebieten. Die IAA rief dazu auf, die Belastungen in den Familien der Mitglieder, die sich beispielsweise in der Unterernährung der Kinder zeigte, zu lindern. Für diese als „Kinderhilfe" bekannt gewordene Kampagne sammelten die „Kameraden aus fast allen Ländern" in Europa und Amerika Gelder und Sachwerte. Die IAA übernahm die Verteilung an die Bedürftigen in Deutschland über ein Hilfskomitee der FAUD. Etwa 20 Kinder aus syndikalistischen Familien fuhren von Berlin nach Oslo, „wo sie beste Unterkunft fanden und sich mehrere Monate lang bei guter Pflege sichtbar erholten." Die SAC sammelte die größte Menge an Geldern. Um allerdings die Reisekosten für die Kinder nach Schweden zu sparen, wurde die Spendensumme dazu angelegt, in der Rheinpfalz ein Kinderferienheim einzurichten. Genutzt wurde dies für zwei Monate für etwa 150 Kinder aus dem Ruhrgebiet und aus Berlin, die sich in der Zeit „gut erholt" hatten. Weitere Sammlungen kamen im Zuge der Kinderhilfe den Familien in Italien zu, die unter der Diktatur Mussolinis zu leiden hatten.[129] Diese Tradition reicht bis in die jüngere Vergangenheit: Während der Bergarbeiterstreiks in Großbritannien Mitte der 1980er Jahre waren es Mitglieder der FAU, die rund 20 Kinder der Streikenden, die dem „Direct Action Movement" angehörten, in Deutschland für zwei Wochen unter dem Motto „Welcome to the miners' kids" aufnahmen, die 7 bis 16jährigen in einem Feriencamp versorgten und unterhielten.[130]

Presse

Die Geschichte der Presse erlangte ihre Bedeutung dadurch, dass sie neben der betrieblichen Agitation und den Versammlungen als wichtigstes Propaganda-, Informations- und Diskussionsmittel galt. Aufgrund des Mangels an weiteren Massenmedien hatten Zeitungen in den 1920/30er Jahren eine Monopolstellung. Von ihnen ging die Informationshoheit aus. Ein Zeitschriftenexemplar wurde in der Regel von mehreren Personen gelesen. Das Pressewesen nahm einen großen

Teil der Kapazitäten des Organisationsapparates fest in Anspruch. Die IAA baute eine eigene Nachrichtenagentur auf. Zusammengetragen und aufbereitet wurden die Berichte und Meldungen aus aller Welt im „Pressedienst der IAA“. Dieser erschien seit dem 1. April 1923 in der Regel zweiwöchentlich in zeitweise fünf Sprachen: Englisch, Spanisch, Französisch, Deutsch und Esperanto. Die IAA empfahl allen Landessektionen, die Inhalte für deren Publikationen zu übernehmen. Darüber hinaus berichtete auch die Presse anderer Arbeiterorganisationen über syndikalistische Angelegenheiten, regelmäßig beispielsweise in Argentinien, Belgien, Chile, Dänemark, Deutschland, England, Frankreich, Holland, Italien, Japan, Mexiko, Norwegen, Österreich, Portugal, Peru, Russland, Schweden, Spanien, Uruguay, Neuseeland und Nordamerika.[131] Der Pressedienst wurde bis ins Jahr 1939 in Berlin, Haarlem, Madrid, Amsterdam und Stockholm herausgegeben.[132] Für hintergründigere Beiträge publizierte die IAA seit April 1924 eine „internationale Revue“ mit dem Titel „Die Internationale“. Die deutschsprachige Ausgabe erschien in 500 bis 3.000 Exemplaren, die spanischsprachige erreichte 2.000.[133] Da „Die Internationale“ jedoch insgesamt zu wenig Absatz fand, wurde sie schon 1926 wieder eingestellt. Dennoch betonten die Syndikalisten zurecht, dass „Die Internationale“ wegen ihrer umfangreichen und hintergründigen Länderberichte und des Abdrucks des Protokolls des zweiten IAA-Gründungskongresses von geschichtlichem Wert sei.[134]

Eine Aufstellung über die Presse der IAA im Jahre 1931 zeigt vier Tageszeitungen von Landessektionen, die deutlich machen, wo der Syndikalismus vergleichsweise stark vertreten war, nämlich: „La Protesta“ (Buenos Aires, Argentinien, kein offizielles Organ, aber eng und treu verbunden mit der FORA),[135] „Solidaridad Obrera (Barcelona, Spanien, Organ der CNT), sowie „Arbetaren“ (Stockholm, Schweden, Organ der SAC) und „Norrlandsfolket“ (Kiruna, Schweden, Organ der SAC). [136] Bis zur Diktatur 1926 erschien seit 1919 auch in Portugal mit „A Batalha“ eine syndikalistische Tageszeitung in einer Auflage von 10.000 bis 25.000 Exemplaren und gehörte damit zu den am meisten verbreiteten Tageszeitungen des Landes.[137] Weitere Periodika von IAA-Sektionen erschienen zumeist wöchentlich, so „Le Combat Syndicaliste“ (CGT-SR, Frankreich), „La Guerra di Classe (USI, aus dem französischen Exil), „La Batalha“ (CGT, Portugal), „Alarm“ (NSF, Norwegen), „La

SOLIDARIDAD OBRERA

AIT

ORGANO DE LA CONFEDERACION REGIONAL DEL TRABAJO DE CATALUÑA

PORTAVOZ DE LA CONFEDERACION NACIONAL DEL TRABAJO DE ESPAÑA

¡¡NUESTRO DURRUTI, HA MUERTO!!

LA REVOLUCION PIERDE, CON ESTA MUERTE, UNA FIGURA DE MAXIMO RELIEVE

No queríamos creer la noticia. Desde las primeras horas de ayer mañana había llegado a nosotros la triste nueva. Pero hemos tenido que someternos, al fin, a la trágica realidad del hecho infausto, como nos someteremos a sus penosas consecuencias. ¡Durruti ha muerto! Y casi no puede decir más nuestra pluma, precisamente por lo mucho que quiere decir.

Tenía Durruti toda la traza del hombre de este momento histórico.

Una organización que no fuera la C. N. T. le hubiera consagrado como a un caudillo.

Pero nosotros, que no creemos en el caudillaje, lo estimábamos en más, porque para nosotros era el hombre sin tacha de nuestro movimiento, modelo de valentía, sacrificio, austeridad, hombría de bien, templanza y ánimo resuelto.

Era, en suma, el perfecto anarquista.

Destinados como estamos a dejarnos en esta cruenta lucha contra el fascismo lo mejor de nuestros hombres —ayer fué Ascaso y hoy Durruti, dos potencias creadoras al servicio del mismo ideal—, confesamos que esta última muerte, como aquella de Ascaso, nos llena de un dolor profundo, por lo que eran y significaban cada uno de estos compañeros, primero, y porque nos ha de ser muy difícil sustituirles después.

No es hora de contar con detalles la vida de este hombre, que llenará muchas páginas de la Historia de la Revolución que estamos viviendo. Nuestros lectores, además, conocen de su personalidad todo

Fragua" (FORU, Uruguay), „Der Syndikalist" (FAUD, Deutschland) sowie „De Syndicalist" (NSV, Holland).[138]

Das praktische Vermögen des Syndikalismus kommt auch durch die Ausdifferenzierung der Presse nach Branchen zum Ausdruck. In Argentinien publizierte die FORA die Organe „El Metalúrgico" (Metall), „El Albañil" (Bauarbeiter), „El Obrero Panadero" (Bäcker), „El Obrero en Calzado" (Schuhindustrie), „El Carpintero" (Der Tischler) und „El Pintor" (Maler). Weitere Organe hatten die argentinischen Heizer, Maschinisten, Automobil-Garagenarbeiter, Köche, Kellner, Schuhmacher, und Ziegeleiarbeiter. Ähnlich spezialisierte sich auch die Presselandschaft in Spanien und Schweden.

Von den etwa 40 Wochenzeitungen aus allen IAA-Sektionen erschienen 1932 etwa ein Viertel allein in Spanien: Für die Regionen Aragonien und dortige Industrieföderationen („Cultura y Acción"), Andalusien („Solidaridad Proletaria" und „La Voz del Campesino"), Asturien („Solidaridad"), Balearen („Cultura Obrera"), Galicien („Solidaridad Obrera"), Katalonien („Acción Social Obrera"), Levante („Solidaridad Obrera") und für Zentralspanien („El Libertario", El Trabajo"). Die Auflagen ihrer Berufsgewerkschaften zu jener Zeit geben Auskunft über die spezifische Bedeutung der CNT, die insgesamt etwa 830.000 Mitglieder zählte, bei nur etwa 308.000 Mitgliedern der Konkurrenzgewerkschaft UGT. Das Organ der Eisenbahnföderation der CNT („Cultura Ferroviaria") in Zentralspanien erreichte pro

Ausgabe 28.000, das Madrider Monatsorgan der Gasthaus-, Hotel- und Kaffeehausangestellten („Fraternidad") 5.000 Exemplare. Speziell die Madrider Zeitungen der Arbeiter in den Petroleumraffinerien und die Gas- und Elektrizitätswerke, „El Obrero de Petroleos" und „Gas y Electrizidad", kamen jeweils auf 1.000 Exemplare.[139]

Die SAC und ihre 30.000 Mitglieder verfügten im Jahre 1931 mit zwei Tageszeitungen über ein merkliches Gegengewicht zu den sozialdemokratischen Gewerkschaften. „Arbetaren" erreichte Mitte der 1920er Jahre eine Auflage von 12.000 Exemplaren. Zeitungen der Industrieföderationen existierten mit „Der Holzindustriearbeiter" zu 6.000 und „Der Bauindustriearbeiter" zu 4.000 Exemplaren. Die SAC wartete nach syndikalistischen Maßstäben mit einem vergleichsweise großen besoldeten Funktionärsapparat auf: Die Redaktion und den Vertrieb übernahmen insgesamt 24 Personen. Die Druckerei beschäftigte 29 und der Buchverlag noch mal zwei Arbeiter. Bei der SAC und ihren Industrieföderationen, befanden sich neun Mitarbeiter in Anstellung.[140] Die Gewerkschaft besaß eine eigene, neuwertige Rotationspresse sowie eigene Grundstücke.[141]

„Der Syndikalist" der FAUD in Deutschland erreichte als international anspruchsvolle und von 1918 bis 1932 beständige Wochenzeitung 1920 eine Auflage von 120.000. Daneben bestand 1921 für das Rheinland mit „Die Schöpfung" für wenige Monate sogar eine syndikalistische Tageszeitung. Ein in 1.500 Exemplaren aufgelegtes Theorieorgan der FAUD trug den Titel „Die Internationale" und erschien in den Jahren 1927 bis 1932.[142]

Anmerkungen Kapitel II

[34] Rudolf Rocker: Anarchosyndikalismus, S. 35.
[35] Rudolf Rocker: Anarchosyndikalismus, S. 36.
[36] Rudolf Rocker: Anarchosyndikalismus, S. 39.
[37] Zur Vorgeschichte der Gründung der IAA immer noch grundlegend: David Rjazanov: Zur Geschichte der Ersten Internationale. I. Die Entstehung der Internationalen Arbeiterassociation; in: Marx-Engels Archiv, Bd.1 (1926), S. 119-202, sowie Max Nettlau: Der Anarchismus von Proudhon zu Kropotkin, Berlin 1927, S. 65-74.
[38] Rudolf Rocker: Anarchosyndikalismus, S. 40.
[39] Zit. n. Rudolf Rocker: Anarchosyndikalismus, S. 42.
[40] Rudolf Rocker: Anarchosyndikalismus, S. 45.
[41] Michael Bakunin: Prinzipien und Organisation der Internationalen Revolutionären Gesellschaft", zit. n.: Helmut Rüdiger: Föderalismus…, S. 224.
[42] Rudolf Rocker: Anarchosyndikalismus, S. 43.
[43] Die Lehren von François Noël Babeuf (1760-1797) zielten auf Gleichheit und sahen für die Revolution eine Übergangszeit vor, in der eine revolutionäre Minderheit die Macht in der Gesellschaft ausüben sollte.
[44] Die Lehren von François Noël Babeuf (1760-1797) zielten auf Gleichheit und sahen für die Revolution eine Übergangszeit vor, in der eine revolutionäre Minderheit die Macht in der Gesellschaft ausüben sollte.
[45] Helmut Rüdiger: Föderalismus…, S. 233.
[46] Vgl.: Rudolf Rocker: Anarchosyndikalismus, S. 78.
[47] Gerhard Aigte: Über die Entwicklung…in: DI, Nr. 3/Januar 1931, S. 71.
[48] Zit.n.: Gerhard Aigte: Über die Entwicklung…in: DI, Nr. 4/Februar 1930, S. 87. In einer anderen Übersetzung heißt es: „Was die organisatorische Ebene betrifft, erklärt der Kongress, dass die Gewerkschaftsbewegung, um ihre maximale Wirkung zu erzielen, den ökonomischen Kampf direkt gegen das Unternehmertum führen muss, wobei die der CGT angeschlossenen Organisationen sich, als Gewerkschaften nicht um die Parteien und Sekten zu kümmern brauchen, die neben und parallel zu ihr völlig freie Hand haben, das Ziel gesellschaftlicher Umgestaltung zu verfolgen.", nach: Émile Pouget: Die Revolution ist Alltagessache…, S. 291 f.
[49] Gerhard Aigte: Über die Entwicklung…in: DI, Nr. 4/Februar 1930, S. 89.
[50] Eigentlich müßte es „Manifest der 15" heißen – durch einen Lesefehler wurde aus der Wohnortangabe eines Unterzeichners ein 16. Name.
[51] Vgl.: Rudolf Rocker: Hinter Stacheldraht und Gitter…, S. 23.
[52] Vgl.: Gerhard Aigte: Über die Entwicklung…in: DI, Nr. 4/Februar 1930, S. 90-94. Die Haltung der Syndikalisten zur Kriegsfrage wird für andere Länder beleuchtet, darunter Italien, Spanien, Rumänien sowie in Saaten Südamerikas in: Andreas Hohmann (Hg.): Ehern, tapfer, vergessen. Die unbekannte Internationale, Lich 2014.
[53] Mitteilungsblatt…, Nr. 28 vom 20. Februar 1915.
[54] Vgl.: Helge Döhring: Syndikalismus in Deutschland 1914-1918…, S. 62 f.
[55] Vgl.: Rudolf Rocker: Aus den Memoiren eines deutschen Anarchisten, S. 312 f.
[56] Vgl.: Protokoll des III. Kongresses der Internationalen Arbeiter-Assoziation; in: DI, Nr. 10/August 1928, S. 22.
[57] Vgl.: Alexander Shapiro: Rückblick und Ausblick; in: DI, Nr. 1/März 1924, S. 2-5.
[58] Rudolf Rocker: Aus den Memoiren eines deutschen Anarchisten, S. 315.
[59] IAA: Resolutionen angenommen auf dem Internationalen Kongreß der

Revolutionären Syndikalisten zu Berlin, vom 25. Dezember 1922 bis 2. Januar 1923. Herausgegeben von der Internationalen Arbeiter-Assoziation, Berlin o.J. [1923], S. 13 f.

[60] Alexander Shapiro: Die Politik der Internationale; in: DI, Nr. 7/Juli 1932, S. 146. „Kommunistisch" definiert im Sinne des „Kommunistischen Anarchismus", wie er von Peter Kropotkin formuliert wurde.

[61] Vgl.: Protokoll des III. Kongresses der Internationalen Arbeiter-Assoziation; in: DI, Nr. 10/August 1928, S. 22.

[62] Vgl.: DS, Nr. 16/1931.

[63] Vgl.: Bericht des II. Kongresses der Internationalen Arbeiter-Assoziation; in: DI, Nr. 5/Juni 1925, S. 111.

[64] Der III. Kongreß der Internationalen Arbeiter-Assoziation; in: DI, Nr. 9/Juli 1928, S. 4.

[65] Protokoll des III. Kongresses der Internationalen Arbeiter-Assoziation; in: DI, Nr. 10/August 1928, S. 20. Tatsächlich trat die spanische CNT 1919 vorbehaltlich zunächst der RGI bei, vgl.: Sekretariat der Internationalen Arbeiter-Assoziation (Hg.): IV. Weltkongress der Internationalen Arbeiter-Assoziation…, S. 4.

[66] Alexander Shapiro: Die Politik der Internationale; in: DI, Nr. 7/Juli 1932, S. 145.

[67] Vgl.: Aus der Tätigkeit des Sekretariats der IAA; in: DI, Nr. 6/Januar 1926, S. 44.

[68] Vgl.: Protokoll des III. Kongresses der Internationalen Arbeiter-Assoziation (Fortsetzung); in: DI, Nr. 3/Januar 1929, S. 22 f.

[69] Vgl.: DS, Nr. 32/1931.

[70] Vgl.: DS, Nr. 33/1931.

[71] Vgl.: DS, Nr. 33/1931.

[72] Zur Geschichte in Japan siehe weiterführend Lucien van der Walt und Michael Schmidt: Schwarze Flamme…, S. 218 f,/343.

[73] Der KAA ging laut Tim Wätzold ab 1900 eine „Initiative zur Vernetzung der südamerikanischen Bewegungen" voraus, die sich durch „persönliche Netzwerke, Austausch und Kommunikation über Zeitungen, koordinierte Aktionen der Gruppen und Organisationen wie im Rahmen der Antikriegsbewegung und Einzelgewerkschaften sowie der Teilnahme an Kongressen" hervortat, vgl.: Tim Wätzold: Der libertäre Atlantik…, S. 292.

[74] Vgl.: DS, Nr. 16/1931.

[75] Vgl.: DS, Nr. 15, 30 und 34/1930.

[76] DS, Nr. 15/1930.

[77] DS, Nr. 33/1931.

[78] Vgl.: DS, Nr. 16/1931.

[79] Sekretariat der Internationalen Arbeiter-Assoziation (Hg.): IV. Weltkongress der Internationalen Arbeiter-Assoziation…, S. 89.

[80] DFG, Nr. 21/Juli 1951, S. 8.

[81] DFG, Nr. 22/1951, S. 10.

[82] Vgl.: Abel Paz: Am Fuß der Mauer…, S. 231.

[83] DFG, Nr. 22/1951, S. 12.

[84] DS, Nr. 33/1931.

[85] DFG, Nr. 22/1951, S. 12.

[86] Vgl.: Abel Paz: Am Fuß der Mauer…, S. 416.

[87] Vgl.: DFG, Nr. 22/1951, S. 11-15.

[88] Vgl.: DFG, Nr. 42/1953, S. 11 f.

[89] DFG, Nr. 42/1953, S. 12.

[90] DFG, Nr. 42/1953, S. 13.

[91] Vgl.: DFG, Nr. 42/1953, S. 12.

[92] DFG, Nr. 42/1953, S. 13.

[93] Vgl.: Ahto Uisk: Syndikalismus-Eine Ideenskizze.
[94] Albert de Jong an Rudolf Rocker vom 23. März 1956, in: IISG, Rudolf Rocker Papers, Nr. 127.
[95] Albert de Jong an Rudolf Rocker vom 21. August 1956, in: IISG, Rudolf Rocker Papers, Nr. 127.
[96] Vgl.: Franz Josef Marx/Wolfgang Haug: Bericht zum 6. Kongress der CNT, in: Schwarzer Faden, Nr. 10/1983 und Dokumente der Gründungsphase der SAT 1980 finden sich in der Broschüre »Die Autonomen Arbeiter-Gewerkschaften – S.A.T. – in Spanien«, herausgegeben von der Gesellschaft zum Studium sozialer Bewegungen, Hamburg 1980.
[97] Vgl.: Martin Veith: Warum IAA?.., S. 9 f.
[98] DS, Nr. 16/1925.
[99] Vgl.: DS, Nr. 16/1925.
[100] Vgl.: Protokoll des III. Kongresses der Internationalen Arbeiter-Assoziation (Fortsetzung); in: DI, Nr. 11/September 1928, S. 22.
[101] Vgl.: Föderation der Bauberufe Deutschlands (Hg.): Vorgeschichte und Gründung…, S. 10 f.
[102] Vgl.: Presse-Dienst der ISBF, Nr. 1/September 1931.
[103] Vgl.: Presse-Dienst der ISBF, Nr. 7/November 1932.
[104] Protokoll des III. Kongresses der Internationalen Arbeiter-Assoziation (Fortsetzung); in: DI, Nr. 5/März 1929, S. 24.
[105] Vgl.: DS, Nr. 32-34/1931. Siehe auch: Die Syndikalistische Bauarbeiter-Internationale – ISBF. Eine Dokumentation, in: Barrikade, Nr. 4/Dezember 2010 und Nr. 5/Mai 2011.
[106] Vgl.: Protokoll des III. Kongresses der Internationalen Arbeiter-Assoziation (Fortsetzung); in: DI, Nr. 11/September 1928, S. 23.
[107] Vgl.: Protokoll des III. Kongresses der Internationalen Arbeiter-Assoziation (Fortsetzung); in: DI, Nr. 11/September 1928, S. 23.
[108] Zit. n.: Peter Merten: Anarchismus…, S. 182.
[109] Vgl.: DI, Nr. 4/April 1932, S. 92 f. Siehe auch Ulrich Linse: Anarcho-Syndikalistische Landarbeiteragitation in Deutschland (1919-1933). Über die soziale Kluft zwischen Stadt- und Landproletariat, in: Auf dem Misthaufen der Geschichte. Das Magazin für den modebewussten Anarchisten, Wetzlar 1978.
[110] Die Aufgaben des internationalen Wirtschaftsrates der Internationalen Arbeiter-Assoziation; in: DI, Nr. 3/März 1932, S. 64 f.
[111] Vgl.: Alexander Berkman: Kronstadt – die Pariser Kommune Russlands, in: DS, Nr. 11/1922. Im FAUD-Verlag „Der Syndikalist" erschienen zwischen 1920 und 1923 grundlegende Kritiken an der bolschewistischen Konterrevolution; genannt seien: Augustin Souchy: Wie lebt der Arbeiter und Bauer in Rußland und der Ukraine, 1920; Alexander Berkman: Die russische Revolution und die Kommunistische Partei. Vorwort von Rudolf Rocker (anonym, da sich Berkman noch in Rußland befand); Rudolf Rocker: Der Bankerott des russischen Staats-Kommunismus, 1921; Alexander Berkman: The Kronstadt Rebellion, 1922; Emma Goldman: Die Ursachen des Niederganges der Russischen Revolution. Mit Vorwort von Rudolf Rocker, 1922; Alexander Berkman: Die Kronstadt Rebellion, 1923.
[112] Siehe hierzu: Peter Arschinoff: Geschichte der Machno-Bewegung (1918-1921), Berlin 1923, Volin: Die unbekannte Revolution, Berlin 2013 und Valentin Tschepego (Hg.): Machno. Zeugnisse einer Bewegung, Lich 2013.
[113] DS, Nr. 18/1921 und Nr. 3/1922.
[114] Vgl.: DI, November 1928, S. 18.
[115] Vgl.: DI, August 1928, S. 22.

[116] Nach: DI, November 1928, S. 18-20.
[117] DI, Dezember 1928, S. 18.
[118] Vgl.: Alexander Berkman: Anarchosyndikalistische Hilfstätigkeit in Russland, in: DI, Nr. 1/November 1928, S. 19.
[119] Vgl.: DS, Nr. 32/1931.
[120] Vgl.: DS, Nr. 45/1931. Zum Fall Ghezzi siehe auch Ghezzi-Komitee für das deutsche Sprachgebiet (Hg): „Hilfe für Francesco Ghezzi, ein Gefangener der GPU.", Düsseldorf o. J. [1930].
[121] Vgl.: Protokoll des III. Kongresses der Internationalen Arbeiter-Assoziation (Fortsetzung), in: DI, Nr. 6/April 1929, S. 22.
[122] Vgl.: Bericht des II. Kongresses der Internationalen Arbeiter-Assoziation; in: DI, Nr. 5/Juni 1925, S. 110.
[123] Vgl.: DS, Nr. 16/1931.
[124] Vgl.: DS, Nr. 22/1932.
[125] Vgl. Helge Döhring 2013-2: Anarcho-Syndikalismus in Deutschland 1933-1945, S. 49-51.
[126] Augustin Souchy: Sacco und Vanzetti, S. 85
[127] Vgl.: DS, Nr. 47/1926.
[128] Vgl.: Protokoll des III. Kongresses der Internationalen Arbeiter-Assoziation (Fortsetzung); in: DI, Nr. 2/Dezember 1928, S. 19-22.
[129] Vgl.: Bericht des II. Kongresses der Internationalen Arbeiter-Assoziation; in: DI, Nr. 5/1925, S. 79 f.
[130] Vgl.: AG 30 Jahre FAU: FAU. Die ersten dreißig Jahre…, S. 57.
[131] Vgl.: Bericht des II. Kongresses der Internationalen Arbeiter-Assoziation; in: DI, Nr. 5/1925, S. 76.
[132] Vgl.: Helge Döhring: Die Presse der syndikalistischen Arbeiterbewegung…, S. 83 f.
[133] Vgl.: Bericht des II. Kongresses der Internationalen Arbeiter-Assoziation; in: DI, Nr. 5/1925, S. 76 f.
[134] Vgl.: Protokoll des III. Kongresses der Internationalen Arbeiter-Assoziation (Fortsetzung); in: DI, Nr. 10/August 1928, S. 23.
[135] Der Hauptredakteur von „La Protesta" und Sekretär der „Kontinentalamerikanischen Arbeiter Assoziation", Emilio López Arango, wurde am 25. November 1929 von Unbekannten ermordet, vgl.: DS, Nr. 3/1930.
[136] Vgl.: DS, Nr. 6/1931 und Bericht des II. Kongresses der Internationalen Arbeiter-Assoziation; in: DI, Nr. 5/1925, S. 111.
[137] Vgl.: Bericht des II. Kongresses der Internationalen Arbeiter-Assoziation; in: DI, Nr. 5/1925, S. 6 und Peter Merten: Anarchismus…, S. 207.
[138] Vgl.: DS, Nr. 6/1931 und Bericht des II. Kongresses der Internationalen Arbeiter-Assoziation; in: DI, Nr. 5/1925, S. 111.
[139] Vgl.: Debatte, Nr. 6/Februar 1932.
[140] Vgl.: Bericht des II. Kongresses der Internationalen Arbeiter-Assoziation; in: DI, Nr. 5/Juni 1925, S. 157.
[141] Vgl.: Albert Jensen: Die syndikalistische Bewegung in Schweden; in: DI, Nr. 3/Januar 1929, S. 20 ff.
[142] Vgl.: Helge Döhring: Die Presse der syndikalistischen Arbeiterbewegung, S. 15-23; 40.

III. Gewerkschaftsbewegung

1. Wirtschaftstheorie

Wirtschaftstheoretische Vorläufer des Syndikalismus

Pierre-Joseph Proudhon

Der französische Ökonom und Soziologe Pierre-Joseph Proudhon (1809-1865), nach den Worten Rudolf Rockers „einer der talentiertesten und vielseitigsten Schriftsteller des modernen Sozialismus", der „die Ursachen der miserablen sozialen Lage am gründlichsten verstand [und] visionäre Fähigkeiten besaß",[143] erkannte und bekämpfte den Einfluss zentralistischer Bestrebungen gleichermaßen auf ökonomischem und politischem Gebiet. Damit richtete er sich gegen die jakobinischen Traditionen der französischen Demokraten und Sozialisten, die später von kommunistischen Parteien aufgegriffen werden sollten. Proudhon stellte sich die Gleichverteilung der Produktionsmittel in Gemeinbesitz vor, privates Eigentum an ihnen sollte vermieden werden. Auch dürften durch die Produktionsmittel generell andere Menschen nicht ausgebeutet werden. Das Gesamtprodukt der Arbeit müsse allen Menschen gleichermaßen zugutekommen. Der Wert eines Produktes wird gemessen an seiner Herstellungszeit. Das soll verhindern, dass Kapital akkumuliert wird, ganz gleich, ob in privaten, kirchlichen oder staatlichen Händen. Im Gegenzug wird sich der Mensch seiner Verantwortung als Produzent bewusst, der sich in Bünden freier Gemeinwesen organisiert, welche keinerlei politischer und von ihnen losgelöster Obrigkeit bedürften. Rocker führte weiter aus: „Die Organisation des Föderalismus, in der Proudhon die unmittelbare Zukunft der Menschheit sah, erlegt den zukünftigen Entwicklungsmöglichkeiten keinerlei Beschränkungen auf und bietet jeder individuellen und gesellschaftlichen Aktivität den größtmöglichen Spielraum."[144] Proudhon gilt als einer der zeitlich ersten und einflussreichsten Ideengeber des Syndikalismus in den romanischen Ländern. Sein Hauptwerk aus dem Jahre 1840 trägt den Titel „Was ist Eigentum? Erste Denkschrift. Untersuchungen über den Ursprung und die Grundlagen des Rechts und der Herrschaft".[145] Der bekannteste Ausspruch daraus lautet: „Eigentum ist Diebstahl!" Proudhon sah vor, die bestehende kapitalistische Ordnung in vorindustrielle Verhältnissen durch die Schaffung von wirtschaftlichen Alternativstrukturen, vor allem Genossenschaften, allmählich auszuhöhlen, die Syndikalisten hingegen favorisierten Streiks und Klassenkämpfe, ausgerichtet auf die

Bedingungen einer modernen kapitalistischen Industriegesellschaft.

Peter Kropotkin

Die programmatische Grundlage der Syndikalisten für die angestrebte sozialistische Gesellschaft schließlich bildet der „Kommunistische Anarchismus". Im Wesentlichen wurde dieses Konzept vom russischen anarchistischen Theoretiker Peter Kropotkin (1842-1921) entwickelt. Sie bezeichnet den Zustand einer Gesellschaft, in der die Menschen sozial gleichgestellt sind und möglichst hohe individuelle Freiheiten genießen. Sie verwalten ihre Geschicke gemeinsam, ohne dass sich Herrschaftsstrukturen und Hierarchien herausbilden sollen. Die Wirtschaft funktioniert nach den Grundsätzen der Solidarität. Der gesellschaftliche Reichtum wird erreicht und verteilt nach dem Prinzip: „Jedem nach seinen Fähigkeiten, jedem nach seinen Bedürfnissen". Das Privateigentum an Produktionsmitteln wird aufgehoben, Industrie und Landwirtschaft werden kollektiviert. Seine genaueren Vorstellungen darüber führte Kropotkin in seinen Schriften „Die Eroberung des Brotes" (1892) und in „Landwirtschaft, Industrie und Handwerk" (1899) aus.[146] Zum zehnjährigen Todestag stellte die FAUD in einer Würdigung seiner Person und seines Schaffens heraus: „Kropotkins Arbeiten für die wissenschaftliche Ableitung und Begründung der anarchistischen Ideen aus Natur und Geschichte bilden die Grundlage unserer Auffassungen."[147]

Michael Bakunin

In politischer und philosophischer Hinsicht berücksichtigten die Syndikalisten ergänzend Michael Bakunin. Seine Bedeutung ließ sich an seinem Engagement innerhalb der IAA deutlich erkennen. Dort galt er als Repräsentationsfigur für die föderalistische, antiautoritäre und außerparlamentarische Strömung. Er sah die Menschen selbst als Schöpfer ihrer eigenen Geschichte im revolutionären Klassenkampf *„für die Befreiung der Menschen von al*ler Gewalt und Willkür, von Kapital, Klassenherrschaft, Ausbeutung und auch allen ideologischen Begriffsverwirrungen, deren sich die herrschenden Klassen bedienen."[148] Weiter hieß es gegenüber zentralistischen Tendenzen gerichtet: „Der Arbeiterbewegung ins Leben zu helfen, das war das höchste Ziel von Michael Bakunin. Die revolutionäre Arbeiterbewegung, nicht irgendeine besondere Parteilehre, war für Michael Bakunin die Grundlage und das richtungsbestimmende Ziel seiner Wirksamkeit."[149]

Grundlagen

In seiner Blütezeit stand der Syndikalismus auf dem Boden der modernen Wirtschaftswissenschaften. Der Klassenkampf als elementarer Bestandteil machte ein fundiertes Wissen nötig. Dies erwarben sich die Syndikalisten durch die Rezeption vielfältiger Theorien, der Frühsozialisten, anarchistischer Gedankengänge, sowie der Ökonomen Adam Smith (1723-1790), David Ricardo (1772-1823) und Karl Marx (1818-1883).

Die Wurzeln der syndikalistischen Gewerkschaften Deutschlands und Schwedens reichen in die sozialdemokratische bzw. marxistische Arbeiterbewegung des 19. Jahrhunderts zurück. Ein Großteil ihrer Mitglieder ging durch die entsprechenden Partei- und Gewerkschaftsschulen. Aber auch in fast ausschließlich vom Anarchismus geprägten Ländern wie Spanien und Argentinien brachte die Bewegung unter anderen mit Joan Peiró (1887-1942) und Diego Abad de Santillán (1897-1983) Fachleute hervor, die als Autoren ihren Einfluss auf die Geschicke der sozialen Revolution von 1936 zur Geltung bringen konnten.[150] Peiró wurde darüber hinaus beim Eintritt der CNT 1936 in die republikanische Regierung Minister für Wirtschaftsfragen und Industrie.

Dieses historisch gewachsene Basiswissen kombinierten sie mit ihrer eigenen gewerkschaftlichen Praxis und versuchten daraus für ihre Zielvorstellungen das Beste für sich nutzbar zu machen. Die Bandbreite wirtschaftswissenschaftlicher Elementarbildung war ihnen geläufig, von A wie Akkumulation, über Kapital, Krise, Mehrwert, Rationalisierung bis Z wie Zinswirtschaft. Ihre gleichzeitige Abgrenzung zur marxistischen Ideologie formulieren heutige Wirtschaftswissenschaftler in ähnlicher Weise: „Die unbestreitbare Stärke der Marxschen Theorie erweist sich am ehesten dort, wo sie auf Finalität im Sinne eines objektiven Geschichtszieles und auf prognostische Aussagen verzichtet [...] und sich ganz auf die Diagnose des Kapitalismus konzentriert."[151]

Rudolf Rocker hob diesen Unterschied von marxscher Analyse und Philosophie zusammenfassend so hervor: „Es ist [...] eine bewusste Irreführung der öffentlichen Meinung, dass Marx der erste gewesen sei, der jene Wahrheit erkannte und sie zu einer Wissenschaft entwickelt habe. Diese Tatsache war längst bekannt, bevor Marx sie auf seine Art formulierte. Eine ganze Reihe der hervorragendsten Sozialisten wie Saint Simon, Victor Considérant, Louis Blanc, Proudhon und manche andere haben ihr in ihren Schriften Ausdruck gegeben, und es ist bekannt, dass

Marx gerade durch das Studium jener Schriften für den Sozialismus gewonnen wurde. Was die Auffassung von Marx und der seiner Vorgänger hauptsächlich unterschied, war der Umstand, dass er ihr den absoluten Charakter eines Naturgesetzes gegeben hatte, was bei ihm als Schüler Hegels umso leichter begreiflich ist, von dessen dialektischen Akrobatenkunststückchen er sich nie befreien konnte. Nur der ‚Philosoph des Absoluten', der Erfinder der ‚historischen Notwendigkeiten' und ‚geschichtlicher Missionen' konnte ihn veranlassen, mit solcher Selbstsicherheit zu erklären: ‚Die Produktionsweise des materiellen Lebens bedingt den sozialen, politischen und geistigen Lebensprozeß überhaupt. Es ist nicht das Bewusstsein der Menschen, das ihr Sein, sondern umgekehrt: ihr gesellschaftliches Sein, das ihr Bewußtsein bestimmt.'"[152]

Die Syndikalisten erkannten, dass die marxistische Theorie in ihrer deterministischen Totalität für ihre Zwecke nicht ausreicht und im Gegenteil dazu geeignet ist, auf ein leninistisches Staatsmodell hinauszulaufen. Daher waren sie gefordert, hinsichtlich ihrer gewerkschaftlichen Aktivität und der angestrebten sozialen Revolution der Praxis entsprechende Aspekte selber herauszuarbeiten. Die syndikalistische Presse veröffentlichte dementsprechend vielfältige und fachkundige Abhandlungen im Bereich der Ökonomie, beispielsweise von Lucien Huart zur „Rationalisierung und ihre Folgen", Christiaan Cornelissen über „Arbeitslohn und Klassenkampf",[153] Fritz Dettmer über „Die ökonomischen Ursachen der Arbeitslosigkeit", „Gesetzmäßigkeiten in der Wirtschaft" und über die „Produktionskontrolle" sowie Karl Roche über „Absatzkrise – Lohnpolitik – Erwerbslosigkeit".

Die drängenden Fragen und Aufgaben syndikalistischer Betrachtungen auf dem Gebiete der Ökonomie gruppierten sich um die Themen Rationalisierung und Erwerbslosigkeit.

Klassische ökonomische Problemfelder

Rationalisierung[154]

In seiner Schrift „Die Rationalisierung der Wirtschaft und die Arbeiterklasse" (1927) sprach Rudolf Rocker die Ansicht aus, dass sich die kapitalistische Ordnung des 20. Jahrhunderts auf staatlicher, wie auch auf gesellschaftlicher Ebene deutlich fester gefügt habe. Dafür gebe es im Wesentlichen zwei Ursachen: 1. die Expansion kapitalistischer Wirtschaft und 2. die Gefügigkeit der Arbeiterklasse.

1. Die Expansion kapitalistischer Wirtschaft liegt in ihrer Maxime der Profitmaximierung begründet, die zu stetiger Überproduktion führe und somit zur notwendigen Eroberung immer weiterer Märkte. Ist

die Produktion höher als die Aufnahmefähigkeit der Absatzgebiete, stockt der Absatz, und als Folge davon treten Krisenerscheinungen auf wie Kurzarbeit, Arbeitslosigkeit und damit einhergehend ein Sinken der Kaufkraft und der Investitionsbereitschaft. Überproduktion bei gleichzeitiger Verelendung ist ein charakteristisches Paradoxon kapitalistischer Ökonomie.

Zerrüttet durch Krieg und getrennt durch Zollschranken sei Europa seit dem ersten Weltkrieg hinter den USA auf dem Weltmarkt ins Hintertreffen geraten. Während die Vereinigten Staaten von Amerika eine wirtschaftliche Einheit darstellten, zerfiel Europa in mehrere Dutzend Wirtschaftseinheiten. Die Rolle des „Weltbankiers" fiel insbesondere durch den für alle beteiligten Europäischen Staaten materiell und finanziell verlustreichen Krieg den USA zu, und Rocker bezweifelte einen Wechsel in dieser weltwirtschaftlichen Rangordnung. Ein Mittel im Kampf um die internationale Vormachtstellung stellte die Rationalisierung („das Bestreben, die Produktion unter Aufwand möglichst geringer Kräfte denkbar ergiebig zu gestalten") der eigenen Volkswirtschaft dar.

2. Im weltweiten Maßstab sei besonders die deutsche Arbeiterschaft nahezu von Beginn an zentralistischen Arbeiterinstanzen unterworfen gewesen. Diese hätten durch kompromisslerische Bestrebungen die kapitalistische Wirtschaft mitsamt dem regulierenden Staatsgefüge von Konflikt zu Konflikt widerstandsfähiger gemacht und seien schließlich sozialpartnerschaftlich zusammengewachsen. Gewerkschaftsführer seien Reichstagsmitglieder und Beitragszahler für die sozialdemokratische Partei. Kulturell sei damit die Verbürgerlichung weiter Teile der Arbeiterschaft einhergegangen. Dieses System der Unterordnung statt der Selbstverwaltung der Arbeiterklasse habe jedes eigenständige, schöpferische und selbstbewusste Handeln unterbunden. So sei die „Hauptursache aller Misserfolge in der administrativen und wirtschaftsorganisatorischen Unfähigkeit der Arbeiter zu suchen [...], die innerhalb ihrer Gewerkverbände und politischen Parteien niemals für eine solche Aufgabe erzogen wurden."[155] Überhaupt habe sich die Verschiebung des Klassenkampfes von der wirtschaftlichen auf die politische Ebene zum Nachteil für die Arbeiterselbstverwaltung ausgewirkt, da die politisch-parlamentarische Form der Auseinandersetzung eine spezifisch bürgerliche Form des Kampfes sei. Statt politischer Arbeitskämpfe oder Solidaritätsstreiks propagierten die Zentralverbände reine Wirtschaftskämpfe (Lohnerhöhung, Verkürzung der Arbeitszeiten) und überließen die grundlegenden, die Systemfrage stellenden Streitpunkte dem bürgerlichen Parlament. Dieses setzte sich jedoch für den Weiterbestand der kapitalistischen Wirtschaftsordnung ein und baute das Staatswesen zum flexibel-sozialpartnerschaftlichen Sachverwalter aus: „Daher konnte die Revolution auch in diesem Falle

nur eine Veränderung der politischen Formen bewirken und neuen Parteien zur Macht verhelfen, aber die Fundamente des wirtschaftlichen Organismus blieben unberührt, und alle praktischen Versuche auf diesem Gebiete scheiterten an dem Unvermögen der Arbeiter, die alles Heil von der neuen Staatsform erwarteten."[156] Zudem sei die Arbeiterschaft durch die unterschiedlichen Ansichten über Form und Ziel ihrer Kämpfe zerstritten. In Fortsetzung ihrer Burgfriedenspolitik mit der politischen Macht auf militärischer Ebene setzten sich die sozialdemokratisch dominierten Zentralverbände auch nach dem Krieg für eine durch Rationalisierung gestärkte Volkswirtschaft ein, um als nationaler Standort konkurrenzfähig zu sein, schlossen also abermals ein Bündnis mit der nationalen Bourgeoisie gegenüber ihren Klassengenossen weltweit. Der offen militärische Krieg wich dem globalen Wirtschaftskrieg, wobei, wie Rocker feststellte, die Arbeiterschaft auch auf diesem Gebiete das Nachsehen haben würde. Diesen Prozess beschreibt Rocker folgendermaßen: „Nach der blutigen Unterdrückung der revolutionären Volksaufstände in den verschiedenen Teilen des Landes und der politischen Stabilisierung durch die Weimarer Verfassung entwickelte sich zwischen dem deutschen Unternehmertum und den zentralen Gewerkverbänden eine stillschweigende Fortsetzung jener famosen Taktik des Burgfriedens, die sich im Kriege so vortrefflich bewährt hatte, wenn auch nicht für die Arbeiter. Man hämmerte den Massen unausgesetzt in die Hirne, dass Deutschland den Krieg verloren habe und höhere Lohnforderungen die deutsche Wirtschaft vollends ruinieren müssten. Niemals fand eine herrschende Klasse so willfährige Organe unter ihren eignen Opfern, wie das deutsche Unternehmertum in der politisch und gewerkschaftlich organisierten Arbeiterschaft des eignen Landes, die sich in ihrer breiten Masse der Bedeutung des Moments überhaupt nicht bewusst war."[157] Die Zentralverbände erhofften sich jedoch irrigerweise „eine Aera wirtschaftlicher Entspannung, die auch den Arbeitern zunutze kommen müsse."[158] Diese sei gekennzeichnet durch einen Rückgang der Arbeitslosigkeit, sowie der Reduzierung der Binnenmarktpreise: „Wohl können den Arbeitern unter Umständen kleine Annehmlichkeiten erwachsen, wenn die Bourgeoisie ihres Landes gewisse Vorteile über die eines anderen Landes erzielt; aber dies geschieht stets auf Kosten ihrer eigenen Befreiung und der wirtschaftlichen Bedrückung anderer Völker."[159] Die internationale Arbeiterbewegung werde, wie schon zur Zeit des Weltkrieges durch diese nationale Allianz gespalten. Der Arbeiter des einen Landes wolle an der wirtschaftlichen Ausbeutung ihrer Kollegen in anderen Ländern partizipieren, während sein Bruder jenseits der Grenze „durch Arbeitslosigkeit und Herabdrückung seiner sozialen Lebenslage dafür bezahlen" müsse.[160]

Charakteristisch für umfassende Rationalisierungsmaßnahmen sind nach Rocker: „1. Die Bildung industrieller Kartelle oder Trusts

[Unternehmenszusammenschlüsse] zur Vereinfachung des allgemeinen Produktionsprozesses bestimmter Industrien und zur einheitlichen Gestaltung der Preise. 2. Die weitgehendste und durchgreifendste Mechanisierung des Arbeitsprozesses unter Anwendung aller erreichbaren technischen Hilfsmittel. 3. Die planmäßige Einstellung von Körper und Geist auf den Rhythmus der Maschine und die Bewegungen des Laufenden Bandes (Taylor-System)."[161] Anhand eines umfangreichen Zahlenmaterials untersuchte Rocker die Rationalisierungsprozesse im Kohlenbergbau, in der Stahl- und Eisenindustrie, im Maschinenbau, im Kalibergbau und in der Textilindustrie. So verschärften sich gegen Ende der 1920er Jahre die Rationalisierungsmaßnahmen deutlich, was neben der Mechanisierung der Arbeit und der daraus folgenden Stupidisierung des Arbeitsprozesses auch Lohndrückung und Arbeitslosigkeit zur Folge hatte.

Rocker zeigt neben den Rationalisierungsmaßnahmen auch die Mehrfachbelastung des deutschen Proletariats durch das einheitliche Vorgehen von Vertretern von Staat, Wirtschaft und Landadel gegenüber der Arbeiterschaft während der Ruhrbesetzung und Fürstenentschädigung auf. Positiv tangiert habe die Rationalisierung dagegen die höheren Angestellten, Aufsichtsräte oder Direktoren. Während beispielsweise bei den Thyssen-Werken, der „Dortmunder Union" oder der „Gutehoffnungshütte" die Zahl der Arbeiter nach dem Kriege abnahm, stieg die Zahl der Direktoren, und mit ihnen auch ihre Gehälter merklich an. Die zunehmende Vertrustung leite eine neue Stufe in der Entwicklung des globalen Kapitalismus ein, aus der drei Wirtschaftseinheiten, nämlich Amerika, Europa und Asien (Rocker widmet der wirtschaftlichen Entwicklung Asiens ein eigenes Kapitel) hervorgingen.

Der Ansicht innerhalb der marxistischen Arbeiterbewegung, dass die „Entwicklung der Leistungsfähigkeit in der Produktion erst die richtige Garantie für die praktischen Durchführungsmöglichkeiten des Sozialismus" schaffen würde, erteilte Rocker eine klare Absage: „Was hilft sogar eine gesellschaftlich notwendige Arbeitszeit von wenigen Stunden am Tage, wenn sie der Mensch als lästige Pflicht empfindet, der er sich leider nicht entziehen kann? [...] Es kommt letzten Endes durchaus nicht darauf an, welche Zeit ein Mensch produktiv beschäftigt ist, sondern welche Summe von Glück und innerer Zufriedenheit ihm seine Arbeit gewährt. [...] Das heutige Geschlecht ist so sehr in marxistischen Zwangsvorstellungen befangen, dass es überall nur ökonomische Notwendigkeiten und historische Missionen vor sich sieht und aus diesem Grunde für die tieferen seelischen Probleme des Sozialismus jedes Verständnis verloren hat."[162] Die Arbeitsbedingungen in den ehemaligen kommunistischen Staaten geben hierfür ein beredtes Beispiel ab und der Ansicht Rockers in vollem Maße recht: „Im besten

Falle könnte man in diesen Methoden der modernen kapitalistischen Entwicklung die Vorbedingungen eines kommenden Staatskapitalismus erblicken, der schlimmsten Form der Ausbeutung, doch nie und nimmer ein praktisches Vorzeichen für den herannahenden Sozialismus."[163] Auch das Beispiel der USA habe gezeigt, dass auch die bisher am weitesten gediehene Entwicklung der Produktionsverhältnisse den Sozialismus nicht vorangebracht habe: „In keinem Land hat der Sozialismus bisher so wenig Boden gefasst, wie gerade in den Vereinigten Staaten, trotz des ungeheuren Aufschwungs der kapitalistischen Wirtschaft. Sollte uns dies keine Lehre sein, dass zur Verwirklichung des Sozialismus noch etwas anderes nötig ist, als die jeweiligen Produktionsverhältnisse? Uns will scheinen, dass zu Sozialismus vor allem eine klare Erkenntnis der Dinge, ein tief ausgeprägtes Gerechtigkeitsgefühl und der feste Wille, das Erkannte in die Tat umzusetzen, unumgänglich nötig sind. Aber gerade diese so notwendigen Voraussetzungen finden weder in dem öden Wirtschaftsfatalismus der Marxisten noch in dem politischen Schlagwörtertum der modernen Arbeiterparteien die zu ihrer Entwicklung so notwendige geistige Nahrung. Im Gegenteil, die freiheitsfeindlichen Tendenzen und die blinde Staatsgläubigkeit, die in der modernen Arbeiterbewegung immer stärker zum Durchbruch kommen, tragen sicher nicht dazu bei, die wahren Ziele des Sozialismus zu fördern. Vergessen wir nie: Der Sozialismus wird frei sein oder er wird nicht sein!"[164]

Der Rationalisierungsprozess sei nicht als „nicht zu umgehende wirtschaftliche Notwendigkeit" anzusehen, sondern als Angriff auf Körper und Geist des Arbeiters. Der Mensch dürfe sich nicht zur Maschine degradieren lassen. Stattdessen habe er von Anfang an der Rationalisierung der Wirtschaft seinen Widerstand entgegenzusetzen und sich von dem Irrglauben zu lösen, die Maßnahmen kämen ihm zugute. Die Arbeiterschaft solle sich von der Vormundschaft durch die Zentralverbände befreien, da sie sonst ihr Zutrauen in ihre eigene verändernde Kraft verlören. Diese geeinte Kraft jedoch ist von existentieller Bedeutung für die Selbstbefreiung des Proletariats von der kapitalistischen Ökonomie, von der Klassenherrschaft. Statt in fatalistische Resignation zu verfallen und auf Zentralverbände und Parteien zu vertrauen, müsse sich die Arbeiterschaft selber föderalistisch und unabhängig organisieren. Eine der wichtigsten Grundeinsichten zur Schaffung einer bedarfsorientierten Wirtschaft formuliert Rocker so: „Der Mensch ist schließlich nicht der Wirtschaft wegen da, sondern die Wirtschaft sollte ihm nur ein Mittel sein, sein Leben freier und angenehmer zu gestalten."[165]

In einer freien Bedarfswirtschaft dagegen gäbe es weder Überproduktion noch Krisenerscheinungen einschließlich Verelendungen. Die „Arbeitseinheit, Dezentralisation der Industrien, Vereinigung von

Industrie und Landwirtschaft und allseitige Erziehung des Menschen, die ihn zur körperlichen und geistigen Arbeit befähigt, das ist [...] die Grundlage und Voraussetzung eines praktischen und konstruktiven Sozialismus."[166]

Der zunehmenden Internationalisierung der Unternehmer müsse die internationale Arbeitermacht entgegengestellt werden, welche zur Durchsetzung ihrer Forderungen die Streiks auf alle wichtigen Industriezweige des Landes oder international auf den gleichen Industriezweig ausdehnen können. Dies könne nur durch revolutionäre Wirtschaftsorganisationen geschehen unter Ausschaltung der Parteien und Zentralverbände. „Dem Arbeiter das große Ziel der sozialen Befreiung stets vor Augen führen, ihm die praktische Durchführbarkeit dieses Zieles zur inneren Ueberzeugung zu gestalten, die sich zu einem tiefen ethischen Bedürfnis ausreift, dies muß die feste Grundlage jeder sozialistischen Erziehung werden, die uns fortan beschäftigen wird."[167] Dringlichste Aufgabe sei aktuell der Kampf um die Verkürzung der Arbeitszeit, da die Zentralverbände sich gerade in dieser Hinsicht zurückhielten und die Arbeitszeit stetig erhöht werde. Programmatisch praktisch führte Rocker zum Kampf gegen die Rationalisierung folgendes aus: „Jedesmal, wenn der Unternehmer durch Mechanisierung der Arbeit und gesteigerte Leistung des einzelnen Arbeiters die Ertragsfähigkeit der Produktion weiter in die Höhe schraubt, muß ihm klargemacht werden, dass der entstandene Vorteil ihm nicht allein zugute kommen darf, sondern dass auch der Arbeiter ein Aequivalent für seine gesteigerte Leistung erhalten muß, und zwar hauptsächlich in der Form einer Verminderung der bisherigen Arbeitszeit; so dass auf diese Weise nach jeder Steigerung der Produktion sozusagen automatisch eine Senkung der Arbeitsstunden eintreten müsste. Auf diese Art könnte die Verminderung der Arbeitszeit wohl auf das Problem der Arbeitslosigkeit einen entscheidenden Einfluß ausüben."[168]

Erwerbslosigkeit

Das Problem der Erwerbslosigkeit ist dem kapitalistischen Wirtschaftssystem immanent. Als gesellschaftlicher Zustand der „Vollbeschäftigung" gilt daher stets ein offizieller Wert von wenigen Prozent Erwerbslosen. In ihrer fundamentalen Kritik erkannten die Syndikalisten, dass es Arbeit für alle Menschen nur in einer freien und sozialistischen Wirtschaftsweise geben könne. Die von ihnen favorisierte bedürfnis- statt profitorientierte Wirtschaft könne die anfallende Arbeitsleistung möglichst gleichmäßig auf alle Arbeitskräfte verteilen. Der technische Fortschritt und die damit verbundene Rationalisierung seien dann kein Fluch mehr für die Arbeiterschaft, sondern bedeuten zunehmenden Wohlstand, da die Arbeitszeit bei gleichzeitiger Erhöhung der Wirtschaftsleistungen verringert werden könnte. In

DIE BEFREIUNG DER ARBEITERKLASSE MUSS DAS WERK DER ARBEITER SELBST SEIN!

Preis Pfennige 15

XIII/44 BERLIN 31. Okt. 1931

DER SYNDIKALIST

ORGAN DER FREIEN ARBEITER-UNION DEUTSCHLANDS (ANARCHO-SYNDIKALISTEN) ANGESCHLOSSEN AN DIE INTERNATIONALE ARBEITER-ASSOZIATION

Standrecht in Ungarn

Deutsche Arbeitsdienstarmee?

Schicksalsgemeinschaft?

der kapitalistischen Wirtschaft jedoch werden Lohnabhängige gegen Erwerblose ausgespielt, beide treten auf dem Arbeitsmarkt in Konkurrenz zueinander, statt eine Klasseneinheit zu bilden. Die Erwerbslosigkeit kann und werde durch staatliche Regulierungsmaßnahmen, beispielsweise durch Notstandsarbeiten, lediglich dürftig aufgefangen, um die Klassengegensätze und damit die Potenziale des Aufbegehrens gegen diese Zustände der Verarmung einzudämmen. Außerdem bestehe die Gefahr, dass die dafür vorhandenen Staatsausgaben letztlich wieder auf das Proletariat abgewälzt würden. Vom revolutionären Standpunkt aus sei eine Stärkung der Stellung des Staates im gesellschaftlichen Leben, besonders in Erwerbslosenangelegenheiten, abzulehnen, genauso wie jede Monopolisierung der Erwerbslosenfürsorge über Staat oder Zentralgewerkschaften. Dem sei die Initiative des Syndikalismus gegenüber zu stellen. Zur dringlichsten Forderung zählte somit die Verkürzung der Arbeitszeiten, um erwerbslose Kollegen wieder in Arbeit zu bringen. Staatlichen Arbeitsbeschaffungsmaßnahmen hingegen wurde der Kampf angesagt. Neben den sogenannten Notstandsarbeiten, in denen die Beschäftigten ihrer Rechte als Arbeiter weitgehend entledigt waren, wendeten sich die Syndikalisten auch gegen jede Form von Arbeitsdiensten, seien es „freiwillige" oder Pflichtarbeiten. Der vom Weimarer Staat gegen Ende der 1920er Jahre beworbene Arbeitsdienst laufe auf eine Militarisierung der Arbeit hinaus, sowie darauf, reguläre Arbeitskräfte durch diese Konkurrenz unter Lohndruck zu setzen und ihre Kämpfe durch Streikbrecher zu unterhöhlen. Um diese Fragen zu erörtern und Gegenstrategien und konkrete Maßnahmen zu beraten, ging die FAUD im Zuge der Weltwirtschaftskrise um 1930 dazu über, örtliche Erwerbslosenausschüsse zu initiieren und sich an bestehenden zu beteiligen. Diese wurden keinesfalls als Ersatz für gewerkschaftliche Tätigkeiten angesehen. Dennoch sollten die Kräfte der erwerbslosen Kollegen konzentriert und organisatorisch eng an die Gewerkschaften gekoppelt werden, dem Rang nach ähnlich wie Betriebsvertrauensleute oder Betriebsräte. Es gehe nicht um eine bessere Abfindung, sondern um die gemeinsame Beseitigung der Erwerbslosigkeit und ihrer Ursachen, konkret darum, Möglichkeiten zu schaffen, die Kollegen wieder in Arbeit zu bringen. Die noch erwerbslosen Mitglieder konnten sich derweil in die Unterstützung der syndikalistischen Funktionärstätigkeiten einbringen. Die arbeitsfreie Zeit sollte beispielsweise für den Zeitungsverkauf vor Werkstätten und Arbeitsämtern genutzt werden. Eine wichtige Aufgabe bestand darin, erwerbslose Kollegen zu unterstützen, ihnen Zusammenhalt und gemeinsame Aktivität anzubieten, sie vom Abrutschen in Destruktivität, in reaktionäre Organisationen oder von Streikbruchtätigkeiten abzuhalten, sie bestenfalls für die eigene Organisation zu gewinnen.[169]

Die Erwerbslosenausschüsse sollten möglichst basisdemokratischen Charakter tragen, fern von der Bevormundung durch politische Parteien. Diesbezüglich kam es örtlich zu heftigen Auseinandersetzungen zwischen Parteikommunisten und Syndikalisten. Letztere erklärten, dass „die Lösung des Arbeitslosenproblems eine Klassenangelegenheit ist, die in unausgesetzter revolutionärer und direkter wirtschaftlicher Aktion von den Arbeitern selber vorgenommen werden muß." In diesem Sinne liege „die Zurückdrängung des Parteieinflusses".[170] In Darmstadt forderten die Syndikalisten auf öffentlichen Erwerbslosenversammlungen die Einführung des 7-Stunden-Tages, das Einstellen der Zahlungen von Mieten, sowie generelle revolutionäre Erhebungen. Mit dem „Stempelbruder" gaben sie eine örtliche Zeitschrift heraus.[171] Der Erwerbslosen-Ausschuss in Dresden wandte sich ohne Illusionen auf Hilfe von Staat und Parteien im „Syndikalist" an die Kollegen: „Wir können Dir nur versprechen, dass wir mit Dir kämpfen werden, kämpfen um den Sturz des Kapitalismus."[172] Auch in Schlesien hatten syndikalistische Aktivisten um Erwerbslosenzahlungen zu kämpfen. Hier machte sich die starke Präsenz syndikalismusfeindlicher Sozialdemokraten in Amtspositionen nachteilig bemerkbar.[173] Die FAUD in Erfurt betonte die Notwendigkeit der Zusammenarbeit von Werktätigen und Erwerbslosen: „Wir traten ein für den 6stündigen Arbeitstag mit vollem Lohnausgleich, Arbeiter unter Tage 5 Stunden, Jugendliche 5 Stunden. Restlose Beseitigung des Akkord- und Prämiensystems. Einreihung der Arbeitslosen in den Produktionsprozeß. Einheitliches Vorgehen und Verständigung mit den Betriebsarbeitern, gegen jeden Lohnabbau, für Lohnerhöhungen. Vermittlung von Arbeit unabhängig vom Unternehmertum durch freie Betriebsräte. Volle Unterstützung der Erwerbslosen für die ganze Dauer der Arbeitslosigkeit. Als Kampfmittel der direkten Aktion schlugen wir vor nächst dem Tageskampf Sabotage, passive Resistenz, Boykott, als Hauptwaffe den Generalstreik."[174]

Ein kurioses Beispiel ist aus Oslo überliefert. Dort „beschlossen die Arbeitslosen in ihrer Versammlung, den Inhaber eines Friseurgeschäftes zu boykottieren, weil er erstens nur unorganisierte Arbeiter beschäftigt und zweitens als Stadtverordneter für Herabsetzung der Löhne der Notstandsarbeiter eintrat und stimmte. Als die Blockade bekannt gegeben wurde, befanden sich einige Arbeiter gerade im boykottierten Geschäft. Ein Arbeiter verließ den Barbierladen halb eingeseift, ein anderer mit halb geschorenem Kopf. Die Polizei kam dazwischen, und um Auflauf zu vermeiden, ließ sie niemanden in den Friseurladen eintreten. Die Blockade dauerte mehr als eine Woche, und die Polizeiwache stellte sich diesmal ausnahmsweise auf die Seite der Arbeitslosen, so dass die Blockade wirkungsvoll war."[175]

Freiwirtschaft als Alternative?

Die im Wesentlichen vom Sozialreformer Silvio Gesell (1862-1930) entwickelte „Freiwirtschaftslehre" war der Grundstein einer Bewegung um die Zeitung „Die Freiwirtschaft", die besonders nach dem Ersten Weltkrieg zum Teil auch in syndikalistischen Kreisen diskutiert wurde.[176] Der interessante Aspekt bestand darin, dass mit der Einführung von „Freigeld" der Kapitalismus beseitigt werden könne, denn dieses habe ausschließlich den Charakter eines reinen Tauschmittels. Es verfalle nach einer bestimmten Zeit, und wurde deshalb auch salopp „Schwundgeld" genannt. Damit seien dem Geld diejenigen Eigenschaften entzogen, welche es erst für die Zwecke des Kapitalismus dienstbar mache, nämlich Geld in seiner Funktion als Sparmittel, Zinsmittel und als Kapital. Der freiwirtschaftlichen Bewegung in Deutschland gehörten auch wenige Syndikalisten an.

Mehrheitlich jedoch kritisierten die Syndikalisten die Freiwirtschaftler, beispielsweise in einem Frontartikel im „Syndikalist".[177] Die Einführung von Schwundgeld sei eine Reduzierung kapitalistischer Strukturen auf einen Teilbereich. Nicht jedoch würden von den Freiwirtschaftlern die generellen Eigentumsverhältnisse, vor allem das Eigentum an Produktionsmitteln, infrage gestellt: „Wir erblicken darum das zu beseitigende Übel in der Möglichkeit, dass einzelne durch ein ökonomisches oder autoritäres Übergewicht über die vielen herrschen können. Und wir halten es für möglich, dass sich diese einzelnen wieder ein neues System aufrichten, wenn ruhig das Geld zinslos gemacht und auf eine Stufe mit der Arbeit und den sonstigen Wirtschaftswerten gestellt wird, wenn nicht gleichzeitig die ökonomische Ungleichheit und jede Form der Herrschaft aufgehoben wird." Eigentumsbedingte Herrschaftsverhältnisse habe es in der

Geschichte schon vor der Einführung von Geldwirtschaften gegeben. Deshalb sollten diese Herrschaftsverhältnisse als ganze abgeschafft werden, dann falle auch das Geld den Umwälzungen anheim. Mit der Beibehaltung des Geldes in „verwässerter, geänderter oder ‚angeblich unschädlich gemachter' Form" sahen die Syndikalisten einen faulen und gefährlichen Kompromiss, der keine Sicherheit gewähren könne, und den sie daher nicht unterstützen könnten. Denn „der Freiheitsbegriff der Physiokraten [Freiwirtschaftler] entspricht ebenso wie ihre Auffassung des Eigentumsbegriffes dem individualistischen Prinzip, dass der Stärkere und der geistig Höherstehende mehr Rechte und Lebensmöglichkeiten haben muß, als die Masse der Gemeinschaft. […] Die Physiokratie ist eine Weltanschauung des individualistischen Anarchismus. Und dieser Individualismus beruht ebenso wie die bürgerliche, kapitalistische Ideologie auf einer rohen, aber einseitig falschen Auslegung des Darwinismus, während der kommunistisch-anarchistische Syndikalismus auf der Kropotkin'schen Weiterentwicklung und Veredelung der Darwin'schen Ideen durch die gegenseitige Hilfe als Triebfaktor der Entwicklung fußt. […] Freiheit ist nur soweit möglich, als sie nicht die Freiheit anderer beeinträchtigt. In dem Augenblick, wo dies geschieht, hört sie auf, Freiheit zu sein und schlägt in Unterdrückung um."

Desweiteren kritisierten die Syndikalisten die von ihnen beobachtete Staatsfixiertheit der Freiwirtschaftler, denn „zur Aufrechterhaltung ihrer Privateigentumswirtschaft müssten die Physiokraten einen Staat haben, der Macht über alle seine Bürger haben müsste; damit [wäre] er auch wieder, wie jeder Staat, ein Unterdrückungs-Mechanismus und könnte nicht gerecht sein." Geld an sich nähme immer einen politischen Charakter an, der sich zwischen die Beziehungen von Menschen untereinander setzen würde. Nach ausgiebiger Diskussion fasste der FAUD-Funktionär und Wirtschaftsexperte Fritz Dettmer die unterschiedlichen Auffassungen zusammen: „Wir trennen uns [...] in unserer Anschauung über den Aufbau des künftigen Wirtschaftssystems und über die Mittel zur Überwindung der heutigen Unordnung. Die Freiwirte sind gegen den Sozialismus und Kommunismus; sie sind gegen eine planmäßige Regelung von Produktion und Konsumtion, da sie sich von einer Regelung durch das freie Spiel der Kräfte größere Vorteile für den einzelnen als auch für die Gesamtheit versprechen. In diesem Punkte aber sind wir uns mit den Marxisten einig. […] Das Spiel der freien Kräfte, worin der einzelne handelt wie es ihm beliebt, kann in einer derart verflochtenen Wirtschaft, wie wir sie heute haben, niemals, weder zu einer geordneten (frei von Arbeitslosigkeit), noch zu einer gerechten (Ausgleich der Einkommen) Wirtschaft führen."[178]

Etappenforderungen

Beispiel Arbeitszeit: 6-Stunden-Tag

Ein zentrales Etappenziel der Bewegung lag in der Einführung eines sechsstündigen Arbeitstages. So könne der aufkommenden Arbeitslosigkeit entgegengetreten und die Macht der Kapitalisten eingeschränkt werden. Denn je weniger stark die „Reservearmee“ der Arbeitslosen ist, desto weniger Konkurrenzdruck können die Kapitalisten auf die Beschäftigten ausüben. Zudem hätten die Arbeiter mehr Zeit für Organisation, Familie und kulturelle Belange. Schwerarbeit würde sich weniger gesundheitsschädlich auswirken. Denn in vielen Produktionsbereichen gehöre Glück dazu, überhaupt das Rentenalter zu erreichen. Seit 1928 gab die IAA die Parole aus, dass „jede Steigerung der produktiven Leistungen durch eine gleichzeitige Herabsetzung der Arbeitszeit begleitet“ werden sollte.[179] Infolge dieser Logik wandten sich die Syndikalisten auch gegen die Ableistung von Überstunden. In einer Einschätzung der IAA zum 6-Stunden-Tag hieß es:

„Die Arbeitslosenkrise, die in allen Ländern auftritt und ihre Ursache in dem heutigen kapitalistischen Wirtschaftssystem, in Einführung neuer die Produktionsfähigkeit erhöhenden Produktionsmethoden [...] hat, kann nach Ansicht des Kongresses nur eingedämmt werden, wenn das Proletariat die Herabsetzung der Arbeitszeit durchsetzen kann. Der Kongress fordert alle revolutionären Arbeiterorganisationen auf, einen intensiven Kampf für den Sechsstundentag zu führen.“[180]

Die meisten Landessektionen der IAA beließen es bei Propaganda. Nur in Mexiko rief die CGT zu einem eintägigen Generalstreik auf, mit mäßigem Erfolg, da die Zentralgewerkschaften nicht kooperierten.[181]

Beispiel Lohnpolitik: Einheitslohn

Um betriebswirtschaftliche Kosten zu sparen, aber auch, um die Einigkeit und Entschlossenheit der beschäftigten Arbeiterschaft in Klassenfragen zu behindern, entwickelte sich ein ausgefeiltes innerbetriebliches Beschäftigungssystem. Dieses besteht unter anderem in der unterschiedlichen Kategorisierung der Arbeiterschaft, beispielsweise in Lehrlinge und Gelernte, in Hand- und Kopfarbeiter oder durch die Einführung verschiedener Lohnstufen. Ähnlich wie sich der Staat zur Selbststabilisierung seine Beamtenschaft hält, wie sich schon im Mittelalter der König mit Ministerialen umgab, welche ihm loyal zur Seite stehen sollten, so sind auch die Verhältnisse in einem Betrieb geregelt. Da die Kapitalisten dabei nicht zwangsläufig auf den „Idealismus“ und die Loyalität ihrer abhängig Beschäftigten bauen können, bieten sie ihnen auch materielle Anreize zur Perfektionierung einer Betriebshierarchie, um eine Einigung der Arbeiterschaft im Klasseninteresse zu unterminieren. Ein sehr wirksames Mittel ist dabei die Schaffung von Lohn- und Gehaltsstufen. Bei den einen fördert es Neid auf die besser verdienenden Kollegen, bei den anderen fördert es Eitelkeiten gegenüber den weniger gut verdienenden Kollegen. Hat sich ein System der Lohn- und Gehaltsabstufungen etabliert und im Bewusstsein der Generationen festgesetzt, bedeutet dies eine hohe psychologische Hürde, unter den Kollegen eine Einheit herzustellen. Diese Barriere als wichtigen Baustein der Klassenherrschaft aufzuknacken, erachteten die Syndikalisten als eine ihrer vornehmlichen betrieblichen Aufgaben zur Förderung ihres hauptsächlichen psychologischen Anliegens: Die Schaffung von Klassenbewusstsein. Um die Solidarität unter den Kollegen zu fördern, propagierten die Syndikalisten den Einheitslohn. Dieser wurde als eine wichtige psychologische Komponente für die Erziehung zum Sozialismus angesehen, um „die werktätige Menschheit für die sozialistische Gleichheit vorzubereiten. [...] Gleiche Arbeitszeit, gleiche Ferien, gleiche Entlohnung bei Krankheit, gleiches Ruheeinkommen im Alter! Und gleiche Entlohnung mit den vermeintlich Hohen und Höchsten!".[182]

Beispiel Arbeitsbedingungen: Aufhebung von Akkordarbeit

Einen weiteren Grund für Einheitslöhne boten die Arbeitsbedingungen der Akkordarbeit. Akkordlöhne wurden nicht nach Arbeitszeit, sondern nach Arbeitsleistung bezahlt. Auch das stehe dem Solidaritätsgedanken innerhalb der Arbeiterschaft entgegen. Diese würden zum Nutzen der Kapitalisten gegeneinander ausgespielt, die Verantwortung der Kapitalisten auf die Arbeiter abgewälzt, ähnlich wie beim System mit sogenannten „Gewinnbeteiligungen". In Wirklichkeit erhalten produktivere Arbeiter nicht mehr Lohn, sondern bei weniger produktiven Arbeitern würde stattdessen geringerer Lohn ausgezahlt. Zudem stehe die Akkordarbeit der Arbeitssicherheit und der Gesundheit im Wege. Eine alte Parole der Sozialdemokratie des 19. Jahrhunderts lautete daher „Akkordarbeit ist Mordarbeit!" Dennoch verlegte sich diese auf die Strategie, die Akkordarbeit zu dulden, aber die schlimmsten Auswüchse zu bekämpfen. Sie erhob diesen Leistungsdruck schließlich zum Prinzip. Und so kritisierten die Syndikalisten folgende Aussage im sozialdemokratischen „Vorwärts" als arbeiterfeindlich: „Die Akkordarbeit ist, vernünftig gehandhabt, die gerechteste Grundlage für die Bemessung des Arbeitslohnes."[183] 1919 verpflichtete der 12. Kongress der FVDG die Ortsvereinigungen und Zeitungen in einer Resolution, „ihren ganzen Einfluß anzuwenden, um die schädlichen Wirkungen der Akkordarbeit für den Emanzipationskampf der Arbeiterklasse sichtbar zu machen und alle zu Gebote stehenden brauchbaren Kampfesmittel anzuwenden, die Akkordarbeit endgültig zu besiegen".[184]

2. Syndikalistische Methoden der „Direkten Aktion“

Der Syndikalismus ist eine klassenkämpferische Bewegung mit Präferenz im ökonomischen Sektor. Dort wenden die Aktivisten diejenigen Methoden an, von denen sie denken, ihre Interessen gegenüber den Kapitaleigentümern am effektivsten durchsetzen zu können. Neben dem auf die Produktionsübernahme ausgerichteten konstruktiven Element gehört auch ein Arsenal an Kampfformen dazu, welche die kapitalistische Produktion behindern oder gar zum Erliegen bringen können. Die unmittelbaren Ziele liegen sowohl in der Verbesserung der Arbeitsbedingungen, der Verkürzung der Arbeitszeit, als auch in den Forderungen nach höheren Löhnen begründet. Der Doppelcharakter wurde in den Statuten der IAA zusammengefasst:

„Die Aufgabe des revolutionären Syndikalismus ist eine zweifache: er führt einerseits den revolutionären Tageskampf für die wirtschaftliche, geistige und sittliche Besserstellung der Arbeiter innerhalb der heutigen Gesellschaftsordnung, andererseits ist es sein vornehmstes Ziel, die Massen heranzubilden für die selbständige Verwaltung der Produktion und die Verteilung und die Übernahme sämtlicher Zweige des gesellschaftlichen Lebens. Er ist der Überzeugung, daß die Organisation einer Wirtschaftsordnung, die sich in ihrer Gesamtheit auf die Produzenten stützt, nicht durch Regierungsbeschlüsse und Staatsdekrete geregelt werden kann, sondern nur durch den Zusammenschluß aller Hand- und Kopfarbeiter in jedem besonderen Produktionszweige, durch die Übernahme der Verwaltung jedes einzelnen Betriebes durch die Produzenten selbst, und zwar in der Form, dass die einzelnen Gruppen, Betriebe und Produktionszweige selbständige Glieder des allgemeinen Wirtschaftsorganismus sind, die auf Grund gegenseitiger Vereinbarungen die Gesamtproduktion und die allgemeinen Verteilung planmäßig gestalten im Interesse der Allgemeinheit.“[185]

Da der Syndikalismus nicht nur auf Tageskämpfe fixiert ist, sondern auch darauf, diese in einer freien, klassenlosen Gesellschaft überflüssig werden zu lassen, fassen die Aktivisten über die kleineren Kämpfe hinaus umfassendere Maßnahmen ins Auge, welche die Produktion schließlich ganz zum Erliegen bringen und die Kapitaleigner samt ihrem politisch-militärischen Schutzapparat handlungsunfähig machen soll. Danach kommt die Arbeiterselbstverwaltung in ihrem konstruktiven Element ganz zum Tragen, eingebettet im Geflecht der Arbeiterbörsen.

Ein Kernelement des Verständnisses der Selbstorganisation der Arbeiterschaft äußert sich darin, dass Stellvertreter- und Repräsentantentum abgelehnt bzw. weitgehend zurückgedrängt werden zugunsten direkter und möglichst gleichberechtigter Teilnahme aller Beteiligten an der Planung und Durchführung von Aktivitäten. Es soll den Menschen in die Verantwortung nehmen und konsumistischer Grundhaltung vorbeugen. Die Kraft syndikalistischer Organisation hängt wesentlich von der mentalen und charakterlichen Stärke ihrer Mitglieder ab. Der kämpferische Einsatz im Betrieb und darüber hinaus verlangt eine selbstbewusste und mutige Kollegenschaft. Die Betonung der persönlichen, psychologischen und pädagogischen Komponente ist eine wesentliche Eigenheit syndikalistischen Erziehungswesens. Sie bildet eine Einheit mit der Gewichtung betrieblicher Tageskämpfe. Im Statut der FAUD wurde der Klassenkampf unmissverständlich festgehalten:

„Zur FAUD können nicht gehören solche Gewerkschaften, die den Klassenkampf verleugnen und statt der Gegensätzlichkeit eine Gemeinschaft der Interessen zwischen Unternehmer- und Arbeiterklasse anerkennen und erstreben."[186]

Entsprechend können im Folgenden die syndikalistischen Methoden als kompromisslos charakterisiert werden.

Eine Handlungsmaxime liegt in der „Direkten Aktion". Das bedeutet, die eigenen Interessen selber zu verhandeln und ohne externe Vermittlungsinstanzen zügig durchzusetzen. Zu solchen zählen beispielsweise gesetzliche Betriebsräte, Schlichtungskommissionen und zentralistisch-sozialpartnerschaftlich ausgerichtete Gewerkschaften samt deren Führungsgremien. Stattdessen werden die Kämpfe und Verhandlungen von den in den syndikalistischen Industrieverbänden organisierten Mitgliedern selber geführt und kontrolliert.

Denn das Selbstbewusstsein steigt mit den kollektiv erfahrenen Erfolgen, welche die Arbeiter durch ihren persönlichen Einsatz ernten dürfen. Über Mittlerinstanzen hingegen wird ihnen diese psychologisch so wichtige Unmittelbarkeit genommen, die dabei hilft, die eigene und damit kollektive Einsatzbereitschaft zu entfalten und zu stärken. Die zentralistischen politischen Instanzen zu umgehen, hat zur Folge, hohe persönliche Risiken einzugehen. Je mehr Kollegen sich im Verlauf der Geschichte der Klassenkämpfe durch diese Mittlerinstanzen vertreten fühlten, desto weniger wirksam fielen mangels Kollektivität und Solidarität die direkten Aktionen der übrigen Arbeiter aus. In Deutschland, wo es im Gegensatz zu den romanischen und südamerikanischen Ländern keine größere anarchistische Tradition innerhalb der Arbeiterschaft gab, müsse die „Direkte Aktion" allerdings erst Laufen lernen, wie es die syndikalistische Bewegung noch im Jahre 1922 aussprach: „Im deutschen Volkscharakter liegt ein Zug zur Philosophie, zur Haarspalterei, zum Reden und Wiederkäuen. Eine einzige Tat ist mehr Wert als tausend schöne Reden. Direkte Aktion ist organisierte Tat der Massen oder die Tat einzelner mutiger Menschen. Im Anfang war die Tat."[187]

Die Inhalte „direkter Aktionen" können vielfältig sein, und von Betrieb zu Betrieb stark variieren. Dazu zählen insbesondere Formen der Sabotage, des Boykotts und des Streiks. Optimal handelt es sich dabei nicht um „wilde", also nichtlegitimierte Maßnahmen, sondern sie sind in den jeweiligen Betrieben fest an der Basis verankert. Delegierte für die entsprechenden Komitees werden in Vollversammlungen direkt von der Belegschaft gewählt und sind rechenschaftspflichtig.

Lokale Streiks

Streiks sind das Mittel der Arbeiterschaft, die Kapitalisten durch kollektive Arbeitsniederlegungen zu Zugeständnissen zu zwingen. Lokale Streiks wurden von den Syndikalisten perspektivisch zugleich als Übungen für größere Streiks angesehen. An kleinen Streiks könne die gesamte Bewegung wachsen und lernen. Werden Erfolge erzielt, steigere das die Motivation und das Selbstvertrauen der Akteure. So erklärte die FORA in Argentinien Mitte der 1920er Jahre: „Die Lokalstreiks bilden einen Permanenzzustand in diesem Lande. Es erübrigt sich deshalb, statistische Zahlenreihen paradieren zu lassen, womit in zentralistisch beherrschten Organisationen jongliert wird. In unseren Organisationen lodert der Kampfeswille täglich aus freiester Entschließung aller Beteiligten auf, in allen Kämpfen, von der kleinsten bis zur größten Betriebsstelle."[188]

Als Mittel gegen die Armut zugunsten von Arbeitslosen kamen in Deutschland auch Mietstreiks zur Sprache.[189] Diese konnten die Einstellung sowohl der Mietzahlungen als auch der Abgaben für Strom- und Wasserversorgung beinhalten. In Barcelona war die syndikalistische Bewegung so stark, dass sie sich den Zwangsräumungen auch militant und über mehrere Monate hinweg widersetzen konnte. Wurde den Bewohnern die Stromversorgung entzogen, stellten die Kollegen der CNT in den Versorgungsbetrieben sie wieder an. Dieses System funktionierte 1932 in größerem Rahmen: „Die CNT hatte in Barcelona eine lokale Kommission für ökonomischen Kampf gegründet, um die angespannte Situation zu nutzen und einen Generalstreik der Mieter, einen Zahlungsboykott der Strom- und Gasrechnungen, sowie eine Senkung der Lebenshaltungskosten, d.h. der Preise, vorzubereiten."[190] Streiks richteten sich auch gegen politische Repression, wie es 1919 die Drucker in Lissabon gegen die Kriminalisierung der syndikalistischen Tageszeitung „A Batalha" zeigten.[191] Und der Kampf gegen die Klassenjustiz konnte in Katalonien durch die CNT ganz auf ökonomischer Ebene geführt werden. So berichtete ein spanischer Delegierter der IAA im Jahre 1931: „Bei dem Neubau eines Frauengefängnisses haben wir die Hergabe von Bauarbeitern verweigert, die bereits aufgeführten Mauern wurden niedergerissen; dann wurde der dreifache Lohn geboten, um erneut Bauarbeiter gewinnen zu können, aber vergeblich."[192]

Passive Resistenz

Die Passive Resistenz sollte überall dort angewendet werden, wo sich die Arbeiterschaft den Anforderungen eines Streiks nicht gewachsen sah. Die Kapitalisten sollten dadurch zu Zugeständnissen gezwungen werden, dass die Arbeiterschaft zwar die Betriebe betrat, jedoch nur langsam oder gar nicht arbeitete, zum Teil Arbeitsleistung vortäuschte. Besonders im Transportsektor kam eine Variante der Resistenz wirkungsvoll zum Ausdruck: Der „Dienst nach Vorschrift". Das bedeutete, jedwede Vorschrift genauestens einzuhalten, um den Produktionsprozess zu verlangsamen. Auch die Obstruktion kann als Teil passiver Resistenz und sogar als Form von Sabotage betrachtet werden. Dadurch sollten bestimmte Lieferfristen des Betriebes den Geschäftspartnern gegenüber durch Verlangsamung und Hinauszögern der Arbeit unterlaufen werden, deren Nichteinhaltung dem Kapitalisten empfindlichen Schaden zufügte, beispielsweise in der Landwirtschaft oder im Zeitungswesen.

Sabotage

Um den Druck auf den Klassenfeind zu erhöhen, wurden Streiks im Allgemeinen durch Demonstrationen, Boykottmaßnahmen, aber auch durch Sabotageaktionen flankiert. In Buenos Aires betonten erfolgreich streikende Maler 1930: „Es wird heutigen Tages kein Streik mehr durch den Streik allein gewonnen!". Um die Dringlichkeit ihrer Berufsausübung zu erhöhen, gingen anonyme Gruppen dazu über, mehr als fünf Monate lang „nagelneue" Hauswände zu verunreinigen. Alleine in den ersten zwei Monaten des Streiks zerschellten in Buenos Aires auf diese Art 5.000 Glühbirnen, „gefüllt mit durch Petroleum verdünntem schwedischem Holzteer"; und zwar „Nacht um Nacht, bis zum Ende des Generalstreiks kaum eine saubere Hausfront mehr zu finden war, es sei denn, dass der betreffende Malermeister oder Unternehmer den Arbeitsvertrag unterschrieb, oder dass die betreffende Front Tag und Nacht von Bewaffneten bewacht wurde."[193]

Ein Motto der Sabotage lautete: „Schlechte Arbeit für schlechten Lohn!" Generell kam sie in denjenigen Betrieben zur Anwendung, „wo die Genossen die Situation nicht gerade zum Streik als günstig ansehen, aber dennoch nicht ruhig zusehen wollen, dass man ihnen dauernd das Fell über die Ohren zieht."[194] Sabotage konnte sich sowohl auf das Arbeitsprodukt beschränken und darauf, dass die Arbeitsgeräte vorübergehend unbrauchbar gemacht werden, um Streikbruch zu behindern (kleine Sabotage). Größere Sabotageakte, beispielsweise das Zerstören von Maschinen, hatten derweil längerfristigen Schaden im Betrieb zur Folge. Dieses Mittel wurde bei der Zuspitzung von Klassenkämpfen oder für Krisenzeiten in der Rüstungsproduktion nahe gelegt, um bei Kriegsgefahr Menschenleben zu retten. Was Sabotage im Arbeitsalltag bedeutete, illustrierte ein Leitartikel im „Syndikalist" aus dem Jahre 1922: „Verkäufer und Verkäuferinnen, die jeden Dreck der Kundschaft als empfehlenswert anpreisen, die zu Gunsten des Unternehmers oft die Masse verkleinern beim Verkauf von Waren, sagen nun der Kundschaft offen, dass der Stoff oder die Ware so schlecht ist, dass sie des Kaufens nicht lohnt. Sie geben reichliche Masse, gutes Gewicht, mehr Stoff als gefordert wurde. Rohrleger, Elektriker, Zuschneider können ungeheuer viel Material verschwenden, nutzlos zerschneiden. Die Folge ist natürlich, dass der Unternehmer großen wirtschaftlichen Schaden erleidet. Sabot[age] kann auch in Pfuscharbeit bestehen. Bei der Herstellung von Maschinen liefern die Arbeiter schlechte, fehlerhafte Arbeit, indem sie schlecht löten oder nieten. Die Buchdrucker ‚irren' sich beim Brechen der Spalten, bei der Bezeichnung der Seiten, die Buchbinder beim Binden der Broschüren und Bücher, so dass wertlose Druckware entsteht. Bäcker brauchen nur gelegentlich Salz und Zucker zu verwechseln, und die Backware ist unbrauchbar. Jeder Berufsarbeiter weiß, welche Form des Sabots seinem Ausbeuter Schaden zufügen kann. [...] Bei einem Streik der Staßenbahner in Stuttgart wurden in die Nuten der Schienen Eisenstücke gekeilt; dadurch war das Arbeiten von Streikbrechern unmöglich gemacht."[195]

Boykott

Der Boykott diente dazu, die eine bestimmte Marke produzierenden Arbeitskollegen bei ihren betrieblichen Kämpfen zu unterstützen. Auf die entsprechenden Betriebe wurde durch Kaufverweigerung wirtschaftlicher Druck ausgeübt. Je mehr eine solche Boykottbewegung anwuchs, desto wirksamer konnte sich diese Maßnahme auf die Kollegen im Betrieb auswirken. Dabei spielte die Konsumentenorganisation eine herausragende Rolle, in die zu nicht geringen Anteilen die Frauen der Bewegung involviert waren. Der Boykott diente auch dazu, teure und minderwertige Ware vom Markt zu drängen. Im günstigsten Falle konnten diejenigen Waren, die nicht boykottiert werden mussten, mit einem Gütesiegel (Label) versehen werden. Boykott spielte auch über Ländergrenzen hinaus und auf politischer Ebene eine große Rolle. So unterstützte im Jahre 1926 die IAA beispielsweise die britische Bergarbeiterschaft, indem sie ihre Landessektionen dazu aufrief, „jeden Transport von und nach England wie auch alle britischen Märkte zu boykottieren und sich bereitzuhalten, im geeigneten Augenblick [...] einen allgemeinen internationalen Solidaritätsstreik für unsere englischen Genossen zu proklamieren."[196] Länder wie Brasilien, Cuba, Chile oder Italien sollten wegen der dort waltenden Diktaturen ebenso mit internationalem Boykott sanktioniert werden. Aufgrund der jeweiligen Schwächen der IAA-Sektionen bestand jedoch eine große Schwierigkeit darin, die nötigen Bündnispartner zu finden, da die

Zentralgewerkschaften auf die Aufrufe der IAA meistens nicht reagierten oder sie ablehnten. Das galt im Zuge der drohenden Hinrichtungen der Gewerkschaftsaktivisten Nicola Sacco und Bartolomeo Vanzetti auch für die großen Boykottbestrebungen gegenüber den USA.[197]

Sympathie- und Solidaritätsstreiks

Solidaritätsstreiks bis hin zum Generalstreik sind nach Auffassung Rudolf Rockers von starken ethischen Motiven bestimmt. Den Beteiligten gehe es weniger um rational abgesteckte Forderungen, als dass ihr Gerechtigkeitsempfinden sie dazu antreibt, schließlich nicht nur für sich, sondern darüber hinaus für die Kollegen über den eigenen Betrieb und sogar über die eigene Industriebranche hinaus zu streiken.[198] Menschlichkeit und Ehrgefühl bilden die Triebkräfte für große, übergreifende und ausdauernde Streiks, die deshalb nicht nur Solidaritäts-, sondern auch Sympathiestreiks genannt werden. Von einzelnen Betrieben ausgehend können sie sich schließlich zum Generalstreik ausweiten, um zumindest die Forderungen der Arbeiterschaft einer bestimmten Branche durchzusetzen.

So initiierten die in der FORA organisierten Föderationen der Metallarbeiter und der Chauffeure 1929 einen zehnmonatigen Streik bei General Motors in Buenos Aires, in dessen Folge es nicht nur zu zahlreichen blutigen Zusammenstößen mit der Staatsmacht kam, sondern auch zu knapp 500 Inhaftierungen von Arbeitern. Dem Unternehmen entstand ein Schaden von geschätzten 50 Millionen Pesos. Gewonnen wurde der Streik nicht nur wegen seiner Ausweitung zum Generalstreik, sondern auch wegen umfangreicher Boykottmaßnahmen. Erst die gemeinsame ineinandergreifende Wucht der Arbeitskampfmaßnahmen ließ General Motors einlenken.[199] Alle streikenden Metallarbeiter wurden ohne Maßregelungen wieder eingestellt. Es gab neben Lohnerhöhungen auch 50 Prozent Überstundenzuschlag, und Frauen- wie Männerarbeit sollte „gleichwertig behandelt und bezahlt" werden. Die Chauffeure ihrerseits setzten nicht nur ihre Wiedereinstellung und mit den Metallarbeitern identische Lohnregelungen, 100-prozentige Sonn- und Festtagszuschläge sowie bezahlte Pausen durch, sondern darüber hinaus die Entlassung aller Streikbrecher. Künftig sollte die Chauffeurgewerkschaft über Neueinstellungen entscheiden. Sowohl die Metallarbeiter- als auch die Chauffeurgewerkschaft bezog von General Motors eine „Entschädigung" von 5.000 Dollar. Die syndikalistischen Kampf- und Solidaritätsmethoden kamen bei diesem Streik konsequent zur Geltung.[200]

Ein hoher Grad an ethischem Empfinden ist auch in folgendem Beispiel eines Hungerstreiks vom Mai 1931 festzustellen. Gegen die Entlassung von acht Kollegen verweigerten in Tokio 240 syndikalistisch organisierte und streikerfahrene Arbeiter der Nibou Senju Kaisha-Fabrik die Nahrungsaufnahme. Ein sympathisierender Arbeiter aus der syndikalistischen Buchdruckergewerkschaft kletterte auf den 130 Fuß hohen Schornstein, befestigte dort die schwarze Gewerkschaftsfahne und verharrte droben mehrere Tage lang, „ohne zu schlafen und ohne Nahrung und Trank zu sich zu nehmen." Er konnte nicht dazu bewegt werden, wieder herunterzukommen, bis die Forderungen der Arbeiterschaft erfüllt seien. Ein zu ihm heraufgestiegener Arzt prognostizierte seinen zügigen Tod. Derweil löste diese Aktion in der Stadt nicht nur Sympathiestreiks aus. Sie erregte darüber hinaus auch Aufsehen und Empörung im bürgerlichen Lager, so dass das Unternehmen schließlich einlenkte. Arbeiter drangen wiederholt in die Wohnung des Fabrikbesitzers ein, so dass dieser sich freiwillig bei der Polizei einquartierte. Nach wochenlangen Verhandlungen, militanten Zusammenstößen zwischen Arbeitern und Polizei in der Stadt und Zureden der Polizeiführung, die diese Angelegenheit im Sinne der öffentlichen Ordnung als beendet sehen wollte, sicherte die Fabrikleitung die Wiedereinstellung von zwei Arbeitern zu. Darüber hinaus wollte sie den Entlassenen die doppelte Summe der üblichen Abfindung zahlen, die medizinische Versorgung der Hungerstreikenden in vollem Umfang übernehmen, zweimal jährlich „Unterhaltsgeld" zahlen, sowie die vollen Kosten des Streiks aufbringen. Die Streiktage sollten zur Hälfte bezahlt werden und der alte Tarifvertrag seine Gültigkeit behalten, worin die Entlohnung auch bei werksbedingten Produktionsausfällen festgelegt war. Im Anschluss an die Verhandlungen fanden Demonstrationen statt, und der vom Schornstein geholte Kollege wurde in ein Krankenhaus gebracht. „Direkte Aktionen" verlangen ein hohes Maß an persönlichem Einsatz und Risiko ab, wollen sie erfolgreich sein, so resümierten die Aktivisten: „Unsere Genossen erklärten, eher sterben zu wollen als nachzugeben."[201]

Die Übergänge des Solidaritäts- zum Generalstreik sind fließend, und sie können auch zu politischen Forderungen führen, beispielsweise im Kampf um den 8-Stunden-Tag in den USA der 1880er Jahre. Große Streiks haben politischen Charakter, da sie als Machtfaktor über die Betriebe in die gesellschaftlichen Verhältnisse nachhaltig eingreifen können - zum Politikum werden oder schon im Keim mit politischer Intention geführt werden. Für die Erzwingung des Koalitionsrechts kam es in Katalonien 1855 zu einem ersten Generalstreik.[202] Außerhalb Deutschlands hatten politische Streiks eine breite Tradition und galten als Selbstverständlichkeit:

Im Spätsommer des Jahres 1931 legten in Barcelona gegen „Willkürmaßnahmen der republikanischen Regierung" 300.000 Arbeiter 48 Stunden lang die Arbeit nieder. Ihren Ausgang nahmen die Proteste im Gefängnis der Stadt, wo revolutionäre Arbeiter in den Hungerstreik

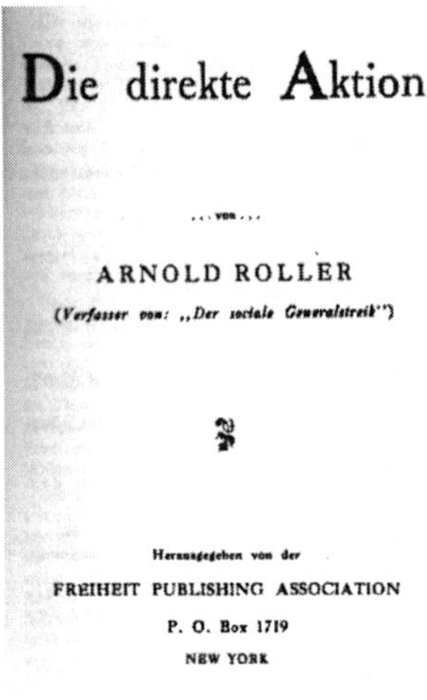

Die direkte Aktion

von

ARNOLD ROLLER

(Verfasser von: „Der sociale Generalstreik")

Herausgegeben von der

FREIHEIT PUBLISHING ASSOCIATION

P. O. Box 1719

NEW YORK

traten, um gegen die willkürliche Verhaftung von Kollegen und gegen das „Schutzhaftsystem" zu protestieren. Allmählich wurde die ganze Stadt von Demonstrationen und schließlich von Sympathiestreiks erfasst. Während der Kämpfe mit Polizei, Zivilgarde und Militär kam es unter dem Belagerungszustand zu mehr als 200 Verhaftungen, über zwei Dutzend Verwundeten und sechs Toten. Zeitgleich traten auch die Arbeiter in Sabadell, Tarragona, Badalona, Terrassa und Saragossa in den Generalstreik. Zwar wurden die Streiks aufgrund der militärischen Übermacht der Staatsgewalt abgebrochen. Dennoch konnte zurecht festgehalten werden: „Die soziale Revolution pocht an die Tore Spaniens."[203]

In Montevideo streikte Ende 1930 das komplette Baugewerbe einen besonderen Tag lang zugunsten inhaftierter Gewerkschafter, „als gerade die Behörden die Feier der hundertjährigen Unabhängigkeit des Landes feierten." Die Syndikalisten der Regionalen Arbeiter-Föderation Uruguays und der Syndikalistischen Union Uruguays schafften es darüber hinaus, dort auch die Zeitungsverkäufer und den Großteil der Verkehrsarbeiter zur Arbeitsniederlegung zu bewegen.[204] In Buenos Aires führte die FORA 1934 einen Generalstreik durch, der die Ankerlegung eines Schiffes mit Naziagitatoren verhinderte.[205]

Generalstreik

Der von den Syndikalisten angestrebte Generalstreik steht der von Sozialdemokraten und Kommunisten postulierten Eroberung der politischen Macht diametral entgegen. Der Generalstreik als wirkungsmächtigster Ausdruck „direkter Aktion" ist der Beginn der sozialen Revolution, an deren Ende die Menschen als Produzenten und als Konsumenten in einer klassenlosen, nach föderalistischen Grundsätzen aufgebauten Gesellschaft leben sollen. Nach den Worten des von den Syndikalisten in aller Welt sehr geachteten Anarchisten Siegfried Nacht (1878-1956)[206] trug der Generalstreik folgende charakteristischen Hauptmerkmale:

1. „Der Generalstreik ist die unter den gegenwärtigen Umständen einzig mögliche, von den ökonomisch-technischen Verhältnissen des Kapitalismus selbst geschaffene und bedingte Form der Revolution.

2. Der Generalstreik kann die Gesellschaft am empfindlichsten erschüttern, weil er sie bei der Vorbedingung des Lebens, ihrer Hauptstütze angreift: der Produktion und dem Konsum.
3. Der Generalstreik ist der klarste, direkteste und unverschleierte Ausdruck der Empörung des Proletariats und nur das Resultat der Entwicklung seines täglichen Kampfmittels, des Streiks.
4. Dank der Arbeitsteilung genügt es, dass nur einige Räder an dem komplizierten Mechanismus der modernen Produktion stillstehen, um ganze Serien und Reihen von abhängigen Maschinen, Fabriken, ja ganze Industrien außer Möglichkeit zu bringen, den Betrieb fortzusetzen.
5. Der Generalstreik braucht keine Geldunterstützungen und kann während ungünstiger Konjunktur noch besser gelingen als bei günstiger.
6. Der Generalstreik kann auf die größten Massen und den größten Erfolg rechnen, weil er ganz gesetzlich anfängt, keinen Heroismus erfordert, niemanden der Gefahr aussetzt und selbst durch die Ängstlichkeit derjenigen, die zu Hause bleiben, gefördert wird.
7. Durch die Unterbrechung aller Transport- und Kommunikationsmittel ist es nicht mehr möglich, Produkte und Nahrungsmittel von den ‚ruhig' gebliebenen Gegenden herbeizuschaffen. Die politischen und militärischen Behörden verlieren die Möglichkeit rascher Verständigung und Truppenentsendung.
8. Durch die absolute Notwendigkeit, die großen Städte und Industriezentren zu bewachen, das Privateigentum der Ausbeuter zu beschützen, die zahllosen Schienenlinien zu hüten, nicht nur die ‚Ordnung aufrecht zu erhalten', sondern auch für die Verpflegung der eigenen Armee zu sorgen; und durch den Versuch, die allernotwendigste Produktion von Soldaten fortsetzen zu lassen, wird bald die Zerstreuung und Desorganisation der bewaffneten Macht über das ganze Land bewirkt, und die Folge davon ist deren vollständige Machtlosigkeit und der Sieg des Proletariats."[207]

Arbeitsvermittlung, Registermethode und Organisationszwang

Die Funktion der heutigen staatlichen Arbeitsverwaltung übernahmen die Gewerkschaften durch „Arbeitsnachweise". Dort mussten sich die erwerbslosen Syndikalisten in der Regel wöchentlich im Vereinslokal in ein Arbeitslosen-Kontrollbuch eintragen, von wann und wie viele Tage sie in der vergangenen Woche arbeitslos waren. Erst dann wurde ihnen Unterstützung zuteil.[208] Die „Arbeitsnachweise" führten Statistiken über die Zeiten der Erwerbslosigkeit und -unterstützung. So waren sie über die Arbeitsmarktsituation im Bilde, wussten über die Arbeitszeiten und -bedingungen, Krankenstände, Entlassungen und Streiks bescheid, brachten in Erfahrung, wo welche Löhne gezahlt wurden, und wo arbeitslose Kollegen von ihnen zu bestmöglichen Bedingungen hin vermittelt werden konnten. In Düsseldorf, wo die syndikalistischen Fliesenleger in den 1920er Jahren eine exklusive Position hatten, konnten bei hoher Arbeitslosigkeit und erzwungenem Einverständnis der Kapitalisten manche Kollegen dadurch wieder in die Betriebe kommen, indem die Kollegen abwechselnd beschäftigt wurden.[209]

Wenn syndikalistische Gewerkschaften auf örtlicher oder regionaler Ebene eine Stärke erreichten, aufgrund der sie nicht mehr auf gesetzliche Tarifregelungen angewiesen waren, konnten sie zur Registermethode übergehen, dazu, eine Lohnuntergrenze zu verkünden und durchzusetzen. Als Faustregel galt, dass innerhalb einer Region und Branche die Mehrheit der organisierten Arbeiter mit den syndikalistischen Methoden zumindest sympathisieren mussten, so dass die Gewerkschaft unter Ausschaltung staatlich legitimierter Instanzen direkten Druck auf die kapitalistischen Betriebe ausüben konnte. Anwendung fand die Registermethode in Schweden, wo die syndikalistischen Tiefbauarbeiter in Stockholm sowie die Forstarbeiter in den 1920er Jahren daran gingen, regional einen von den Kapitalisten nicht zu unterschreitenden Lohn für eine bestimmte Arbeitszeit festzulegen. Dieser galt ultimativ, und ein „Registerkomitee" der SAC wachte darüber. Damit wurde das Gesetz der „Sozialpartnerschaftlichkeit" ausgehebelt. Versuchten sozialdemokratische Gewerkschaften oder andere Lohndrücker die Lohnuntergrenze zu umgehen, nahmen die Syndikalisten den Kampf auf. In der schwedischen Forstwirtschaft funktionierte diese Methode bis in die 1950er Jahre hinein. Flankiert wurden diese Maßnahmen von selbstorganisierter Arbeitsvermittlung, was zuließ, dass Betriebe mit guten Arbeits- und Lohnverhältnissen bevorzugt Arbeitskräfte angeboten bekamen. In denjenigen Gebieten, wo die SAC nach der Registermethode verfuhr, lagen die durchschnittlichen Stundenlöhne etwa ein Drittel höher als dort, wo die Tarifverträge der sozialpartnerschaftlichen Gewerkschaften galten.[210]

Dieselbe Quote erreichten auch die syndikalistischen Fliesenleger in Düsseldorf, wie der Hauptorganisator Carl Windhoff im Jahre 1930 anschaulich zu berichten wusste:

„Wir haben in verschiedenen rheinischen Orten Löhne erreicht, die um 30 bis 35% höher sind als in den übrigen Orten. […] Wir haben erreicht, dass wir darüber bestimmen, wer eingestellt und wer entlassen wird. […] Wir haben die Zentralgewerkschaft genötigt, unsere Abmachungen mit zu unterschreiben. Wir haben die staatlichen Schlichter ausgeschaltet. Wir haben die schriftliche Bestimmung durchgesetzt: ‚Für alle Streitigkeiten sind die amtlichen und staatlichen Schlichtungsstellen auszuschalten, soweit dazu nicht ein gesetzlicher Zwang besteht.' […] Wir haben in verschiedenen Verträgen durchgesetzt, dass nur Mitglieder unserer Fliesenleger-Organisation eingestellt werden. Wir arbeiten täglich nur 7½ Stunden und am Sonnabend-Nachmittag gar nicht. Bei schlechter Konjunktur bestimmen wir, dass die Arbeitszeit weiter so verkürzt wird, dass keiner entlassen zu werden braucht. In der Zeit der jetzigen Massenarbeitslosigkeit ist die radikale Verkürzung der Arbeitszeit eine Notwendigkeit, für die alle Arbeiter und auch viele kleinbürgerliche Schichten Verständnis haben. Wir arbeiten jetzt an der Durchsetzung der fünftägigen Arbeitswoche."[211]

Im Barcelona der 1920/30er Jahre war die CNT so stark, dass sie ihrerseits Organisationszwang ausüben konnte: Die Unternehmen durften nur in der CNT organisierte Arbeiter einstellen. Über die Einhaltung dieser Vorschrift wachten die gewerkschaftlichen Fabrikkomitees.[212] Ähnlich verhielt es sich um 1930 in Schweden, wie ein Vertreter der SAC berichtete: „Man will die Betriebe nur für Mitglieder der reformistischen Verbände monopolisieren und sucht die Syndikalisten aus den Betrieben zu drängen. Die Syndikalisten lassen sich auch dadurch nicht einschüchtern. Sie zahlen den Reformisten mit gleicher Münze heim. Wo die Syndikalisten stark genug sind, wie z.B. bei den Bauarbeitern in Stockholm, drohen sie den Reformisten, dieselben Mittel gegen sie anzuwenden. Das hilft."[213]

Diese Kampfmethoden sollten im Vorfeld der Spanischen Revolution von 1936 die staatliche Verwaltung und Kontrolle weiter Landesteile aushöhlen und überflüssig machen.

3. Kompromisse

Da es auf Dauer nicht effektiv ist, die Klassengegensätze militärisch zu befrieden, griffen die Kapitalisten und das Staatswesen schon in der Ära Bismarck des 19. Jahrhunderts verstärkt auf Konfliktvermittlungsmethoden zurück. Unter marginaler Einbeziehung von zentralistischen Arbeitervertretungen wurde zu Beginn des 20. Jahrhunderts den Arbeitern ein gewisses Maß an Zugeständnissen gemacht, die den Profitinteressen generell jedoch nicht entgegenstanden. Im Gegenteil profitierten die Unternehmen einerseits vom Engagement der miteinbezogenen Arbeiterinstanzen, und andererseits sparten sie sich durch deren Co-Management Ausgaben für Sicherheitsleistungen von Werkschutz oder Polizeieinsätzen. Der Volksmund sagt nicht ohne Grund: „Ein DGB-Ordner ersetzt 10 Polizisten". Die treibenden Kräfte dieser Entwicklung waren die sozialdemokratischen Organisationen. Zu diesen sich international allmählich durchsetzenden Methoden zur Eindämmung von Klassenkonflikten gehörten die Einführung gesetzlicher Betriebsräte mittels Betriebsrätegesetzen, die staatliche Anerkennung von Tarifpartnerschaften zwischen vom Staat anerkannten, wirtschaftsfriedlichen Gewerkschaften und dem

Unternehmertum, sowie die Schlichtungsgesetzgebung. Wie verhielten sich die syndikalistischen Organisationen zu dieser Strategie der Klassenbefriedung? Welche Zugeständnisse machten sie und warum? Jedes der im Folgenden erörterten Problemfelder hat auch Jahrzehnte nach ihrem Entstehen nichts an Aktualität für die syndikalistische Bewegung eingebüßt.

3.1. Betriebsräte

Entstehung

Zu denjenigen Stellvertreterinstanzen, deren Aufgabe darin bestand, zwischen den Klasseninteressen zu vermitteln, zählte in Deutschland das durch das Betriebsverfassungsgesetz von 1920 institutionalisierte Betriebsrätesystem.[214] Die Nationalversammlung beschloss das Betriebsrätegesetz mit einer deutlichen Stimmenmehrheit, Demonstrationen dagegen wurden von der Polizei blutig unterdrückt, was auf Arbeiterseite mehrere Dutzend Tote zur Folge hatte.[215] Diese Gesetzgebung gestand der Arbeiterschaft geringfügige Rechte an Mitbestimmung zu, bestätigte jedoch gleichzeitig das Recht auf Privateigentum an Produktionsmitteln zugunsten der Kapitalisten. Damit verzichtete die Arbeiterschaft auf betriebliche und gesellschaftliche Selbstverwaltung. Dafür wahrte sie über diese gesetzlich gezähmten Betriebsräte den Betriebs- bzw. den Klassenfrieden. Im Einzelnen bestand die Tätigkeit der gesetzlichen Betriebsräte darin,

„1. in Betrieben mit wirtschaftlichen Zwecken die Betriebsleitung durch Rat zu unterstützen, um dadurch mit ihr für einen möglichst hohen Stand und für möglichste Wirtschaftlichkeit der Betriebsleistung zu sorgen;

2. in Betrieben mit wirtschaftlichen Zwecken an der Einführung neuer Arbeitsmethoden fördernd mitzuwirken;

3. den Betrieb vor Erschütterungen zu bewahren, insbesondere vorbehaltlich der Befugnisse der wirtschaftlichen Vereinigungen der Arbeiter und Angestellten bei Streitigkeiten des Betriebsrates, der Arbeitnehmerschaft, einer Gruppe oder eines ihrer Teile mit dem Arbeitgeber, wenn durch Verhandlungen keine Einigung zu erzielen ist, den Schlichtungsausschuß oder eine vereinbarte Schlichtungs- oder Schiedsstelle anzurufen;

4. darüber zu wachen, daß die in Angelegenheiten des gesamten Betriebes von den Beteiligten anerkannten Schiedssprüche eines Schlichtungsausschusses oder einer vereinigten Einigungs- oder Schiedsstelle durchgeführt werden;

5. für die Arbeitnehmer gemeinsame Dienstvorschriften und Änderungen derselben im Rahmen der geltenden Tarifverträge mit dem Arbeitgeber zu vereinbaren;

6. das Einvernehmen innerhalb der Arbeitnehmerschaft sowie zwischen ihr und dem Arbeitgeber zu fördern und für Wahrung der Vereinigungsfreiheit der Arbeitnehmerschaft einzutreten;

7. Beschwerden des Arbeiter- und Angestelltenrates entgegenzunehmen und auf ihre Abstellung in gemeinsamen Verhandlungen mit dem Arbeitgeber hinzuwirken;

8. auf die Bekämpfung der Unfall- und Gesundheitsgefahren im Betrieb zu achten, die Gewerbeaufsichtsbeamten und die sonstig in Betracht kommenden Stellen bei der Bekämpfung durch Anregung, Beratung und Auskunft zu unterstützen sowie auf die Durchführung der gewerbepolizeilichen Bestimmungen und der Unfallverhütungsvorschriften hinzuwirken;

9. an der Verwaltung von Pensionskassen und Werkswohnungen sowie sonstiger Betriebswohlfahrtseinrichtungen mitzuwirken; bei letzteren jedoch nur, sofern nicht bestehende für die Verwaltung maßgebende Satzungen oder bestehende Verfügungen von Todes wegen entgegenstehen oder eine anderweitige Vertretung der Arbeitnehmer vorsehen."[216]

Syndikalistische Grundsätze

Die vom Betriebsverfassungsgesetz zugestandenen Betriebsratsposten wurden zügig von Funktionären der Zentralgewerkschaften besetzt, die ihre dadurch gewonnene betriebliche Macht gegen die Syndikalisten einsetzten.[217] Als Erwiderung darauf hätte die FAUD dafür plädieren können, die Posten durch eigene Funktionäre zu besetzen. Zunächst jedoch sprach sich die Mehrheit der syndikalistischen Gewerkschafter dagegen aus. Begründet wurde das folgendermaßen:

„Die Arbeiterräte, aus der Revolution geboren, sollten ein Herrschaftsinstrument der werteschaffenden Arbeit sein. Aber die Revolution hat nicht zur Beseitigung der Herrschaft des Kapitals geführt; die wirtschaftliche und politische Macht ist bei den Besitzenden geblieben. Kapital und Staat können mit revolutionären Arbeiterräten nicht unterhandeln, denn jene sind Feinde der sozialistischen Arbeit. Kapital und Staat lassen nur Arbeiterausschüsse zu, die jetzt Betriebsräte genannt werden. Der Betriebsrat hat nicht Arbeiterinteressen allein zu vertreten, sondern Betriebsinteressen. Und da die Betriebe Eigentum des Privat- oder Staatskapitals sind, müssen sich die Arbeiterinteressen den Interessen der Ausbeuter unterordnen. Daraus ergibt sich, daß der Betriebsrat für die Ausbeutung der Arbeiter eintreten und sie zum ruhigen Fortarbeiten als Lohnsklaven anhalten muß. Die Betriebsräte sind daher nicht Herrschafts- sondern lediglich Verhandlungsinstrumente der Arbeiter. Die sozialdemokratischen Arbeiter können sich an den Betriebsräten beteiligen, denn ihre Klassenkampfwaffen sind die des parlamentarischen und gewerkschaftlichen Unterhandelns. Die syndikalistischen Arbeiter können sich an den Betriebsräten nicht beteiligen, denn sie wollen den Klassenkampf geführt wissen durch Entziehung oder Einschränkung der Arbeitsleistung. Die syndikalistischen Kampfmittel sind mit den Aufgaben des Betriebsrates unverträglich."[218]

Der Betriebsrat vertritt nach Auffassung der Syndikalisten Betriebsinteressen und keine Klasseninteressen. Dennoch ließ die föderalistische Struktur des Syndikalismus auf örtlicher Ebene einen breiteren Handlungsspielraum zu. Demzufolge nahm die FVDG im Jahre 1919 folgenden Antrag an, der sich um Flexibilität in der konkreten Handhabung bemühte:

„Der 12. Kongreß der Freien Vereinigung deutscher Gewerkschaften betrachtet das Betriebsrätegesetz, wie alle anderen Gesetze des Staates, nur als geeignet, den Kapitalismus zu stützen und den Staat als Instrument und Willensausdruck der besitzenden Klasse zu befestigen. Aus diesem Grunde ist das Gesetz, wie alle Klassengesetze des Staates von unseren Organisationen zu bekämpfen. Jedoch verkennt der Kongreß nicht, daß örtliche Verhältnisse, organisatorische und praktische Gründe in den Betriebsbelegschaften unsere Mitglieder zu einer Beteiligung an der Wahl von Betriebsräten und zur Mitarbeit in diesen führen können. Bei einer solchen Beteiligung müssen die syndikalistischen Grundsätze als Richtlinien gelten."[219]

Ein weiterer Kongress der FAUD im Jahre 1922 stellte die Möglichkeit freier Arbeiterräte anheim: „Die Beteiligung an staatlichen Institutionen, ganz gleich, ob diese gesetzgeberischen oder ausführenden Charakters sind, steht mit den Methoden der direkten Aktion im Widerspruch. Als Anhänger der direkten Aktion verwerfen wir Syndikalisten die Teilnahme an den gesetzlichen Betriebsräten, wir sind jedoch für die Beteiligung an Arbeiterräten innerhalb und außerhalb der Betriebe, wodurch das werktätige Volk in den Stand gesetzt wird, die Regelung der Produktion und Konsumption sowie alle übrigen gesellschaftlichen Funktionen in eigene Hände zu nehmen."[220]

Syndikalistische Praxis und Entwicklung

Besonders in Rheinland-Westfalen beteiligten sich zu Beginn der

1920er Jahre Syndikate der FAUD an Betriebsrätewahlen und sahen sich hier der starken Konkurrenz durch die FAU (Gelsenkirchener Richtung) ausgesetzt, welche hauptsächlich die Bergarbeiterschaft organisierte. Sie kehrte der FAUD bereits 1921 den Rücken, organisierte sich umbenannt als „Union der Hand- und Kopfarbeiter“ (UdHuK) neu mit politischer Tendenz zur KPD.[221] Diese Abspaltung hatte bei den Betriebsrätewahlen deutlich die Nase vorn, da die FAUD regional keine Einigkeit erzielte. Sie kandidierte 1921 für den Ruhrbergbau in nur wenigen Städten, was sich am dortigen Gesamtergebnis niederschlug: UdHuK 26 %; FAUD 4,7 %. Auch in den folgenden Jahren blieb diese Diskrepanz bestehen: 1924: UdHuK 34,3 %; FAUD 7,3 % 1925: UdHuK 29,1 % ; FAUD 3%.[222]

Diese Zahlen lassen den geringen Einfluss der FAUD im gesamten Reichsgebiet erahnen. Das Betriebsrätegesetz förderte gezielt diejenigen Arbeiterorganisationen, die nicht auf dem Boden der Arbeiterselbstverwaltung standen, sondern zentralistische Organisationsmerkmale aufwiesen. Dazu zählten die der SPD und KPD nahe stehenden Zentralgewerkschaften und Arbeiter-Unionen, die den Willen zur Arbeiterselbstverwaltung unterminierten. Außerhalb der Betriebsräte hatte die FAUD oftmals nicht die juristisch gestützte Durchsetzungskraft, auf Betriebsversammlungen zu sprechen oder die Belegschaft mit Agitationsmaterial zu versorgen.

Den Hintergrund zu solchen Überlegungen begründete die Tatsache, dass die FAUD den größten Teil ihrer Anhängerschaft den revolutionären Nachkriegsverhältnissen und einer darüber radikalisierten und nur kurzfristig an die FAUD orientierenden Industriearbeiterschaft zu verdanken hatte. Diese war diffus an marxistischen Ideologemen orientiert und stellte mehr als die Hälfte der FAUD-Gesamtmitgliedschaft. Auch die UdHuK wies eine numerische Stärke auf, die 1920 mit 73.000 Anhängern etwa die Hälfte der reichsweiten FAUD-Mitgliedschaft betrug.[223]

Im Zuge der letzten Niederlagen der revolutionären Arbeiterschaft, beispielsweise im Ruhrkampf von 1920 oder dem Mitteldeutschen Aufstand im Jahre 1921 wandten sich viele Mitglieder desillusioniert den reformerischen Arbeiterparteien zu, statt weiterhin auf ihre eigene Kraft zu vertrauen oder sie resignierten ganz. Ab 1921 erlebte die syndikalistische Organisation innerhalb der zu wenig von syndikalistischen Überzeugungen durchdrungenen Industriearbeiterschaft einen rapiden Mitgliederrückgang. Reichsweit verringerte sich die Mitgliederzahl von etwa 150.000 aus dem Jahre 1920 auf etwa 80.000 im Jahre 1922. Bis auf wenige örtliche Ausnahmen wurde die FAUD auf betrieblicher Ebene marginalisiert. Zu einem Betriebsrätekongress in Düsseldorf 1922 stellte die FAUD für die Metallbranche nur 15 von insgesamt 215 Delegierten. Dennoch waren sie in der Lage, die dortige Stimmung für

einen regionalen Generalstreik entscheidend zu beeinflussen.[224]
In der Praxis blieb eine prinzipielle Entscheidung jedoch offen. Je nach betrieblicher Verankerung sprachen sich ganze Regionen der FAUD entweder für (Rheinland und Westfalen) oder gegen Betriebsratswahlen aus (Wasserkante, Oberschlesien, Nordbayern). Da die innerorganisatorischen Differenzen hierzu gegen Mitte der 1920er Jahre zunahmen und auf den Reichskongressen darauf nicht entsprechend eingegangen wurde, tagte im Februar 1925 eine außerordentliche Reichskonferenz der FAUD in Berlin. Diese setzte die Beteiligung an den Betriebsrätewahlen auf die Tagesordnung und formulierte folgendes Ergebnis:

"Die Konferenz empfiehlt [...] den Anhängern beider Richtungen, gegenseitig größte Toleranz zu üben. Ausschluß einzelner Mitglieder oder ganzer Ortsgruppen wegen Beteiligung oder Nichtbeteiligung darf nicht erfolgen."[225]

Die zentrale Diskussion hierüber wurde 1925 im „Syndikalist" unter dem bezeichnenden Titel *„Kampforganisation oder Sekte"* geführt, in der Ablehner und Befürworter ihre jeweiligen Argumente eindringlich austauschten.[226] Um aus reiner Prinzipientreue den betrieblichen Anschluss nicht zu verlieren - die FAUD war 1925 auf etwa 25.000 Mitglieder zusammengeschrumpft - ließ im gleichen Jahr auch der Reichskongress Toleranz gegenüber den sich an den Betriebsrätewahlen beteiligenden FAUD-Betriebsgruppen walten. Die Betriebsratsposten waren jedoch schon besetzt, so dass die FAUD bei den folgenden Betriebsrätewahlen im Ruhrbergbau folgende Ergebnisse erzielte, die den schwindenden Einfluss veranschaulichen: 2,9% (1926), 2% (1927), 1,8% (1928), 1,1% (1929), 1,5% (1930) und 0,6% (1930).[227]

Ab 1925 war die FAUD darum bemüht, sich stärker auf die unmittelbaren Interessen der Kollegenschaft als auf die Propagierung syndikalistischer Ideen auszurichten. Der Kongress formulierte dazu: „War unsere Organisation in den letzten Jahren, im Gegensatz zur Prinzipienerklärung, fast nur eine Ideenbewegung, so muß nunmehr der schon früher eingeschlagene Weg wieder beschritten werden: zu arbeiten an der umfassenden Organisierung und Durchsetzung der Interessen des Proletariats [...] mögen diejenigen, die durch eine Belegschaftsmehrheit dazu gedrängt werden, eine Beteiligung verantworten; sie glauben, auf diesem Wege von der bloßen Negation zur Teilnahme am Klassenkampf und zur Ausbreitung der Idee kommen zu können. Die Bewegung wird solche Experimente ertragen, auch wenn die Form des gesetzlichen Betriebsrates in solchem Falle nicht die geeignete ist [...] Uns eint der Wille zur Hebung der Werbe- und Stoßkraft der Organisation; und zu diesem Ziele kann, auch wenn die Betriebsrätebeteiligung mit unseren Prinzipien zu vereinbaren wäre, diese Beteiligung keinesfalls der einzige Weg zur Gewinnung größerer Gruppen sein.[...] Agitatorische Wirkungsmöglichkeiten sind hier den vereinzelten nicht gegeben durch Teilnahme an Institutionen, die große gegnerische Organisationen für sich benutzen, sondern durch intensive Kleinarbeit. Diese gründlich zu diskutieren, systematisch neu zu organisieren und zu betätigen, hat der eigentliche Inhalt der Wendung im Kurs der Organisation zu sein."[228]

Deshalb sei die Betriebsräteangelegenheit als Nebenfrage zu behandeln. Die Resonanzen auf die FAUD-Betriebsratskandidaturen zeigten derweil weiterhin Rückläufigkeit, genauso wie die Mitgliederstärke, die auf knapp 10.000 im Jahre 1930 herunterging. Im selben Jahr legte sich der Reichskongress das erste Mal fest: „Der Kongreß beschließt, den Mitgliedern zu empfehlen, sich an den Betriebsräten zu beteiligen."[229] Begründet wurde dies 1932 mit den Worten: „Die FAUD beteiligt sich an den Wahlen zu den Betriebsräten, um den Einfluß der reformistischen, der wirtschaftsfriedlichen, der politischen und faschistischen Gegner zu brechen. Zugleich sieht sie in der Beteiligung an den Betriebsrätewahlen propagandistische Möglichkeiten, die voll ausgeschöpft werden müssen, um den Masseneinfluß der FAUD zu verstärken. Neben den rein praktischen Aufgaben, die in der radikalen Wahrnehmung der Interessen der Arbeiterklasse liegen, weist die FAUD ihren Betriebsräten und Betriebsratsmitgliedern die Verpflichtung zu, alle nur erdenklichen Maßnahmen propagandistischer und organisatorischer Natur zu treffen, die geeignet sind, die Radikalisierung der Arbeitermassen im Sinne der anarcho-syndikalistischen Klassenkampftaktik zu beschleunigen."[230] In den Resolutionen des 19. Kongresses der FAUD im Jahre 1932 hieß es unter dem Titel „Unsere Kampflosungen", dass für die Erweiterung der Macht der Betriebsräte gekämpft werden solle, zu dem Zwecke, „sie zu Instrumenten der Überwachung der Produktion und der Organisierung des Widerstandes der Arbeiterklasse gegen den Kapitalismus und die fortschreitende Faschisierung zu machen."[231]

Bei freien Betriebsräten, die nicht an das Betriebsrätegesetz gebunden sein sollten, stellte dies keine Schwierigkeit dar: Die Betriebsgruppen wählten einen Betriebszellenobmann, bzw. einen revolutionären Betriebsrat und Vertrauensmann. Er war verantwortlich für die Einberufung von Belegschaftsversammlungen und Zusammenkünften der Betriebszellen. Anzustreben sei zudem die Herausgabe von Betriebszeitungen und die optimale Betreuung neuer Mitglieder im Betrieb.[232]

Wie sollte die Kontrolle bei gesetzlichen Betriebsräten unter föderalistischen Prinzipen gewahrt werden? In einer Resolution zur Betriebsarbeit zum 19. Kongress der FAUD zu Ostern 1932 hieß es zur Zusammenarbeit syndikalistischer Organe im Betrieb:

„Die Betriebsräte haben die Pflicht, ihrer Ortsgruppe ständig über alle getroffenen Maßnahmen Bericht zu erstatten. Die Ortsgruppe wacht über die Haltung der Betriebsräte und trägt Sorge, daß sich die Tätigkeit derselben mit der prinzipiellen und taktischen Einstellung der FAUD in Uebereinstimmung befindet. Des weiteren ist sie verpflichtet, periodisch an die zuständigen Föderationen und Arbeitsbörsen zu berichten. Stärksten Anteil an der Betriebsarbeit müssen auch die Arbeitsbörsen nehmen. Sie sind gehalten, den Betriebsräten Material an die Hand zu geben und laufend Zusammenkünfte zu organisieren, auf denen die Linie der Betriebsarbeit beraten wird, und bei welchen die Betriebsräte ihre gewonnenen Erfahrungen austauschen. Bei den Betriebsrätewahlen sollen die Ortsgruppen und Betriebszellen tunlichst eigene Listen aufstellen. Dabei ist nicht unbedingte Voraussetzung, daß die FAUD starke Betriebszellen besitzen muß, um mit Erfolg an den Betriebsrätewahlen teilnehmen zu können. Vielmehr hat die Betriebsrätepraxis der FAUD bewiesen, daß auch Einzelne einen nicht unbedeutenden Einfluß mit Hilfe der Sympathisierenden auf solche Wahlen ausüben können. Für die Propaganda muß in solchen Fällen die Ortsgruppe oder die zuständige Arbeitsbörse die notwendigen Kräfte stellen. In besonders gelagerten Fällen bei den Betriebsrätewahlen bleibt es den Ortsgruppen und Betriebszellen überlassen, mit anderen revolutionären Organisationen Einheitslisten aufzustellen. Dabei sind vorher alle Möglichkeiten zu erwägen. Die Politik der Betriebsräte muß sich besonders gegen alle Illusionen wenden, die den Arbeitern von Gewerkschaften, Parteien, Werkvereinen und Stahlhelm- und Nazigruppen gemacht werden."[233]

Eine wichtige Funktion sollten dabei den Betriebsvertrauensleuten zukommen: „Neben den Betriebsräten ist die Wahl von Betriebsvertrauensleuten notwendig, sobald innerhalb eines Betriebes eine anarcho-syndikalistische Betriebszelle besteht. Diese Betriebsvertrauensleute wachen über die Tätigkeit des Betriebsrates und stellen die Verbindungsleute zwischen dem Betrieb und der Organisation dar. Ihre Aufgabe ist es, Maßnahmen in den Betriebs- und Abteilungsversammlungen zur Sprache zu bringen, welche die Betriebsräte nicht zur Sprache bringen können. Wo syndikalistische Betriebsräte oder Betriebsratsmitglieder nicht vorhanden sind, ist es Aufgabe der Vertrauensleute, alle propagandistischen Möglichkeiten voll auszunützen und die Verbindung mit der Ortsgruppe aufrecht zu erhalten. Im übrigen erwächst den Betriebsvertrauensleuten in diesem Falle die gleiche Pflicht in Hinsicht auf Berichterstattung etc. wie den Betriebsräten. Wo nur einzelne Mitglieder beschäftigt sind, müssen sich diese als Vertrauensleute betrachten."[234]

Ein drittes Standbein sollten die Betriebszellen bilden:

„Alle in einem Betriebe beschäftigten Mitglieder der FAUD haben die Pflicht, sich zu einer organischen Einheit, zu einer Betriebszelle zusammenzuschließen. Ausschlaggebend ist für die Betriebszelle der Betrieb, nicht die berufliche Tätigkeit. Die Betriebszelle sammelt aus den verschiedenen Abteilungen alles wichtige Material über Auftragsbestand, Mitgliederstärke und Mitgliederbewegung der gegnerischen Organisationen und Maßnahmen, die sie treffen wollen. Sie wählt die Betriebsvertrauensleute und berät alle Maßnahmen zur propagandistischen Bearbeitung und organisatorischen Erfassung der Betriebsarbeiter. Sie muß vor den Versammlungen der Belegschaft oder der Betriebsabteilungen zusammentreten, die Verhandlungsgegenstände prüfen, und wenn nötig, Beschlüsse über dieselben fassen. Sie bestimmt die Redner und Antragsteller und tritt in den Versammlungen geschlossen auf. Ihr besonderes Augenmerk haben die Betriebszellen auf den Vertrieb von Literatur der FAUD und auf die Kolportage der Zeitung zu legen. […] Das in den Zellenversammlungen zusammengetragene Material ist der Ortsgruppe und von dieser den Börsen und Föderationen, je nach seinem Wert zuzuleiten. Besonderes Gewicht aber haben die Betriebszellen auf eine regelmäßige Berichterstattung an die Zeitung zu legen […]."[235]

Praktische Erfahrungen im Umgang mit der Betriebsrätefrage zeigten sich in vielen Regionen Deutschlands. Die Syndikalisten in Mengede (bei Dortmund) lehnten es zunächst ab, mit solchen „Waffen des Gegners zu kämpfen". Doch nach einer Konsolidierungsphase erzielten sie bei den Betriebsrätewahlen der Zeche „Adolf von Hansemann" günstige Ergebnisse: 1922 stellten sie mit 1.249 etwa die Hälfte aller Stimmen und acht Betriebsräte, 1924 die gleiche Anzahl von insgesamt 11 Betriebsräten und 1926 mit 750 Stimmen noch sechs von 15 Betriebsräten.[236]

Im thüringischen Sömmerda mussten die syndikalistischen Betriebsräte bei Rheinmetall viele Zugeständnisse machen. Ende 1924 wurden in den elfköpfigen Betriebsrat acht Syndikalisten gewählt. Sie durften jedoch lediglich die zu entlassenen Kolleginnen bestimmen, verhielten sich auch bei Protesten gegen Lohnabzüge passiv und traten Streikabsichten entgegen.[237] Ähnlich ernüchternde Erfahrungen wurden zur gleichen Zeit aus Oberschlesien gemeldet. Hier, besonders in Ratibor, seien syndikalistische Betriebsräte sogar als Ursache für den örtlichen Mitgliederrückgang auszumachen. Sie entwickelten sich zu Gegnern der direkten Aktion und erklärten der FAUD auf Nachfrage, dass sie nicht nur von syndikalistischen Betriebsangehörigen gewählt worden und daher der Gewerkschaft keine Rechenschaft darüber schuldig seien, ob ihre Handlungen nun syndikalistisch waren oder nicht.[238]

Um dem Bergarbeiterverband und den Christlichen Gewerkvereinen ihre eigenen Initiativen entgegenzusetzen, traten die Syndikalisten der Bochumer Zeche Engelsburg 1930 das erste Mal zu Betriebsrätewahlen an. Für eine erfolgreiche Beantragung der Umwandlung von

Nr. 34 II. Jahrgang

Der Syndikalist

Organ der Freien Arbeiter-

Union Deutschlands

„Der Syndikalist", (hervorgegangen aus der „Einigkeit", die am 8. August 1914 nach 18jährigem Bestehen verboten wurde), erscheint jede Woche einmal Sonnabends.

Verlag und Expedition:
Fritz Kater, Berlin O.34, Kopernikusstr. 25, II.

Abonnementspreis
für die angeschlossenen Gewerkschaften pro Exemplar 36 Pf., durch die Post ohne Bestellgeld 5,25 Mk. vierteljährlich, durch die Expedition unter Kreuzband 6,— Mk., Ausland 7,— Mk.
Vereinsanzeigen für angeschlossene Gewerkschaften 2,— Mk., für andere Vereine werden 4,— Mk. für die dreigespaltene Petitzeile oder deren Raum berechnet.

„Wenn er uns nicht mehr trägt, nützen uns all unsere Soldaten nichts."

Geldstrafen in Verwarnungen wurde das Arbeitsgericht angerufen. In einem Falle von Entlassung setzten sie in der Absicht, das Verfahren weiterzuführen, auf Kosten des Unternehmens die Hinzuziehung eines Rechtsanwaltes durch. Beide Möglichkeiten hatten die bisherigen Betriebsräte der Zentralverbände verstreichen lassen. Durch „unermüdliche" Kleinarbeit sollte das Vertrauen der Kollegen erworben werden, um sie schließlich von den Methoden der direkten Aktion überzeugen zu können.[239] Zusammenfassend schilderte Gerhard Wartenberg 1932 die Vorgehensweise der FAUD jedoch als uneinheitlich: „Manche Genossen wollten wohl für Lohn- und Arbeitszeitfragen kämpfen, aber sie wollten nicht jene Mittel anwenden, die dem syndikalistischen Betriebsarbeiter das Vertrauen der Kollegen sichern: Betriebsrat, Vertretung vor dem Arbeitsgericht, Lohnverhandlungen usw. Wieder andere gingen wohl diesen Weg, unterließen aber eine systematische Aufklärung der gewonnenen Mitglieder über die Prinzipien des Anarcho-Syndikalismus."[240]

Nach 1945

Nach der weitgehenden internationalen Zerschlagung der syndikalistischen Arbeiterbewegung im Zuge von Diktatur, der verlorenen Spanischen Revolution und des Zweiten Weltkrieges, der die politische Landschaft in Europa und in der Welt neu ordnete, erschien von Rudolf Rocker im Jahre 1947 die richtungsweisende Schrift „Zur Betrachtung der Lage in Deutschland. Die Möglichkeiten einer anarchistischen und syndikalistischen Bewegung", die in der verbliebenen Bewegung auch über Deutschland hinaus große Beachtung fand. Sie trug deutliche Züge des auch bei führenden Repräsentanten, beispielsweise Helmut Rüdiger oder Diego Abad de Santillán, einsetzenden Revisionismus. Denn Rockers Schrift beinhaltete eine weitgehende Abkehr vom Prinzip des Klassenkampfes und eigenständiger syndikalistischer Gewerkschaftsorganisation. Vielmehr sollten sich die überlebenden Aktivisten den veränderten praktischen Anforderungen gemäß in die kommunale Aufbauarbeit der Gesellschaft einbringen und dadurch vorbildlich für die freiheitlich-emanzipatorischen Ideen wirken. Das hatte für viele Syndikalisten in der Praxis die Mitarbeit und auch Mitgliedschaft in denjenigen Körperschaften zur Folge, die vor 1933 prinzipiell abgelehnt wurden: Zentralgewerkschaften und politische Parteien, zumeist in der SPD.

Diese strategische Kursänderung beinhaltete auch die Akzeptanz des gesetzlichen Betriebsrätesystems. In Großbetrieben, beispielsweise bei Bosch in Stuttgart oder im Hafenbetriebsverein Bremen, nahmen die Syndikalisten, die bereits vor 1933 regionale Funktionen innerhalb der FAUD ausübten, hohe Betriebsratsposten ein. Aufgrund ihrer langjährigen zuverlässigen Arbeit unter den Kollegen genossen sie viel Vertrauen. Dennoch blieben die Syndikalisten vereinzelt, und mit ihrem Ausscheiden aus dem Berufsleben erlosch ihr betrieblicher Einfluss in den 1950/60er Jahren.[241] Die 1977 gegründete Initiative FAU vermochte es nicht, an Diskussionsstände oder Traditionen anzuknüpfen, geschweige denn Erfahrungen zu verwerten oder Strategie und Taktiken weiter zu entwickeln. Im Gegenteil, sie vertrat trotz gelegentlich aufflammender Diskussionen fast ausnahmslos eine dogmatische und prinzipiell ablehnende Haltung in der Betriebsrätefrage.[242]

VOTA CGT

Wahlagitation der CGT zu den Betriebsratswahlen.

Zur selben Zeit gelangte nach dem Tode Francos auch in Spanien der Syndikalismus zu neuer Blüte mit über 100.000 Mitgliedern in der wieder legalisierten CNT, mit internationaler Ausstrahlungskraft und begründeten Hoffnungen in die syndikalistische Internationale, die seit den 1930/40er Jahren ihre Kraft verloren hatte. Die neue CNT sah sich jedoch sogleich der Konkurrenz der Comisiones Obreras (CCOO) gegenüber.[243] Diese in den 1960er Jahren unter der Diktatur installierte und offiziell geduldete Gewerkschaft war zwar weitgehend traditionslos, dafür umso einflussreicher in den Betrieben und wurde mehr und mehr von der Kommunistischen Partei dominiert. Um ihr dort ein mächtiges Gegengewicht setzen zu können, favorisierte ein großer Teil der neuen CNT die Beteiligung an den Betriebsrätewahlen, den „Elecciones Sindicales". Damit flammte Ende der 1970er Jahre ein innerorganisatorischer Streit wieder auf, der bereits vor der Spanischen Revolution 1936 schwelte, die damalige Organisation jedoch nicht spaltete. Die Argumente glichen im Wesentlichen denen aus den Diskussionen im Deutschland der 1920er Jahre. Die einen sahen an der Beteiligung an den Betriebsrätewahlen einen klaren Bruch mit den eigenen Prinzipien, die anderen wollten dadurch den organisatorischen Einfluss auf die Belegschaften stärken. Die Differenzen wurden zum Teil innerhalb einzelner Betriebe ausgetragen, indem sich einerseits Syndikalisten zur Wahl aufstellen ließen, derweil die syndikalistischen Gegner der Betriebsräte im selben Betrieb das Prozedere offen ablehnten und zum Boykott aufriefen. An der Betriebsrätefrage entzündete sich der grundsätzliche Konflikt zwischen der prinzipientreuen Richtung und den sogenannten Erneuerern. Letztere, auch „CNT-Renovado" genannt, spaltete sich seit 1979 als ungleich mitgliederstärkere Organisation ab und nannte sich - gezwungen durch einen Gerichtsentscheid - seit 1989 „Confederación General del Trabajo" (CGT).[244] Sie, die sich selber als syndikalistisch bezeichnet, hatte auch zu Beginn des 21. Jahrhunderts als drittstärkste gewerkschaftliche Kraft in Spanien einen relativ großen Einfluss und ein vielfaches an Mitgliedern der prinzipientreuen „alten" CNT, die ihrerseits nach wie vor die Beteiligung an Betriebsrätewahlen strikt ablehnt.[245]

Agitation für den Boykott der Betriebsratswahlen durch die CNT.

In wesentlich geringerem Umfang kam es in den 1990er Jahren innerhalb der IAA zu einem weiteren Konflikt in Frankreich, der die wohl letzten Hoffnungen auf ein internationales Aufleben der von fortwährenden Marginalisierungen und Spaltungen betroffenen Bewegung zunichtemachen sollte. Ende der 1980er Jahre erlebte die 1946 gegründete Confédération Nationale du Travail (CNT-F) vor allem in Paris einen bemerkenswerten Aufschwung. Betriebliche Verankerung erfuhr sie in der Pariser Metro bei der Reinigungsfirma COMATEC. Wegen ihrer Aktivitäten und eines erfolgreichen Streiks wurden sie von der Geschäftsführung im Verein mit der kommunistisch dominierten Gewerkschaft CGT bekämpft. Auch gegen Entlassungsversuche streikte sie. Die Gegner setzten alles daran, ihnen juristisch beizukommen, unter anderem mit der Forderung, die CNT nicht als Gewerkschaft mit den daraus resultierenden Rechten staatlich anzuerkennen. Um eine rechtliche Handhabe zu bekommen, bot sich die Möglichkeit, als CNT-Gewerkschaftsliste an den Betriebsrätewahlen teilzunehmen, wozu es ausreichte, fünf Prozent der Stimmen zu erhalten. Dieses hätte weitgehenden rechtlichen Schutz bedeutet. Im Jahre 1991 erhielt die CNT-Liste bei COMATEC 8 Prozent und das Jahr darauf 13 Prozent. Diese taktischen Maßnahmen legitimierte die CNT 1989 auf ihrem Kongress. Dennoch wogen - wie ehedem in Spanien - die grundsätzlichen Differenzen um die Ausrichtung der Gewerkschaft derart hoch, dass sich 1993 auch die CNT in Frankreich spaltete. Einmal mehr befand sich auch hier der prinzipientreue Teil in der numerischen Minderheit und verharrte in der IAA.[246] Sowohl in Spanien als auch in Frankreich stehen die größeren syndikalistischen Gewerkschaften außerhalb der IAA, deren Sektionen als strikte Verfechter der syndikalistischen Prinzipien von 1923 gelten. An der Betriebsrätefrage entzündet sich meistenteils die grundsätzliche Differenz zwischen Prinzipientreue mit Hang zum Dogmatismus und taktischer Flexibilität mit Hang zum Reformismus. Die Angebote der Beteiligung an staatlich legitimierten Betriebsräten erwiesen sich in der Geschichte als die wohl wirksamste Methode, die Einheitlichkeit und damit die Schlagkraft revolutionärer Arbeiterorganisation im Keim zu ersticken. Seit über 100 Jahren streitet, spaltet und bekämpft sich die syndikalistische Bewegung in dieser Frage. Eine Einigung auf internationaler Ebene ist nicht in Sicht.

3.2. Tarifpartnerschaft

Syndikalistische Grundsätze

Das moderne Tarifvertragsystem entstand aus der zentralgewerkschaftlichen „Burgfriedenspolitik" zur Zeit des Ersten Weltkrieges. Deren patriotische Kriegsbegeisterung ließ sie mit den Kapitalisten sogenannte „Arbeitsgemeinschaften" schließen. Die Zentralgewerkschaften verzichteten während der Kriegszeit auf Arbeitskämpfe und Streiks und taten auch sonst alles in ihrer Macht stehende, um die Mitgliederbasis auf Kriegskurs zu bringen. Diese national-soziale Loyalität brachte ihnen in der unmittelbaren Nachkriegszeit die offizielle Anerkennung als Tarifpartner und damit die Garantie ihrer Legalität seitens des Staates ein. Manifestiert wurde dieser Prozess im sogenannten „Stinnes-Legien-Abkommen" vom 15. November 1918. Die syndikalistischen Gewerkschaften Deutschlands unterschieden sich von den Zentralverbänden auch dadurch, dass sie keine Tarifpolitik anstrebten. Statt vereinzelt Berufsinteressen zu vertreten, ging es ihnen um die Wahrung ihrer überbetrieblichen Klasseninteressen durch die Methoden der „direkten Aktion". Ihnen ging es nicht nur um die Sicherung des durch Arbeitskämpfe Erreichten und die Manifestierung durch Verträge, sondern die Ortsvereine favorisierten weitere Angriffskämpfe in den Betrieben bis hin zum Generalstreik.[247] Die Prinzipien der FAUD lehnten die gesetzlichen Grundlagen des Tarifrechts ab, welches im Dezember 1918 vom „Rat der Volksbeauftragten" unter dem Titel „Verordnung über Tarifverträge Arbeiter- und Angestelltenausschüsse und Schlichtung von Arbeitsstreitigkeiten" erlassen worden war.[248] Als Garant dieses Rechtsverhältnisses fungierte der Staat, manifestiert in der Weimarer Reichsverfassung. Die Konsequenzen aus den Tarifverhältnissen wurden im „Syndikalist" wie folgt beschrieben:

„1. Können die Arbeiter unter den Bedingungen desTarifsystems nicht mehr unmittelbar für ihre Interessen kämpfen (Friedenspflicht, d.h. Burgfrieden im Betrieb, Einschränkung des Kampfmittels der „Direkten Aktion")

2. sind sie gezwungen, den Kampf zu delegieren und können dessen Ergebnisse nicht mehr kontrollieren (Zentralisierung)

3. sind die Arbeiter in der Führung ihrer Arbeitskämpfe nicht mehr flexibel, d.h. sie können sich im Kampf um den Preis ihrer Arbeitskraft nicht mehr den je spezifisch regionalen, innerhalb der einzelnen Industriebranchen unterschiedlichen und konjunkturellen Bedingungen anpassen. (Zentralisierung)

4. bedeutet das Tarifwesen „Lähmung jeder Aktionsfreudigkeit", besonders durch das Schlichtungsrecht und die Friedenspflicht, sowie durch die finanzielle Organisationshaftung im Organisationsvertrag."[249]

Auf dem 12. Kongress der FVDG im Dezember 1919 wurde festgehalten: „Die Zentralverbände sind Vertretungskörper für die Tarifvertragspolitik, die Syndikalisten bekämpfen die Tarifverträge."[250]

Syndikalistische Praxis und Entwicklung

Infolge der Stabilisierung der Ökonomie der Weimarer Republik, sowie der schwindenden Zuversicht auf eine baldige revolutionäre Veränderung des Staats- und Wirtschaftssystems, sanken die Mitgliederzahlen der FAUD.[251] Demgegenüber wurden die mitgliederstarken ADGB-Gewerkschaften erfolgreich in das kapitalistische Wirtschaftssystem integriert. Die überwältigende Mehrheit der Arbeiterschaft entschied sich für den generellen Betriebsfrieden und gegen die revolutionäre Überwindung der kapitalistischen Produktionsweise.

Von den mitgliederstärksten FAUD-Verbänden an Rhein und Ruhr ausgehend, begann eine Reflexion über den Grundsatz der Ablehnung von Tarifverträgen einzusetzen. Solange an einen Aufschwung der Bewegung nicht zu denken sei, wollten einige Ortsvereine der FAUD mit den Kapitalisten vor Ort wenigstens zu einem „Waffenstillstand" übereinkommen. So geschah es bei den Berliner Fliesenlegern, die einen festen Stundenlohn aushandelten und „viele Mitglieder" gewannen mit der Aussicht, diese „zu Syndikalisten [zu] erziehen".[252]

Augustin Souchy 1931 auf dem 3. Kongress der CNT in Spanien.

Augustin Souchy, als Angehöriger der FAUD-Geschäftskommission, gab 1928 der veränderten Lage in Deutschland nach und befürwortete Tarifverträge. Diese sollten möglichst kurzfristig angelegt sein, um den Aktionsspielraum der Arbeiterschaft so groß wie möglich zu halten. Tarifverträge seien seinen Worten nach bloßer Ausdruck vorangehender Betriebskämpfe. Die kämpfenden Kollegen hätten in Anbetracht des reichsweiten Rückgangs revolutionärer Tätigkeiten und Durchsetzungskraft in den Betrieben ein Recht darauf, ihre Errungenschaften auch rechtlich abzusichern. Ab Mitte der 1920er Jahre sahen viele Syndikalisten diese Reformpolitik als legitimes Mittel auf dem Weg zur revolutionären Veränderung an, sobald die Anwendung syndikalistischer Kampfformen keine weiteren Erfolge versprächen.[253] Ende der 1920er Jahre schlossen weitere FAUD-Ortsvereine Tarifverträge ab, beispielsweise die Fliesenleger an Rhein und Ruhr. Die Kistenmacher erreichten für Groß-Berlin einen Manteltarifvertrag.[254]

Die Konkurrenzsituation zu den Zentralgewerkschaften drängte die Syndikalisten ebenfalls zu Kompromissen. Die ADGB-Gewerkschaften machten nämlich innerbetrieblich in Kollaboration mit den Unternehmern gegen syndikalistische Aktivitäten und Kollegen mobil, was zu zahlreichen Entlassungen von FAUD-Mitgliedern führte und damit zum drohenden Verlust der verbliebenen betrieblichen Basis auch in den Hochburgen. Hinzu kam der Alleinvertretungsanspruch der ADGB-Gewerkschaften auch im Tarifrecht, womit von revolutionären Gewerkschaften abgeschlossene Tarifvereinbarungen mit dem Unternehmertum gesetzlich für ungültig erklärt werden konnten.

Fritz Linow (1900-1965), Experte für Arbeitsrecht in der FAUD, schloss sich der Forderung nach einem taktischen Umgang in der Tarifvertragsfrage an und begründete: „Ich bin der Meinung, daß der Anarcho-Syndikalismus nur existenzberechtigt ist, wenn er in der Lage ist, praktisch die Gesetze des Lohnkampfes – und dazu gehört auch die Bestimmung der Lohn- und Arbeitsbedingungen richtungsgebend zu beeinflussen. Verfehlt ist der Einwurf, daß wir Opportunisten seien, wenn wir die Interessenvertretung pflegen. Ich bin der Meinung, daß der Anarchismus überhaupt erst dann lebendige Gestalt annimmt, wenn seine Grundsätze im Klassenkampf der Arbeiter gegen die kapitalistische Gesellschaftsordnung auf ihre Stichhaltigkeit untersucht werden. Kann der Anarchismus dort mit dem Kapitalismus seine Klinge

Helmut Rüdiger (links), Bernando Merino (Mitte) und Fritz Linow (rechts) auf dem SAC-Kongress 1953.

kreuzen, dann ist er innerhalb der Gewerkschaftsbewegung gesund. Es kommt nur darauf an, Mittel und Wege zu suchen, breitere Kreise der Arbeiterschaft davon zu überzeugen, daß man nicht abwarten soll, was der große Zentralverband tut, sondern daß man aus eigenem [Antrieb] die Lohn- und Arbeitsbedingungen gestalten muß. Es kommt darauf an, eine revolutionäre Aktionsgemeinschaft zu besitzen."[255] Ebenso äußerte sich Helmut Rüdiger als Mitglied der FAUD-Geschäftskommission, indem er sich „zur Teilnahme an Tarifverträgen, zum Kampf für das Vertretungsrecht bei den Arbeitsgerichten usw." bekannte.[256]

Dennoch verblieben andere Ortsvereine in strenger Opposition, darunter auffallend viele, deren Mitglieder gar nicht in Betrieben verankert waren. In solchen Gruppen entfiel die Motivation, die Mitstreiter durch das Abschließen von Tarifverträgen an die FAUD zu binden. So wiederholten Mitglieder in Kassel noch 1928 im „Syndikalist" die eingangs angeführten Argumente gegen die Tarifpolitik mit der aus ihrer Sicht folgerichtigen Ergänzung, dass Ortsvereine der FAUD, die Tarifverträge abschließen, sich außerhalb der Organisation positionieren würden und erklärten dazu: „Der Arbeiter wird dadurch unselbständig gemacht, seines Klassendenkens beraubt, nicht zum Denken erzogen, er sucht nicht mehr nach neuen Mitteln und Methoden, um den Klassenkampf erfolgreich führen zu können, und er wird bar jeder Initiative, mutlos, der eigenen Kraft nicht mehr trauend, er wird degradiert zur Null, wartet auf seinen Führer, welcher am Verhandlungstisch bessere Lebensmöglichkeiten für ihn schaffen soll".[257] Ende der 1920er Jahre hielten sich Befürworter und Gegner von Tarifverträgen innerhalb der FAUD noch die Waage.

Derweil wurde der Organisation vom Reichsarbeitsgericht (RAG-Leipzig) die Tariffähigkeit mit folgender Begründung abgesprochen: „Eine Organisation, deren Bestrebung dahin geht, die Arbeiter zum Klassenkampf im Wege der direkten Aktion zu veranlassen, kann nicht gleichzeitig Bindungen eingehen, wie sie der Abschluß von, wenn auch nur kurzfristigen, Tarifverträgen zur Folge hat. Die der Freien Arbeiter Union Deutschlands (FAUD) angeschlossenen Verbände, die das geltende Tarif- und Schlichtungswesen nicht als für sie verbindlich anerkennen, sind daher nicht tariffähig."[258]

Die Kompromißstrategie der Syndikalisten durchschaute das RAG und formulierte seine Einschätzung so: „Diesem Abschlusse einzelner Tarifverträge können Erwägungen rein taktischer Natur zugrunde liegen, die es haben angezeigt erscheinen lassen, die Durchführung der Grundsätze der Prinzipienerklärung auf Zeit zurückzustellen. Das Landesarbeitsgericht hat sich deshalb mit Recht auf den Standpunkt gestellt, es könne aus dem Abschluß einzelner Tarifverträge noch nicht ohne weiteres gefolgert werden, daß nun auch eine grundsätzliche Bereitschaft bestehe, die durch die Gesetzgebung getroffene

Regelung des Tarifvertrags- und Schlichtungswesens als verbindlich anzuerkennen. [...] Solange daher die der FAUD angeschlossenen Vereinigungen sich zu den Grundsätzen bekennen, wie sie vorstehend dargelegt sind, muß auch damit gerechnet werden, daß die diesen Vereinigungen angehörenden Arbeitnehmer ohne Rücksicht auf bestehende Tarifverträge diesen mit der Bindung an Tarifverträge nicht vereinbarten Grundsätzen entsprechend handeln. [...] muß der Tarifkontrahent, der die im Tarifvertrag bestimmten besonderen Verpflichtungen und die Friedenspflicht übernimmt, dem Vertragsgegner eine Gewähr der eigenen Tariftreue und der Einflußnahme auf die Mitglieder im Sinne des Vertrages bieten. [...] Zu einer solchen Einflußnahme ist er auch gar nicht in der Lage, da die Mitglieder nicht verpflichtet sind, einer derartigen Einwirkung Folge zu geben."[259]

Fritz Linow hingegen kritisierte zum einen die mangelnde Definition des Begriffs „direkte Aktion", auf den sich das Gerichtsurteil in jeder Beziehung stützte, sowie zum anderen den Mangel an Beweisen für die unterstellte Absicht, die FAUD wolle Tarifverträge brechen. Die vom RAG monierte Ablehnung des Schlichtungsverfahrens durch die FAUD sei völlig legitim, da Schlichtungen immer auf Freiwilligkeit beruhen würden. Und Freiwilligkeit könne „nicht durch einen einfachen Gerichtsbeschluß zu einem Zwang gestempelt werden." Der Abschluss von Tarifverträgen auf lokaler Ebene beweise die Tariffähigkeit eher, als dass sie aufgrund angeblicher und nicht definierter Widersprüche Gründe dafür böten, die Tariffähigkeit nicht anzuerkennen. Linow wies ausdrücklich darauf hin, dass der „Tarifvertrag [...] immer nur eine taktische Maßnahme [sei], denn er entspring[e] keinem Prinzip, sondern den Verhältnissen."[260] Der Einwand gegenüber dem RAG, dass auch „tariffähige" Gewerkschaften im Arbeitskampf Mittel der direkten Aktion anwenden, blieb folgenlos.

Auch der marxistische Theoretiker und Jurist Karl Korsch (1886-1961) nahm sich der Frage um die Tariffähigkeit revolutionärer und syndikalistischer Organisationen zu deren Gunsten an.[261] Dagegen sprach sich Dr. Wilhelm Herschel (1895-1986), Professor am Staatlichen Berufspädagogischen Institut Köln, im Sinne des RAG gegen die Tariffähigkeit revolutionärer und syndikalistischer Organisationen aus,[262] ebenso der Zivilrechtler Prof. Dr. Paul Oertmann (1865-1938) aus Göttingen.[263]

Als Folgen des negativen Entscheids des RAG skizzierte Fritz Linow: „Die FAUD ist leider eine Minderheitsbewegung, aber sie wird die Arbeiter nur in ihren Reihen halten, wenn sie ihre Interessen vertreten kann. Wir müssen damit rechnen, daß die Presse unserer Gegner die Leipziger Entscheidung des Reichsarbeitsgerichts nach Kräften ausschlachten wird. Dann werden beispielsweise die Bauarbeiter sich sagen, daß sie als Mitglieder der FAUD nicht einmal 3 Mark Werkzeug- oder Laufgeld einklagen können, weil es nicht lohnen würde, wenn sie deswegen selbst zum Arbeitsgericht laufen müssen. Neben diesen schädlichen Wirkungen kann die Leipziger Entscheidung auch sehr unangenehme Nachwirkungen für die Arbeitsnachweise der Bauarbeiter, Fliesenleger und Töpfer haben. Diese Nachweise können auf Grund der Leipziger Entscheidung eventuell aufgelöst werden."[264]

Hingegen gelang es der Industrieföderation der Bauarbeiter (FAUD) im August 1929 von Arbeitsgerichten als „gewerkschaftliche Vereinigung" anerkannt zu werden. Diesen Trend gelte es zu verstärken, um weiteren Mitgliederschwund zu verhindern. In den Folgejahren gelang es der FAUD dennoch weder tariflich noch außertariflich, verstärkt in den Betrieben Fuß zu fassen.[265]

Der letzte Reichskongress der FAUD zu Ostern 1932 nahm folgendermaßen Stellung zur Tarifpolitik:

„Die FAUD sieht in den Kollektivverträgen eine höhere Form der Regelung der Lohn- und Arbeitsbedingungen als im Individualvertrag. Sie anerkennt die kollektive Bestimmung über die Arbeitslöhne und Arbeitsbedingungen. Sie unterstreicht das Zusammenwirken der Arbeiter, um den Arbeitsverhältnissen ein einheitlicheres Gepräge zu geben. Aus diesem Grunde schließt sie dort, wo die Bedingungen gegeben sind, Kollektivverträge ab. Sie sieht in solchen Abschlüssen eine unumgängliche Pflicht, um die Lohngestaltung und die Gestaltung der Arbeitsbedingungen dem Einfluß der reformistischen Gegner zu entziehen. Sie wendet sich aber gegen die sogenannte Tarifvertragspolitik, weil diese nicht nach dem Inhalt und nach der Interessenberücksichtigung der Arbeiter fragt, sondern den Tarifvertrag an sich zum Ziel hat. Die FAUD ist der Meinung, daß die Arbeiter um den Inhalt ihrer Kollektivverträge kämpfen müssen. Nicht auf den Tarifvertrag kommt es an, sondern auf den Inhalt desselben.

Bei allen Kollektivvertragsabschlüssen ist deshalb oberster Grundsatz aller abschließenden Ortsgruppen der FAUD, daß diese Verträge sich von denen der reformistischen Gegner, sowohl der Form als auch dem Inhalt nach unterscheiden müssen. Dies gilt besonders für diejenigen Teile der Kollektivverträge, die auf die Schlichtung von Streitigkeiten Bezug nehmen. In allen Fällen ist um eine Ausschaltung der staatlichen Schlichtungseinrichtungen für Arbeitsstreitigkeiten zu drängen. Die Lauffristen der Kollektivverträge sind unbefristet zu gestalten und oder möglichst kurzfristig zu halten. Bei allen Kündigungsfristen müssen auf alle Fälle lange Fristen abgelehnt und die Kündigungstermine grundsätzlich in solche Zeiten verlegt werden, wo die wirtschaftliche Kraft der Arbeiter ausreicht, Änderungen in ihrem Interesse durchzusetzen.

Wo die Voraussetzungen gegeben sind, schließt die FAUD auch Betriebsvereinbarungen ab. Dabei ist auf die Laufzeiten der sonstigen Verträge in anderen Betrieben oder im Gewerbe oder in der Industrie dergestalt Rücksicht zu nehmen, daß diese Vereinbarungen nicht über die Lauffristen der übrigen Verträge hinausreichen, um zu verhindern, daß die tariflich gebundenen Arbeiter bei Arbeitseinstellungen der übrigen Betriebe zu Streikbrechern werden."[266]

Andere IAA-Sektionen in Schweden, den Niederlanden und in Italien verfuhren in ähnlicher Weise. Auch sie wichen von ihren strengen Prinzipien, von ihrer grundsätzlichen Ablehnung von Kollektivverträgen ab. Erklärte die SAC in ihrer Gründungsresolution im Jahre 1910 noch, sie „stellen sich dem Abschluß von solchen Sklavenverträgen und Verhandlungsgrundlagen oder schändlichen Verträgen, die die Bewegungsfreiheit der Arbeiterschaft einschränken, abweisend gegenüber. […] An Stelle dessen proklamieren sie auf sozialem Gebiete den permanenten Kriegszustand",[267] so erkannte sie, dass sie mit eigenen Tarifverträgen höhere Löhne und bessere Arbeitsbedingungen erreichen konnten, als die sozialdemokratischen Gewerkschaften gewillt waren, zu fordern. In den genannten Ländern galt laut Augustin Souchy seit den 1920er Jahren die Faustregel: „Haben sie die Macht und allein zu bestimmen, dann lehnen sie Kollektivverträge für bestimmte Zeit mit festen Bindungen ab. Ist ihre organisatorische Macht nicht ausreichend, dann versuchen sie das herauszuschlagen, was im Bereich der Möglichkeit liegt unter Beibehaltung ihres grundsätzlichen Standpunktes."[268] In Schweden bedeutete dies die Akzeptanz von Kollektivverträgen an denjenigen Orten, an denen die Zentralgewerkschaften die Mehrheit der Kollegen organisierte. Dort, wo die Syndikalisten die Mehrheiten stellten, sollte die Registermethode zur Anwendung kommen und die Tarifverträge abgelöst werden.

Aktuelle Entwicklungen

In der stets mitgliederschwachen und kaum betrieblich verankerten „Freien Arbeiterinnen- und Arbeiter Union" (FAU) wurden die Fragen nach Tarifwilligkeit - so überhaupt diskutiert - ablehnend beschieden. Erst im Jahre 2009 zeigte sie in Berlin wieder eine Präsenz, so dass sich die juristische Entscheidung über die Tariffähigkeit syndikalistischer Organisationen von neuem stellte. Damit steht und fällt nämlich der Rechtsstatus als Gewerkschaft und alle damit verbundenen Vorzüge. Eine mit der Berliner FAU verbundene Betriebsgruppe stellte im traditionsreichen Kino „Babylon" gewerkschaftliche Forderungen auf. Von der Geschäftsleitung des Kinos wurden sie abgewiesen mit Verweis darauf, es handele sich um keine reguläre Gewerkschaft. Als die FAU daraufhin ihre Arbeitskampfmaßnahmen verstärkte und einen Haustarifvertrag abschließen wollte, wurde mit „Verdi" eiligst eine

Zentralgewerkschaft im Betrieb installiert, um die Proteste aufzufangen und in sozialpartnerschaftlichen Bahnen zu besänftigen. Gleichzeitig ging die Geschäftsführung des Kinos dazu über, juristisch gegen die FAU vorzugehen, um deren Maßnahmen zu kriminalisieren. Dies zeitigte darüber hinaus sogar die Wirkung, dass zeitweise der FAU-Berlin per „einstweiliger Verfügung" gerichtlich untersagt wurde, sich als Gewerkschaft zu titulieren. Eine Revision hob das Urteil jedoch wieder auf.[269] Die FAU in Berlin ist weiterhin (2015) bestrebt, als Tarifpartner zu gelten.[270]

Als Kläger gegen alternative Gewerkschaften treten häufig die Zentralgewerkschaften auf, die wie ehedem Konkurrenz fürchten und ausschalten wollen. Legalität genießt der Syndikalismus in Deutschland heute nur in seiner politischen Form. Als Gewerkschaft unterliegt er restriktiven gesetzlichen Bestimmungen. Ganz ähnlich, wie es schon das Reichsarbeitsgericht entschied, müssen tariffähige und staatlich anerkannte Gewerkschaften nach den Kriterien des Bundesarbeitsgerichtes folgende Bedingungen erfüllen: „Zweck einer Gewerkschaft muß die Wahrung und Förderung der Arbeits- und Wirtschaftsbedingungen sein, Gewerkschaften müssen überbetrieblich organisiert sein, Gewerkschaften sollen auf Dauer angelegt sein, Gewerkschaften müssen auf die ArbeitgeberInnen Druck ausüben können, Gewerkschaften sollen das geltende Tarifrecht anerkennen und darüber hinaus willens sein, Tarifverträge abzuschließen, teilweise wird sogar die ‚Tariffähigkeit' nach dem Tarifvertragsgesetz (TVG) mit Gewerkschaft gleichgesetzt."[271] So wurde auch die FAU in Berlin vom Landesarbeitsgericht weder als tariffähig, noch als Gewerkschaft anerkannt, ihre Maßnahmen als nicht vom Grundgesetz, Art. 9 (Koalitionsfreiheit) geschützt angesehen.

Daher ist eine syndikalistische Gewerkschaft in Deutschland gezwungen, unter illegalen bzw. halblegalen Bedingungen zu arbeiten, bekämpft von der traditionellen Allianz aus Kapitalisten, Staatsapparat und Zentralgewerkschaften. Europaweit gibt es hingegen Bestrebungen, das Streikrecht nach internationalen Standards auszuweiten. Die „Internationale Arbeitsorganisation" (IAO) – eine „Sonderorganisation" der „Vereinten Nationen", plädierte für die Aussprechung des Gewerkschaftsstatus zugunsten der FAU. Und der renommierte Arbeitsrechtler Prof. Wolfgang Däubler (geb. 1939) setzte sich für die Herabsetzung der Hürden für die Anerkennung als Gewerkschaft am Beispiel der FAU ein.[272]

„Gefälligkeitstarifverträge" haben in diesem übergeordneten juristischen Sinne keine Geltung und könnten angefochten werden. Praktisch bedeutet dies, dass die Tariffähigkeit juristisch erst dann zugesprochen wird, wenn eine Gewerkschaft ihre Interessen auch ohne Tarifverhandlungen direkt durchsetzen kann. Innerhalb der syndikalistischen Bewegung stellt sich somit die Frage, ob dieser juristische Weg überhaupt Sinn ergibt. Zudem bestand innerhalb der FAU zu keiner Zeit Einigkeit darüber, ob die Organisation entgegen ihrer Methode der „Direkten Aktion" überhaupt Tarifverträge abschließen soll oder nicht. Auch die Tarifwilligkeit, also der generelle Wille zu sozialpartnerschaftlichem Arrangement, ist ein Kriterium für die Arbeitsgerichte, einen Gewerkschaftsstatus zuzugestehen.

3.3. Schlichtungsordnung

Das moderne Schlichtungswesen in Deutschland geht auf die „Burgfriedenspolitik" im Ersten Weltkrieg zurück. In dieser Zeit wurden zugunsten des Klassenfriedens verstärkt sogenannte „Arbeitsgemeinschaften" zwischen Arbeitervertretungen und Kapitalistenverbänden eingerichtet. Um ihren Respekt vor den Gesetzen und dem nach der Revolution von 1918 entstandenen Weimarer Staat unter Beweis zu stellen, sollte sich die sozialdemokratisch geführte Arbeiterschaft den Schiedssprüchen dieser vermeintlich neutralen Instanz fügen.

Grundsätzlich erläuterte Fritz Linow aus syndikalistischer Perspektive: „Schlichtungswesen bedeutet Aufgabe des gewerkschaftlichen Klassenkampfes. Bedeutet weiter, daß die Arbeiterschaft ihre Zuversicht nicht mehr auf die eigene Kraft setzt, sondern ihren Blick gläubig auf die Instrumente der Wirtschaftsfriedlichkeit, die Schützer der kapitalistischen Wirtschaft, Staat und Schlichter genannt, richtet. Im Arbeiter wird das Bewußtsein wachgerufen, daß er um die Verbesserung seiner Lohn- und Arbeitsbedingungen nicht mehr zu kämpfen braucht, weil der Staat sich seiner annimmt."[273]

Auch Rudolf Rocker schätzte die staatlichen Schlichtungsausschüsse als reaktionär ein. Er stellte sie in eine Reihe mit den Regulierungsmethoden im faschistischen Italien, wo sich die Arbeiterschaft dem Staatsdiktat zu unterwerfen habe. Die Fixierung schwelender Arbeitskämpfe auf eine zentralistische Schlichtungsinstanz begünstige die staatlichen Gesetze zur Verlängerung der Arbeitszeit, z.B. das Arbeitszeitnotgesetz vom 1. Mai 1927.[274] Gegen die entsprechenden Gesetzesvorlagen zur Einführung des Schlichtungswesen, die in den 1920er Jahren in vielen Ländern Europas verabschiedet werden sollten, wandten sich daher die Sektionen der IAA, die sich in „starkem Kampf" dagegen einsetzten, das Streikrecht auf diese Weise „wegzumanipulieren".[275]

Die Mexikanische CGT hingegen beteiligte sich Ende der 1920er Jahre taktisch motiviert an den Schlichtungsausschüssen, behandelte diese Frage auf ihren Kongressen jedoch konträr,[276] und fasste 1931 schließlich einen Kongressbeschluss, der die Beteiligung ablehnte.[277] Deutlicher verhielt sich die Situation im spanischen Almería. Hier führte die CNT 1931 einen Generalstreik gegen einen staatlichen Schlichtungsspruch durch, der eine Zweiteilung der Hafenarbeiter in Berufs- und in Gelegenheitsarbeiter vorsah. Diese Maßnahme wäre strategisch zugunsten der sozialdemokratischen UGT ausgegangen und war nach Ansicht der Syndikalisten vom Arbeitsminister Largo Caballero auch so beabsichtigt. Erfolgreich war der Streik deshalb, weil die Wirtschaft in Almería von der Weintraubenernte und eben vom Transport dieser leicht verderblichen Ware abhängig war: „Der Streik brach aus, als Tausende von Kisten mit Weintrauben im Hafen angestaut und für die Verladung bereitstanden. […] Die Hafenarbeiter bleiben ohne Verdienst und ohne Subsistenzmittel, und zahlreiche Weinbauern stehen vor dem Ruin. Alle Bevölkerungsschichten wollten daher eine möglichst schnelle Beilegung des Konflikts. […] An dem Sieg der CNT über den Arbeitsminister und seine reformistischen Schützlingsorganisation kann nicht mehr gezweifelt werden. Der Schiedsspruch des Ministers kann nicht durchgeführt werden, denn die CNT ist dagegen", hieß es in einem zeitgenössischen Bericht.[278]

3.4. Streik- und Solidaritätsregelung

Um Machtkonzentration zu verhindern, konzipierten die Syndikalisten bei Streiks aus ihren föderalistischen Grundvorstellungen heraus eine ihnen charakteristische Unterstützungsregelung. Die Solidaritätsleistungen funktionierten von unten nach oben, ausgehend von den lokalen, über die regionalen, bis hin zu landesweiten Strukturen. Da Streiks nach einer Karenzzeit von drei Tagen zuerst über die lokalen Kassen der Ortsvereine finanziert werden sollten, wurden vielerorts Streikkassen eingerichtet. Als Richtwert galt für jedes Mitglied die Abgabe eines Stundenlohns pro Woche. Dennoch wurde empfohlen, so früh wie möglich Extrabeiträge zu erheben. Die Streikenden genossen Souveränität in ihren Entscheidungen.

Die überregionale Solidaritätsregelung unterlag dem innerorganisatorischen Dualismus aus Industrieföderationen einerseits und den Arbeiterbörsen andererseits. Das bedeutete, dass Ortsvereine, die einer Industrieföderation angehörten, ihrer Reichsgeschäftsleitung Mitteilung über Streiks machten und vornehmlich von dieser und den Ortsvereinen derselben Branche unterstützt wurden, während Ortsvereine, die keiner Industrieföderation angeschlossen waren, die FAUD-Geschäftskommission konsultierten und vor Ort von allen Ortsvereinen der Arbeiterbörse Hilfe bekamen. Um das Unterstützungsanliegen transparenter zu machen, sollten die Streikenden Fragebögen beantworten. Bei größeren Streiks kooperierten die Geschäftskommission und die betreffende Geschäftsleitung miteinander, um die optimale Unterstützung zu gewährleisten. Dann riefen beide zur Unterstützung auf und stellten Gelder zur Verfügung, die sie über ihre Solidaritätsfonds gesammelt hatten. Die eingegangenen Beiträge wurden bei Nennung der spendenden Ortsvereine im „Syndikalist" allen Mitgliedern der FAUD publik gemacht. Die Unterstützungssätze sollten nicht in den Statuten der FAUD niedergeschrieben, sondern über Generalversammlungs- und Konferenzbeschlüsse festgelegt werden. Voraussetzung für die Unterstützung war die individuelle Mitgliedschaft von mindestens drei Monaten und die Erfüllung eigener Solidaritätsverpflichtungen anderen Mitgliedern und Ortsvereinen gegenüber. Ausgesperrte Mitglieder erhielten solange Solidaritätsgelder, bis die staatliche Erwerbslosenunterstützung eintraf. Erst wenn die Möglichkeiten auf regionaler und auf Branchenebene ausgeschöpft waren, riefen Geschäftsleitung und Geschäftskommission alle Ortsvereine reichsweit und diejenigen aller Branchen zur Solidarität auf. Beide Instanzen legten keine längerfristigen Fonds an. Sie koordinierten lediglich die Sammlungen und zahlten diese so schnell als möglich aus. Das entsprach dem Prinzip der Vorsorge, jeder Machtkonzentration innerhalb der Gesamtorganisation entgegenzuwirken und das Prinzip der Solidarität über das praktische Engagement der Mitglieder zu fördern. Jeder Ortsverein sollte durch eigene Streikfonds jederzeit in der Lage sein, sofort Solidarität gegenüber anderen gewähren zu können. Bei Inanspruchnahme überregionaler Gelder waren die Ortsvereine gegenüber den Solidarität Übenden rechenschaftspflichtig, und sollten Auskünfte über Streikverlauf und Strategien liefern. Vertreter von Geschäftskommission und Geschäftsleitungen konnten mit beratender Stimme an den Sitzungen der streikenden Ortsvereine teilnehmen. Wer keine Solidarität leistete, verwirkte seine eigene Unterstützungsberechtigung. Bei dauerhafter Unterlassung konnte auch der Ausschluss erfolgen.[279]

Solidaritätsfond

Um weder die Industrieföderationen auf der einen Seite, noch die Struktur der Arbeitsbörsen auf der anderen Seite zu benachteiligen, wurde nach Kongressbeschluss der FAUD vom Mai 1930 ein Entwurf zu einem Reichssolidaritätsfond (RSF) angefertigt, der besagte, dass die Solidarität weder den Industrieföderationen, noch den Börsen zufallen, sondern einheitlich von der Geschäftskommission übernommen werden sollten.

Diese zentrale Regelung bot den Vorteil der Gleichbehandlung aller Ortsvereine, was die Abgabenhöhe, als auch den Anspruch von Bezügen bei Arbeitskämpfen und Aussperrungen betraf. Andererseits lief man dadurch Gefahr, den Zahlungsmöglichkeiten und den Unterstützungsbedürfnissen der jeweiligen Region oder dem jeweiligen Industriebereich nicht flexibel genug entsprechen zu können. Denn weder fänden auf diese Weise die unterschiedlichen Lohnverhältnisse, noch die davon abhängigen Lebensbedingungen Beachtung. Die Gegner eines zentralen Fonds sprachen sich für die nötige Eigenverantwortung der Solidaritätgebenden und -nehmenden bei Streiks aus, da die gegenseitige Hilfe in kultureller und in psychologischer Hinsicht das Herzstück des Syndikalismus darstelle. Sie bezeichneten den RSF als „Verlegenheitsprodukt", als einen Entwurf zu einer „Zentralstreikkasse", was die Syndikalisten grundsätzlich ablehnen sollten. Der Geschäftskommission werde mit einem RSF ein Mittel in die Hand gegeben, ihren Einfluss innerhalb der FAUD in einem Übermaße zu steigern.[280] Die Befürworter des RSF charakterisierten demgegenüber den bloßen Appell an den Willen und an die Solidarität nicht als syndikalistisch und organisationsangemessen, sondern als individualistisch. Gegen Zentralisierungsbefürchtungen wandten sie ein, dass die Geschäftskommission lediglich als ausführendes Organ auftrete. Bei der reichsweiten Abstimmung im Jahre 1931 überwogen die Gegner mit deutlicher Mehrheit, ein Reichssolidaritätsfond wurde abgelehnt.[281]

Die FORA in Argentinien kam zur gleichen Zeit gar nicht erst auf solche Gedanken der Zentralisierung, da das Prinzip der Solidarität bei ihren Mitgliedern mental fest verankert war. Kollegen wurden dort nach eigenen Angaben in „freiwilliger Selbstverständlichkeit nebst Angehörigen vor materieller Not" geschützt. Der bürokratische und berechnende Versicherungsgedanke stand hinter ihrer entschlossenen und direkt gelebten Tatkraft weit zurück, die für sie die beste Versicherung darstellte: „Wir erblicken die ausschlaggebende Bedeutung der Solidarität darin, den im Kampf liegenden Kameraden dadurch den Rücken zu decken, dass wir mit allen Mitteln Streikbrecher und Streikbrechergelüste und in Einzelfällen die Verüber in der Achtung der Gesamtarbeiterschaft zu isolieren wissen, wie man etwa einen Pestkranken isoliert."[282] An anderer Stelle wurde betont: „Es werden hier [in Buenos Aires] keine Streikgelder gezahlt. Man steht auf dem Standpunkt: Jeder muß persönlich am Triumph interessiert sein. Praktisch angewandte Solidarität ist dauerndes Handeln zugunsten des Streiks, ist Rebellieren, Untersuchen, Fragen und sich zum Handeln entschließen."[283]

Dass die Beibehaltung von Unmittelbarkeit in der individuellen Beitragsleistung die Bewegung in ihrem Zusammenhalt stärkt, geht auch aus der generellen Verfasstheit der FORA hervor: Von den 60.000 Mitgliedern im Jahre 1925 zahlten überhaupt nur etwa ein Drittel ihre Organisationsbeiträge. Dennoch wurden viele Gelder für internationale Solidarität aufgebracht und im Lande neben der eigenen Tagezeitung noch 20 weitere syndikalistische Fachzeitschriften herausgegeben. Größere Kassen bürgen die Gefahr der Korruption. Diese Unregelmäßigkeiten brachten die FORA in Konflikt mit den beitragsgewohnten nordeuropäischen IAA-Sektionen.[284] Andererseits wurden ihre andersartigen Beitragsleistungen in Europa auch gewürdigt.

Dass die Anhäufung von zentralen Vermögensbeständen für eine syndikalistische Organisation nicht förderlich sei, resümierte für die Verhältnisse in Spanien auch Abel Paz: „Die beste Zeit des Anarchismus war immer diejenige, wenn er besonders arm gewesen war."[285]

Unterschiede: Syndikalisten-Zentralverbände

Zentralverbände im ADGB	**Freie Vereinigung deutscher Gewerkschaften**
Organisationsform: zentralistisch,	*Organisationsform: föderalistisch*
Unselbständigkeit der Ortsvereine,	*Selbständigkeit der Ortsvereine,*
der Hauptvorstand verwaltet das Geld,	*der Ortsverein verwaltet das Geld,*
die Streiks müssen vorher angemeldet werden,	*jede Organisation hat jederzeit Streikrecht,*
der Hauptvorstand kann Streiks verhindern oder Abbrechen,	*die Mitglieder üben gegenseitige Solidarität,*
die Streiks der Verbände sind meist Abwehrkämpfe,	*die Streiks der Lokalisten sind meist Angriffskämpfe,*
die Verbände vertreten Berufs-interessen,	*sie vertritt Klasseninteressen,*
die Zentralverbände beruhen auf dem Vertretungssystem,	*sie empfiehlt direkte Aktionen,*
die Verbände erhalten und gewinnen ihre Mitglieder aufgrund der Kranken-, Arbeitslosen-,Sterbeunterstützung usw.,	*sie propagiert und zahlt nur Streik- und Gemaßregelten-Unterstützung,*
die Zentralverbände erstreben Reformen innerhalb der kapitalistischen Wirtschaftsordnung,	*sie propagiert die revolutionären Kampfmittel zum Sturz des Kapitalismus,*
die Verbände betreiben die ausgedehnteste Tarifpolitik,	*sie will nicht den Frieden, sondern den Kampf gegen das Unternehmertum,*
die Verbände sind Anhänger des Kleinstreiks,	*sie verficht die Idee des Massen- und Generalstreiks,*
die Zentralverbände erstreben militärische Reformen.	*sie bekämpft den Militarismus grundsätzlich.*[286]

Anmerkungen Kapitel III

[143] Rudolf Rocker: Anarchismus und Anarcho-Syndikalismus, S. 16.
[144] Rudolf Rocker: Anarchismus und Anarcho-Syndikalismus, S. 17.
[145] Pierre Joseph Proudhon: Was ist Eigentum? Erste Denkschrift.
[146] Peter Kropotkin: Die Eroberung des Brotes, sowie Landwirtschaft, Industrie und Handwerk.
[147] DS, Nr. 6/1931.
[148] DS, Nr. 27/1932.
[149] DS, Nr. 27/1932.
[150] Vgl. die von Thomas Kleinspehn herausgegebene Sammlung von Texten Santillans und Peirós aus den Jahren 1928 bis 1936 in Kleinspehn (Hg.): Ökonomie und Revolution. Dort finden sich auch Kurzbiographien (S. 173 und S. 175). Eine Würdigung des 1942 von dem Franco-Regime ermordeten Juan Peiró erschien im Oktober 1951 in „Die Freie Gesellschaft" (Helmut Rüdiger: Theorie im Lichte der Praxis); eine aktuelle Untersuchung (und zugleich ein kritischer Kommentar zu Rüdigers Text) ist Folkert Mohrhof: Der militante Anarchosyndikalist und Genossenschaftler Joan Peiró i Belis.
[151] Hans-Martin Lohmann: Marxismus, S. 50.
[152] Rudolf Rocker: Max Nettlau…, S. 85. – Das Marx-Zitat stammt aus dem „Vorwort" der Schrift „Zur Kritik der Politischen Ökonomie" von 1859, MEW, Bd. 13, S. 9.
[153] Christiaan Cornelissen: Die moderne Welt der Arbeit und ihre Kämpfe, herausgegeben von Philippe Kellermann, Lich 2015.
[154] Das Kapitel ist entnommen dem Buch: Helge Döhring: Anarcho-Syndikalismus in Deutschland 1933-1945, erschienen im Schmetterling Verlag.
[155] Rudolf Rocker: Die Rationalisierung..., S. 6.
[156] Rudolf Rocker: Die Rationalisierung..., S. 7.
[157] Rudolf Rocker: Die Rationalisierung..., S. 14.
[158] Rudolf Rocker: Die Rationalisierung..., S. 16.
[159] Rudolf Rocker: Die Rationalisierung..., S. 74.
[160] Rudolf Rocker: Die Rationalisierung..., S. 75.
[161] Rudolf Rocker: Die Rationalisierung..., S. 13.
[162] Rudolf Rocker: Die Rationalisierung..., S. 46.
[163] Rudolf Rocker: Die Rationalisierung..., S. 47.
[164] Rudolf Rocker: Die Rationalisierung..., S. 67.
[165] Rudolf Rocker: Die Rationalisierung..., S. 48.
[166] Rudolf Rocker: Die Rationalisierung..., S. 47.
[167] Rudolf Rocker: Die Rationalisierung..., S. 81.
[168] Rudolf Rocker: Die Rationalisierung..., S. 83.
[169] Vgl.: „Merkblatt für Funktionäre der FAUD", in: DS, Nr. 30/1925.
[170] Zitate nach: DS, Nr. 13/1932.
[171] Vgl.: Helge Döhring: Schwarze Scharen…, S. 80 f.
[172] DS, Nr. 14/1932.
[173] Vgl.: Helge Döhring,: Syndikalismus in Schlesien…, S. 73 f.
[174] DS, Nr. 43/1931.
[175] DS, Nr. 17/1926.
[176] Vgl.: Fritz Dettmer: Kritische Bemerkungen über die Freiland-Freigeld-Lehre; in DI, Nr. 13/Dezember 1931, S. 287-292 – J. Glemser: Anmerkungen zu den „Kritischen Bemerkungen über die Freiland-Freigeld-Lehre"; in: DI, Nr. 3/ März 1932, S. 58-64 [Replik eines Freiwirtschaftlers] – Fritz Dettmer: Entgegnung (zu dem Artikel von J. Glemser im vorigen Heft); in: DI, Nr. 4/April 1932, S. 94-96.
[177] Zitate im Folgenden nach: DS, Nr. 25/1921.
[178] Fritz Dettmer: Kritische Bemerkungen … ; in: DI, Nr. 13/Dezember 1931, S. 287.

[179] Der III. Kongreß der Internationalen Arbeiter-Assoziation; in: DI, Nr. 9/Juli 1928, S. 2.
[180] Ebd.
[181] Vgl.: Protokoll des III. Kongresses der Internationalen Arbeiter-Assoziation (Fortsetzung); in: DI, Nr. 11/September 1928, S. 21.
[182] Karl Roche: Einheitslohn und Arbeitersolidarität ..., S. 40/43. Diese Forderung wurde z.B. Anfang 1919 im Hamburger Hafen gestellt, konnte aber nicht durchgesetzt werden, vgl. Klaus Weinhauer, Alltag und Arbeitskampf im Hamburger Hafen..., S. 190.
[183] DS, Nr. 38/1919.
[184] DS, Nr. 1/1920.
[185] IAA: Resolutionen angenommen auf dem Internationalen Kongreß der Revolutionären Syndikalisten zu Berlin, vom 25. Dezember 1922 bis 2. Januar 1923. Herausgegeben von der Internationalen Arbeiter-Assoziation, Berlin o.J. [1923], S. 11.
[186] Programmatische Grundlage der Freie Arbeiter-Union Deutschlands (Anarcho-Syndikalisten), in: Protokoll über die Verhandlungen vom 15. Kongreß..., S. 8.
[187] DS, Nr. 37/1922.
[188] Bericht des II. Kongresses der Internationalen Arbeiter-Assoziation; in: DI, Nr. 5/Juni 1925, S. 108.
[189] Vgl.: Georg Hepp: Entsprechen die von der FAUD aufgestellten Tageskampfparolen den heutigen Verhältnissen?; in: DI, Nr. 13/Dezember 1931, S. 293.
[190] Abel Paz: Feigenkakteen und Skorpione..., S. 60.
[191] Vgl.: Peter Merten: Anarchismus..., S. 207.
[192] DS, Nr. 32/1931.
[193] DS, Nr. 34/1930.
[194] DS, Nr. 37/1922.
[195] DS, Nr. 37/1922.
[196] Protokoll des III. Kongresses der Internationalen Arbeiter-Assoziation (Fortsetzung); in: DI, Nr. 2/Dezember 1928, S. 21.
[197] Vgl.: Protokoll des III. Kongresses der Internationalen Arbeiter-Assoziation (Fortsetzung); in: DI, Nr. 1/November 1928, S. 20 f.
[198] Vgl.: Rudolf Rocker: Streik und Boykott [I]; in: DI, Nr. 1/November 1929, S. 22.
[199] Vgl.: DS, Nr. 7/1930.
[200] Vgl.: DS, Nr. 8/1930.
[201] DS, Nr. 24 und 30/1931.
[202] Vgl.: Rudolf Rocker: Streik und Boykott [I]; in: DI, Nr. 1/November 1929, S. 22f.
[203] DS, Nr. 37/1931.
[204] Vgl.: DS, Nr. 47/1930.
[205] Vgl.: CRAA: Argentinien. Die sozial-politische Lage; in: DI (NF), Januar/Februar 1935, S. 16.
[206] Werner Portmann: Die wilden Schafe....
[207] Arnold Roller: Der soziale Generalstreik, wieder abgedruckt in: Helge Döhring: Generalstreik!..., S. 96 f.
[208] Vgl.: Helge Döhring: Syndikalismus in Deutschland 1914..., S. 95.
[209] Vgl.: Helge Döhring: Carl Windhoff (1872-1941), in „Barrikade" Nr. 5/Mai 2011, S. 31.
[210] Vgl.: Ingemar Sjöö: Syndikalismus in Schweden, S. 8 f.
[211] Protokoll über die Verhandlungen des 18. Kongresses..., S. 65.
[212] Vgl.: Abel Paz: Feigenkakteen und Skorpione..., S. 55.
[213] Protokoll über die Verhandlungen des 18. Kongresses..., S. 32.
[214] Siehe: R. Crusius, G. Schiefelbein, M. Wilke: Die Betriebsräte in der Weimarer Republik. Von der Selbstverwaltung zur Mitbestimmung, 2 Bd.
[215] Vgl.: DS, Nr. 4,6,10/1920.

[216] Reichs-Gesetzblatt, Jg. 1920, Nr. 26. Berlin, 9. Februar 1920. Betriebsrätegesetz. Vom 4. Februar 1920, III. Aufgaben und Befugnisse der Betriebsvertretungen. § 66, S. 161 f. Zit.n.: DS, Nr. 9/1920.
[217] Vgl.: DS, Nr. 10/1920.
[218] DS, Nr. 36/1919.
[219] Protokoll über die Verhandlungen vom 12. Kongreß..., S. 87 f.
[220] Protokoll vom 14. Kongreß der FAUD, in: „Der Syndikalist", Nr. 51/1922.
[221] Zu diesen Prozessen siehe auch Hans Manfred Bock: Syndikalismus und Linkskommunismus von 1918 - 1923, Meisenheim 1969 und Otto Langels: Die Revolutionären Industrieverbände, in: Archiv für die Geschichte des Widerstandes und der Arbeit, Heft 10, 1989.
[222] Vgl.: Hans Manfred Bock: Anarchosyndikalismus in Deutschland. Eine Zwischenbilanz, in: IWK, Nr. 3/1989, S. 326.
[223] Zit. n. Werner Abelshauser: Umsturz, Terror, Bürgerkrieg..., S. XXXIII, Tab.5.
[224] Vgl.: Larry Peterson: German Communism, workers' protest, and Labor Unions. The Politics of the United Front in Rhineland – Westphalia 1920-1924, S. 225.
[225] DS, Nr. 6/1925.
[226] Vgl.: Barrikade, Nr. 3, April 2010, S. 10-26.
[227] Vgl.: Hans Manfred Bock: Anarchosyndikalismus in Deutschland..., in: IWK, Nr. 3/1989, S. 326.
[228] Protokoll über die Verhandlungen vom 15. Kongreß der Freien Arbeiter Union Deutschlands (A.S.)..., S. 74 f.
[229] Protokoll über die Verhandlungen des 18. Kongresses der Freien Arbeiter-Union Deutschlands (A.-S.)..., S. 22 und 83 und DS, Nr. 25/1930.
[230] „Debatte", Diskussionsorgan zur Vorbereitung des 19. Kongresses der FAUD. (A.S.), Mitteilungsblatt der GK, Berlin 27. Februar 1932, Nr. 7.
[231] DS, Nr. 13/1932.
[232] Vgl.: „Merkblatt für Funktionäre der FAUD", in: Studienkommission der Berliner Arbeiterbörsen/Franz Barwich: „Das ist Syndikalismus"..., S. 126 ff.
[233] Debatte, 27. Februar 1932, Nr. 7.
[234] Debatte, 27. Februar 1932, Nr. 7.
[235] Debatte, 27. Februar 1932, Nr. 7.
[236] Vgl.: Andreas Müller: Aufbruch in neue Zeiten..., in: AGWA, Nr. 8, S. 128 und 138 f.
[237] Vgl.: Frank Havers: Die Freie Arbeiter-Union Deutschlands, S. 97-103.
[238] Vgl.: DS, Nr. 6/1925.
[239] Vgl.: DS, Nr. 35/1930. Die gleiche Absicht, „Breschen in die Reihen der Zentralisten" zu schlagen, verfolgten zwei Kölner Syndikalisten, die erstmalig im Mai 1931 bei den Kölner „Freien Notstandsarbeitern" der Stadtverwaltung als FAUD zu den Betriebsrätewahlen antraten. Gegen eine starke Konkurrenz der „Revolutionären Gewerkschafts-Opposition" (RGO) erhielten sie 79 Stimmen, die sogenannten „Freien Gewerkschaften" kamen auf 144 und die RGO auf 598 Stimmen, vgl.: DS, Nr. 22/1931. Im Raum Mannheim/Ludwigshafen stellte die FAUD keine eigene Liste, sondern rief dazu auf, die RGO zu ignorieren und stattdessen „vertrauenswürdige Kollegen" in den Betriebsrat zu wählen. Ein Syndikalist bekleidete noch im Frühjahr 1933 den Posten des Vertrauensmannes. In Frankfurt stellte die FAUD zur selben Zeit den Betriebsratsvorsitzenden einer Elektrofirma, vgl.: Axel Ulrich: Zum Widerstand der Freien Arbeiter-Union Deutschlands..., S. 162 f. Die ab März 1933 einsetzende Illegalität und Zerschlagung der Gewerkschaften machte weitere Vorhaben zunichte.
[240] Gerhard Wartenberg: Erfurt 1922 und 1932, in: Debatte, Nr. 4 und 5. (1932).
[241] Vgl.: Hans Jürgen Degen: Anarchismus in Deutschland 1945-1960..., S. 197-251.
[242] Vgl.: FAU-Bremen (Hg.): Syndikalismus Geschichte und Perspektiven, S. 37-51.

[243] Hinzu kam, dass die Repression mit dem Ende der Franco-Ära keinesfalls aufhörte, was beispielsweise die sog. „Scala-Affäre" verdeutlicht, vgl.: Der »Fall Scala« Barcelona 1978, in: „Barrikade", Nr. 3/April 2010.
[244] Vgl.: Martin Veith: Warum IAA?..., S. 9.
[245] Vgl.: Horst Stowasser: Anti-Aging für die Anarchie.
[246] Vgl.: Martin Veith: Warum IAA?..., S. 10-12.
[247] Vgl.: Protokoll über die Verhandlungen vom 12. Kongreß…, S. 80 f.
[248] Vgl.: Karsten Steiger: Kooperation, Konfrontation, Untergang…, S. 112.
[249] DS, Nr. 8/1919.
[250] Protokoll über die Verhandlungen vom 12. Kongreß…, S. 81.
[251] Die Hyperinflation des Jahres 1923 bedeutete vordem einen massiven Einbruch in allen Gewerkschaftsorganisationen, von dem sich die ADGB-Gewerkschaften jedoch wieder erholten.
[252] Protokoll über die Verhandlungen vom 16. Kongreß…, S. 44.
[253] Vgl.: Augustin Souchy: Der Syndikalismus und die Kollektivverträge, in: DI, Nr. 12/1928.
[254] Vgl.: Protokoll über die Verhandlungen des 18. Kongresses der FAUD..., S. 65.
[255] Ebd., S. 71.
[256] Ebd., S. 77.
[257] Jürgen Mümken: Anarchosyndikalismus an der Fulda, S. 39.
[258] Hermann Dersch u.a. (Hrsg.): Entscheidungen des Reichsarbeitsgerichts und der Landesarbeitsgerichte, Bd. 9.
[259] Ebd.
[260] Fritz Linow: Kollektivvertrag und direkte Aktion, in: DI, Nr. 9/1930, und Fritz Linow: Eine unmögliche Entscheidung des Reichsarbeitsgerichts, in: DI, Nr. 10/1930.
[261] Vgl.: Karl Korsch: Um die Tariffähigkeit. Eine Untersuchung über die heutigen Entwicklungstendenzen der Gewerkschaftsbewegung, S. 13 ff.
[262] Vgl: Wilhelm Herschel: Tariffähigkeit und Tarifmacht. Eine Skizze, S. 35.
[263] Vgl.: Juristische Wochenschrift, Heft 19/1931, S. 1293 ff.
[264] Protokoll über die Verhandlungen des 18. Kongresses der FAUD..., S. 70 f.
[265] So betonte der Föderationsleiter der Bauarbeiter, Walter Markow, aus branchenspezifischer Sicht: „Der Beschluß des Reichsarbeitsgerichts beweist die Notwendigkeit der Industrieföderationen besser als es die beste Rede tun könnte. Wir haben eine solche Entscheidung vorausgesehen und haben deshalb den Industrieföderationen angeraten, rechtzeitig vorher ihre Anerkennung als tariffähige Vereinigungen durchzusetzen. Wenn der 18. Kongreß [1930] dem Aufbau der Industrieföderationen die richtige Beachtung schenkt, dann werden die Folgen der Leipziger Entscheidung für uns nicht so schwarz sein, wie sie Linow geschildert hat. Die Föderation der Berliner Bauberufe hat sich ein eigenes Organisationsstatut geschaffen, das ihr die Anerkennung vor den Arbeitsgerichten verschafft hat. Derselbe Richter, der den Vorsitzenden der Provinzialarbeitsbörse als Vertreter abwies, mußte den Vertreter der Föderation der Berliner Bauberufe anerkennen, weil das Organisationsstatut den Mitgliedern den Rechtsschutz zuspricht, und weil aus den Statuten zu ersehen ist, daß für die Föderation die FAUD eine Spitzenorganisation ist ähnlich wie der ADGB für die Zentralverbände. Die Bauberufe in Groß-Duisburg haben das Berliner Statut übernommen und damit auch den Erfolg erzielt, daß nunmehr ihre Vertreter anerkannt wurden, während vorher die von der FAUD gestellten Vertreter abgewiesen wurden. Bei dieser Sachlage wird für die gegen die Industrieföderationen gerichteten Anträge keiner eintreten können, der einen weiteren Mitgliederrückgang verhindern will.", ebd., S. 71.
[266] DS, Nr. 13/1932.

[267] Protokoll des III. Kongresses der IAA (Fortsetzung), in: DI, Nr. 4/Februar 1929, S. 11.
[268] Ebd., S. 12.
[269] Siehe beispielsweise Felix Guth: Basisgewerkschaft siegt vor Gericht, in: Frankfurter Rundschau vom 10. Juni 2010.
[270] Vgl.: „Ein anderer Tarifvertrag ist möglich", in: Direkte Aktion, Nr. 230, Juli/August 2015.
[271] FAU-Frankfurt: Organisationshandbuch Syndikate…, S. 16.
[272] Vgl.: Wolfgang Däubler: Kommentar zu LAG Berlin-Brandenburg v. 16.02.2010, 19 SaGa 2480/09 – Kampfmaßnahme durch syndikalistische Arbeitnehmervereinigung, in: „Arbeitsrecht im Betrieb", November 2012.
[273] Fritz Linow: Gewerkschaftspolitik und Schlichtungswesen, in: DI, Nr. 5/März 1929, S. 17.
[274] Rudolf Rocker: Die Rationalisierung..., S. 77 f.
[275] Albert Jensen: Die syndikalistische Bewegung in Schweden, in: DI, Nr. 3/Januar 1929, S. 21.
[276] Vgl.: DS, Nr. 7/1930.
[277] Vgl.: DS, Nr. 16/1931.
[278] DS, Nr. 48/1931.
[279] Vgl.: „Streikresolution", in: Protokoll über die Verhandlungen vom 15. Kongress…, S. 12 f. und DS, Nr. 21/1925.
[280] Vgl.: DS, Nr. 43/1930.
[281] Vgl.: BA, R 58/321, S. 20-24.
[282] Bericht des II. Kongresses der Internationalen Arbeiter-Assoziation, in: DI, Nr. 5/Juni 1925, S. 108.
[283] DS, Nr. 34/1930.
[284] Vgl.: Bericht des II. Kongresses der Internationalen Arbeiter-Assoziation, in: DI, Nr. 5/Juni 1925, S. 37/40.
[285] Abel Paz: Am Fuß der Mauer…, S. 256.
[286] Vgl.: DS, Nr. 37/1921.

IV. Politische Fragen

1. Staat und „Nation"

Staat oder Räte?

Nach dem Zusammenbruch der Monarchie in Deutschland infolge ihrer Niederlage im Ersten Weltkrieg stellte sich die Frage des Neuaufbaus: Nach der Novemberrevolution 1918 trat eine Nationalversammlung 1919 in Konkurrenz zum revolutionären Teil der Rätebewegung und dessen Konzeption einer sozialistischen Räterepublik. Während im Sozialismus die Belegschaften der Betriebe als Basiseinheiten und Machtfaktoren einer klassenlosen Gesellschaft angesehen wurden, konstituierte die Nationalversammlung die erneute Herrschaft des Kapitals gegenüber der Arbeiterklasse. Sie manifestierte die alten Eigentumsverhältnisse und sicherte diese über Justiz und Exekutivorgane ab. Entsprechend dieser Funktion wurde der neu entstehende Staat von den Syndikalisten mit den Worten Raphael Friedebergs als „Verwaltungsausschuß der ausbeutenden Klassen" bezeichnet.[287] Schon auf den Reichsrätekonferenzen 1919 zeichnete sich eine deutliche Dominanz der prokapitalistischen und staatsbejahenden Sozialdemokratie ab. Die Rätebefürworter befanden sich in der Minderheit und konnten sich mit ihren Vorstellungen nicht durchsetzen. Die Räte der unmittelbaren Nachkriegszeit, die überhaupt erst im Vakuum der niedergehenden zentralen Staatsmacht entstehen konnten, wurden – mit Ausnahme nur weniger Widerstandszentren in Bremen und in Bayern - aufgelöst und durch offizielle Staatsorgane ersetzt. Die großen Produktionsbetriebe waren in ihrer überragenden Mehrheit sozialdemokratisch und damit sozialpartnerschaftlich befriedet. Genauso wie die noch junge kommunistische Arbeiterbewegung befanden sich auch die traditionsreichen Syndikalisten auf der Seite der Rätebefürworter. Noch als die Räte in voller Blüte standen, warnten sie im Januar 1919 vor der Reorganisation der Staatsmacht. Denn diese, so Karl Roche, „trennt die Arbeiter von den Produktionsmitteln. Der Staat nimmt dem Arbeiter das Produkt seiner Hände Arbeit. Der Arbeiter ist enteignet. [...] Staat und [direkte] Demokratie schließen einander aus. [...] Nur die allergrößten Kälber wählen ihre Metzger selber."[288] Mit Blick auf die revisionistischen Strömungen innerhalb der Sozialdemokratie vertraten sie folgende Meinung: „Die politische [parlamentarische] Demokratie ist eine Regierungsform, die durch die Illusion des allgemeinen Wahlrechts das Volk in die falsche Vorstellung einwiegt, dass es sich selbst regiert und dass es dank dieses Verhältnisses mit Hilfe der Gesetzgebung die wirtschaftliche Struktur der Gesellschaft verändern kann vom Kapitalismus zum Sozialismus, während in Wirklichkeit stets die besitzende Klasse sowohl wirtschaftlich als auch politisch herrschend bleibt."[289]

„Nation" oder Klasse

Dem Klassenbewusstsein stehe sowohl der Staatsglaube, als auch der nationale Gedanke entgegen: Denn die Nation ist nach den Ausführungen Rudolf Rockers stets das künstliche Ergebnis machtpolitischer Bestrebungen und damit nur das Ergebnis des Staates, eine staatliche Notwendigkeit und nicht die Ursache, also nicht das Ergebnis eines erwachenden Nationalbewusstseins. Die Nation bezeichne lediglich die Zugehörigkeit der Menschen zu bestimmten Staaten: „Es sind nicht die nationalen Unterschiede, die zur Gründung verschiedener Staatswesen führen, es sind die Staaten, welche die nationalen Unterschiede künstlich schaffen und grundsätzlich fördern, die ihnen als moralische Rechtfertigung für ihre Existenz dienen müssen."[290] Sozialpartnerschaftlichen Bündnissen fehlte „die innere Bindung einer wirklichen Gemeinschaft."[291] Vielmehr existierten in jeder Nation unüberwindbare Klassenverhältnisse. Jene machten sich die Kapitalisten zunutze. Nationales Denken reiche bei diesen jedoch nur soweit, wie sie ihre wirtschaftlichen Interessen nicht gefährden. Die nationale Einheit werde vielmehr nur vorgegaukelt, wie Rocker anhand der Ruhrkrise 1923 veranschaulicht. Die Arbeiterschaft hat für den Krieg nicht nur am meisten bluten, sondern hinterher noch kräftig dafür zahlen müssen, während sich deutsche und französische Schwerindustrielle in der gemeinschaftlichen Ausbeutung der Arbeiter einig waren. Sie waren es auch, die von der von ihnen geförderten Inflation profitierten, um ihre Steuern leicht auf die Werktätigen abwälzen zu können. Auch die Spekulanten erzielten damit ihren Profit. Während also eine nationale Erbfeindschaft zwischen Franzosen und Deutschen vor allem durch die von den Industriellen finanzierte Presse in Deutschland wie in Frankreich künstlich geschürt wurde, bereicherten sich die Industriellen beider Nationen in vollem Einvernehmen. Patriotismus und nationale Belange seien gut fürs Geschäft einer Minderheit von Grundbesitzern, Industriellen und Spekulanten. Industrie und Finanzkapital kennen dagegen keine nationalen Interessen, sie lieferten, beispielsweise die Firma Krupp, an beide Kriegsparteien und finanzierten diese durch Kredite. Es gibt somit nach Rocker keine gemeinsamen nationalen Interessen, sondern eine „Herrschaft des internationalen Kapitalismus" in einem „Vaterland der Reichen". Der Glaube an die Nation sei Blendwerk, das über die Klassenverhältnisse hinwegtäuschen soll. Gemeinsamkeiten hingegen bestünden unter den Klassen der verschiedenen Nationen, den Besitzenden, wie den Besitzlosen.[292]

Jedes politische Machtgebilde habe das Bestreben, alle Individuen und gesellschaftlichen Gruppierungen seiner Aufsicht zu unterstellen. So versuche er, alle Beziehungen der Menschen unter sich durch seine Vermittlungsorgane zu regeln. In einer freien Gesellschaft dagegen erscheine dem Menschen „jeder äußere Zwang sinnlos und unverständlich, fühlt er doch selbst die volle Verantwortung, die sich aus den gesellschaftlichen Beziehungen zu seinen Mitmenschen für ihn ergibt, und die er seinem persönlichen Handeln ohne weiteres zugrunde legt."[293] Daher bestehe Freiheit „nur dort, wo sie vom Geiste persönlicher Verantwortung getragen ist".[294] Dieses Fundament aus Rudolf Rockers Schriften stellte die legitimatorische Basis aller programmatischen Ausarbeitungen syndikalistischer Organisationen dar. Demgemäß hieß es in den Statuten der IAA:

„Gegen die Politik des Staates und der Parteien stellt [der Syndikalismus] die Wirtschaftsorganisation der Arbeit; gegen die Regierung der Menschen die Verwaltung der Dinge. Aus diesem Grunde erstrebt er nicht die Eroberung der politischen Macht, sondern die Ausschaltung jeder staatlichen Funktion aus dem Leben der Gesellschaft. Er ist der Meinung, dass zusammen mit dem Monopol des Besitzes auch das Monopol der Herrschaft verschwinden muß, und dass der Staat in jeder Form, auch in der Form der sogenannten ‚Diktatur des Proletariats' niemals ein Werkzeug für die Befreiung der Arbeit, sondern immer nur der Schöpfer neuer Monopole und neuer Privilegien sein kann."[295]

Parlamentarismus

Hinsichtlich des parlamentarisch-demokratischen Charakters des Staates führte die IAA aus: „Der revolutionäre Syndikalismus verwirft jede parlamentarische Betätigung und jede Mitarbeit in den gesetzgebenden Körperschaften. Auch das freieste Wahlrecht kann die klaffenden Gegensätze innerhalb der heutigen Gesellschaft nicht mildern, und das ganze parlamentarische System hat nur den Zweck, der Herrschaft der Lüge und der sozialen Ungerechtigkeit den Schein des legalen Rechts zu verleihen – den Sklaven zu veranlassen, seiner eigenen Sklaverei den Stempel des Gesetzes aufzudrücken."[296]

Auch die Soziologie nahm sich dieser Form gewerkschaftlicher Organisation an, so Werner Sombart (1863-1941) und Karl Diehl (1864-1943).[297] Und 1918 luden deutsche Militärs Max Weber (1864-1920) zur „Friedenspropaganda-Abwehr" ein. Dieser referierte unter anderem über den Syndikalismus und konstatierte: Der Syndikalismus „geht davon aus: nicht die politische Diktatur, nicht die politischen Führer und nicht die Beamten, die von diesen politischen Führern angestellt werden, sondern die Gewerkschaften und ihr Bund sollen es sein, die, wenn der große Moment gekommen ist, die Macht über die Wirtschaft in die Hand nehmen im Wege der sogenannten ‚action directe'. Der Syndikalismus geht auf eine strengere Auffassung des Klassencharakters der Bewegung zurück. Die Arbeiterklasse soll ja der Träger der endgültigen Befreiung sein. Alle Politiker aber, die sich da in den Hauptstädten herumtreiben und nur darnach fragen, wie es mit

UNSERE STIMME

Organ der Kreis-Arbeitsbörse Nordsachsen

Geschäftsstelle Leipzig W 32, Klingenstraße 27

1. Jahrgang Leipzig, Mai 1928 Sondernummer

Nieder mit dem Parlamentarismus!

Was nützt dem Arbeiter der nie versagende Wortschwall der politischen Drahtzieher in den Parlamenten? Fortwährend fließen Reden und immer wieder nur Reden in diesen Quasselbuden. Nirgends eine Tat, die der ausgebeuteten und geknechteten Masse eine nennenswerte Hilfe sein würde. Im Gegenteil. Narren- und Gaukelspiel ist Alles. Die Männer und Frauen im Arbeitskittel sind immerfort die Genasführten und Betrogenen.

Was ist zu tun? — Das Proletariat muß erkennen, daß außerhalb der Parlamente sein Kampfplatz ist. Dort, wo es seine wirtschaftliche Macht, die Arbeitskraft, im Kampfe um die Befreiung aus der Lohnknechtschaft einzusetzen hat. Allein der Arm des Proletariers ist seine Stärke! Fort mit den Politikanten aller Schattierungen!

Nicht wählen!
Dafür Kampf zur Eroberung der Betriebe und Werkstätten!

Es lebe die direkte Aktion!

diesem und jenem Ministerium steht, was für eine Chance diese und jene parlamentarische Konjunktur hat, sind politische Interessenten und nicht Klassengenossen. Hinter ihren Wahlkreisinteressen stehen immer die Interessen von Redakteuren und Privatbeamten, die an der Zahl der gewonnenen Wählerstimmen verdienen wollen. Alle diese Interessen, die mit dem modernen parlamentarischen Wahlsystem verknüpft sind, weist der Syndikalismus zurück. Nur die wirkliche Arbeiterschaft, die in den Gewerkschaften organisiert ist, kann die neue Gesellschaft schaffen."[298]

Sozialgesetzgebung

Die staatliche Sozialgesetzgebung, die als Zugeständnis an die Arbeiterschaft angesehen werden kann, die Klassengegensätze zu mildern, wurde von den Syndikalisten generell abgelehnt. Auf diese Weise begebe sich das Proletariat in die Gunst des Staates und sei von dessen zentralistischer Regelung der das Proletariat betreffenden Fragen abhängig. Der Nährboden sozialer Emanzipationsprozesse, der Föderalismus, die Eigeninitiative und Eigenverantwortung würden verwischt, den sozialen Voraussetzungen für die Revolution das Wasser abgegraben.[299] Und der „Syndikalist" stellte klar, wer aus Sicht der Arbeiterklasse die eigentlich einzahlungspflichtigen Verantwortlichen seien: „Der ganze gewaltige Körper der Sozialversicherung wird fast ausschließlich auf Kosten der Versicherungspflichtigen unterhalten. [...] Nicht der Arbeiter hat die Pflicht, die Mittel aufzubringen für die Gesundheitsfürsorge, für die Versorgung der Hinterbliebenen, für die Rente, die er im Alter oder bei Arbeitsunfähigkeit zu beanspruchen hat, sondern die mörderische kapitalistische Wirtschaft die zu 90 Prozent Ursache aller Krankheits- und vorzeitiger Todesfälle ist."[300] Das Modell der Sozialversicherungen fand weltweit Nachahmung und Gegenwehr. In Argentinien führte die FORA gegen die Einführung eines „reaktionären Sozialversicherungsgesetzes" im Mai 1924 einen einwöchigen Generalstreik durch.[301]

2. Annäherungen an den Staat

Bei aller Kritik am bürgerlich-demokratischen Staatsapparat und am Parlamentarismus machten die Syndikalisten einen gewichtigen Unterschied zu politisch-diktatorischen Staaten aus. Die ersteren zogen sie als kleineres Übel vor, „weil sie wenigstens in gewisser Hinsicht die Freiheiten und Rechte ermöglicht, die für die organisatorische Tätigkeit der Arbeiter notwendig sind." Denn, so begründete der schwedische syndikalistische Theoretiker Albert Jensen (1879-1957), „die Grundlage für diese organisatorische Vereinigung der Arbeiterklasse ist, dass die Propaganda und die Organisationsarbeit in aller Öffentlichkeit betrieben werden kann. Und hierbei bietet das demokratische Regime mehr Freiheiten als despotischere Regierungsformen."[302] Besonders betont wurden hierbei die Rechte der Versammlungs-, Rede- und Koalitionsfreiheit. In den Monaten vor dem Ausbruch der Spanischen Revolution erkannte dies auch die spanische CNT, die 1936 erstmalig nicht, wie traditionell üblich, zum Boykott der nationalen Wahlen aufrief, sondern es ihren Anhängern freistellte, republikanische Kräfte zu wählen. Andererseits zeigt das Beispiel Deutschland der Jahre 1919-1933, dass es sich um politische Freiheiten handelte, denn auf betrieblicher Ebene waren Syndikalisten in puncto Koalitionsrecht in ihren Gewerkschaften auch in einer Republik nahezu rechtlos *(siehe Kapitel zur Tariffähigkeit).*

Die Geschichte des Syndikalismus zeigt auf, dass es unter sehr unterschiedlichen Rahmenbedingungen zu unvermeidlichen Überlegungen kommen muss, wie sich die Bewegung mit dem Staat zu arrangieren hat, und dass demgegenüber die völlige Beseitigung von Staatlichkeit nur dann erfolgen kann, wenn die soziale Revolution auch die globalen Machtzentren erfasst. Da dies in der über hundertjährigen Geschichte der Bewegung bislang nicht erfolgte, gingen die syndikalistischen Organisationen Kompromisse ein, um überleben zu können. Dies soll im Folgenden anhand zweier repräsentativer und sehr unterschiedlicher Sektionen der IAA und ihrer Rahmenbedingungen veranschaulicht werden. Die Kompromisse kamen sowohl in Spanien zur Geltung, wo im Jahre 1936 eine revolutionäre Situation bei gleichzeitiger faschistischer Bedrohung vorherrschte, als auch im Schweden der 1950er Jahre, das von einem vergleichsweise unspektakulären Niedergang der syndikalistischen Bewegung im Zuge starker sozialpartnerschaftlicher Konkurrenz und Sozialstaatlichkeit gezeichnet war. In beiden Ländern und zu beiden Zeiten befand sich die Bewegung in weitgehender internationaler Isolation, da in den 1920/30er Jahren die bedeutenden Schwestersektionen der IAA, sowie weitere befreundete Organisationen, beispielsweise in Russland, Italien, Argentinien, Portugal oder Deutschland den Diktaturen zum Opfer fielen, verboten, zerschlagen oder zumindest stark geschwächt wurden.

2.1. Spanien 1936/37

Nach dem Beginn der spanischen Revolution im Juli 1936 arbeiteten die von den Syndikalisten kontrollierten Betriebe und Gemeinden nach Möglichkeit mit anderen Arbeiterorganisationen, beispielsweise der sozialdemokratischen UGT, in Kooperation und gegenseitigem Einvernehmen zusammen. Damit verliehen sie ihrer ablehnenden Haltung gegenüber jeder Form von Diktatur Ausdruck: Eine Alleinvertretung hätte die CNT als bestimmende Kraft lediglich in Katalonien und Aragonien durchsetzen können. Zur Lage in Barcelona hieß es von einem Zeitzeugen: „Die CNT/FAI beherrschte einfach die

Soziale Revolution 1936 in Spanien. Anarcho-Syndikalistische Milizionärinnen und Milizionäre in Barcelona.

ganze Stadt, ja nicht nur die ganze Stadt, auch die Grenze, überall war die CNT/FAI. Zum Beispiel alle Straßenbahnen, die waren schwarz/rot gemacht. Alle Taxis, alles war schwarz/rot. Überall stand Collectiva CNT/FAI. Und das wichtigste Papier, was man hatte, das war ganz einfach ein Ausweis von der CNT. Hatte man einen Ausweis von der CNT, dann hatte man freie Passage überall hin."[303]

Eine dringliche Aufgabe bestand darin, die Errungenschaften der Revolution, die Kollektivierung der Industrie und Landwirtschaft, politisch abzusichern. Eine politisch demokratisch verfasste Staatsordnung sei hierbei das kleinere Übel.[304] Diese Zugeständnisse gingen auch an die Adresse der sowjetischen Außenpolitik, da die Syndikalisten und die Republikaner von deren Waffenlieferungen abhängig waren. Mit den Konzessionen der Syndikalisten an die sich nach dem Machtvakuum der Revolution reorganisierenden Staatsgewalt sollte ein diplomatischer Weg beschritten werden. Forciert wurde dieser Kurs sowohl durch den Druck der alten sozialdemokratischen Kräfte, als auch den an Boden gewinnenden kommunistischen Organisationen - der „Partido Comunista de España" (PCE) und der „Partit Socialista Unificat de Catalunya" (PSUC). Um ihren Einfluss auf politische Entscheidungen zu wahren, beteiligte sich die CNT sogar an der Regierung. Eine stichpunktartige Chronologie der politischen Konzessionen zulasten syndikalistischer Prinzipien und Theorie verdeutlicht diese Konfliktsituation:[305]

20. Juli 1936: Gründung des „Zentralkomitees der antifaschistischen Milizen" als Konkurrenz zu den Verteidigungskomitees der CNT-FAI. Die Ambivalenz der CNT drückte sich dahingehend aus, dass sie sich offensiv an diesem Exekutivorgan verschiedener Parteien und

Gewerkschaften beteiligte und darin starke Positionen einnahm.

4. September 1936: Entgegen den Vorstellungen der Syndikalisten zur Bildung einer Arbeiterregierung ohne Kommunisten und Republikaner, entstand mit Beteiligung der sozialdemokratischen UGT und der „Partido Socialista Obrero Español" (PSOE), sowie den Republikanern eine Volksfrontregierung für Spanien. Hieran knüpfte die sowjetische Außenpolitik ihre Waffenhilfe gegen Franco.

27. September 1936: Die CNT beteiligte sich an der regionalen Regierung Kataloniens und stellte drei Minister. Als Wirtschaftsminister fungierten die Syndikalisten Juan Fabregas (1893-1966) von September bis Dezember 1936 und Diego Abad de Santillán (1897-1983) von Dezember 1936 bis April 1937.

10. Oktober 1936: Das Milizsystem wurde zugunsten der zentralisierten „republikanischen Volksarmee" ohne Widerstand der CNT abgeschafft. Die syndikalistischen Milizen hatten die Wahl, sich zu integrieren, oder sie wurden von der Versorgung mit Waffen ausgeschlossen. Als pro-sowjetische Propagandamaßnahme wurden die kommunistischen „Internationalen Brigaden" importiert.

27. Oktober 1936: Ohne Widerstand der CNT wurde die Entwaffnung der Arbeiter in Katalonien beschlossen. In Madrid, wo die CNT weitaus weniger Einfluss hatte, trat das Verbot erst im Dezember 1936 in Kraft.

4. November 1936: Die CNT-FAI trat - nach zweimonatiger Weigerung - in die Spanische Zentralregierung unter dem sozialdemokratischen Präsidenten Francisco Largo Caballero (1869-1946) ein und stellte dort vier Minister für die Bereiche Industrie: Juan Peiró *(1887-1942)*, Gesundheit: Federica Montseny (1905-1994), Justiz: Juan García Oliver (1901-1980) und Handel: Juan López Sánchez (1900-1972).

Ende April 1937: Erste Gefechte in Barcelona zwischen der CNT und kommunistisch kontrollierten Polizeieinheiten. Die syndikalistischen Zolltruppen sollten durch republikanische ersetzt werden. Die CNT-Milizen wären zu diesem Zeitpunkt noch in der Lage gewesen, ihre Vormachtstellung in der gesamten Stadt zu sichern.

Mai 1937: Verhaftungen und Inhaftierungen führender Syndikalisten durch Polizei und kommunistische Geheimpolizei. Letztere ermordete unter anderen am 5./6. Mai den international bekannten italienischen Anarchisten Camillo Berneri (geb. 1897), nachdem die CNT dessen öffentliche Kritik an der Sowjetpolitik in Spanien nicht eindämmen konnte.

AGRUPACION LOS AMIGOS DE DURRUTI

A LA CLASE TRABAJADORA

1 Constitución inmediata de una Junta revolucionaria integrada por obreros de la ciudad, del campo y por combatientes.

2 Salario familiar. - Carta de racionamiento. Dirección de la economía y control de la distribución por los sindicatos.

3 Liquidación de la contrarrevolución.

4 Creación de un ejército revolucionario.

5 Control absoluto del orden público por la clase trabajadora.

6 Oposición firme a todo armisticio.

7 Una justicia proletaria.

8 Abolición de los canjes de personalidades.

ATENCION TRABAJADORES

Nuestra agrupación se opone a que la contrarrevolución siga avanzando. Los decretos de orden público, patrocinados por Aiguadé, no serán implantados. Exigimos la libertad de Maroto y la de los camaradas detenidos.

Todo el poder a la clase trabajadora

Todo el poder económico a los Sindicatos

Frente a la Generalidad la Junta revolucionaria

Die verbleibenden revolutionären Errungenschaften wurden nach den *„Mai-Kämpfen" 1937 in Barcelona* zwischen Syndikalisten und kommunistischem Militär noch zügiger wieder hergegeben. Die Führungspersönlichkeiten der etwa zwei Millionen Mitglieder starken CNT trieben diese Entwicklung gegenüber ihrer Mitgliederbasis mit Nachdruck voran und entmachteten sie dadurch.[306] Die CNT hatte und wollte keinen Verteidigungsplan gegen die Angriffe der kommunistischen Parteien und Militärorganisationen, die ihrerseits jederzeit Verhaftungen von Syndikalisten vornehmen konnten und davon Gebrauch machten. Die Zentralregierung des nichtfranquistischen Teils Spaniens erweiterte ihre Machtbefugnisse gegenüber der Region Katalonien und übernahm hierüber im Sommer 1937 die politische Kontrolle. Die CNT hatte nur ein Jahr nach der sozialen Revolution ihren bestimmenden Einfluss eingebüßt. Nicht verschwiegen werden darf, dass es gegen diese offizielle Politik der CNT beispielsweise mit den „Freunden Durrutis" oppositionelle syndikalistische Gruppen gab, die bereit waren, die Erfolge der Revolution auch konsequent zu verteidigen.

Der Historiker Max Nettlau bewertete diese Entwicklung als äußerst diffizil: „Die spanische Bewegung", schrieb er an Rudolf Rocker, „ist bisher die einzige, die gezeigt hat, was sie will, und was sie kann, und wenn sie nicht alles kann, was sie will und gegen ihren Willen zu Zugeständnissen gezwungen wird, die sie vorläufig nicht umgehen kann, so ist es deshalb, weil sie gänzlich auf sich selbst angewiesen ist, und - wie es sich immer deutlicher zeigt - von den Bewegungen im Ausland auch nicht das geringste zu erwarten hat. Auch ich bin nicht blind gegen begangene Irrtümer, aber ich verstehe auch, daß so viele kluge Leute es unter ähnlichen Umständen auch nicht hätten besser machen können."[307]

Zwar kontrollierte die CNT besonders in Aragonien noch weite Gebiete und eine Vielzahl von Kollektiven und drohte der Zentralregierung bei gewaltsamer Auflösung ihrer Kollektive mit Bummelstreiks. Dennoch begannen kommunistische Truppen seit August 1937 mit der militärischen Zerschlagung der Kollektive und verhafteten syndikalistische Repräsentanten, um die selbstverwalteten Landwirtschaftsbetriebe unter ihre zentrale Kontrolle zu bringen. Bis 1938 konnte sich noch ein Großteil der Kollektive widersetzen.[308] Im November 1937 wurde das „Dekret für besondere Eingriffe" erlassen. Dies nahm die Verstaatlichung der Industrie vorweg, indem es der Regionalregierung die direkte Intervention in betriebliche Angelegenheiten gestattete. Im August 1938 erfolgte mit Zustimmung der CNT das Dekret zur Verstaatlichung kriegswichtiger Betriebe. Dadurch wurden 800 von der CNT kontrollierte, selbstverwaltete Betriebe im Bergbau, in der Rüstungsindustrie, in der Schwerindustrie, bei der Eisenbahn und im Nachrichtenwesen verstaatlicht.[309]

Dieses, durch die pragmatische CNT-Politik hervorgerufene Spannungsverhältnis zwischen syndikalistischen Prinzipien und (anti-) revolutionärer staatsbefürwortender Praxis blieb bis zum Sieg der Truppen Francos zu Beginn des Jahres 1939 bestehen und Jahrzehnte danach innerhalb der IAA virulent.

2.2. Schweden

Die syndikalistische Bewegung konnte ausschließlich im vom Zweiten Weltkrieg weitgehend verschont gebliebenen Schweden einen relevanten Einfluss bewahren. In diesem Land ergab sich im Gegensatz zur Zerschlagung durch diktatorische Regime das Problem der Integration der radikaleren Arbeiterschaft durch sozialpolitische Maßnahmen. Diese Tendenz zur Befriedung der Klassengegensätze wurde bereits deutlich früher erkannt. Im Jahre 1931 formulierte der syndikalistische Theoretiker Gerhard Wartenberg (1904-1942):

„Ich will darauf aufmerksam machen, dass der Staat heute weitgehend [soziale] Funktionen übernommen hat, deren Erfüllung notwendig ist, deren Nichterfüllung Desorganisation, Hunger zur Folge haben würde. […] Die schlechte Erfassung dieses Problems durch den Anarchosyndikalismus ist meines Erachtens auch einer der Gründe, warum unsere absolut staatsfeindliche Bewegung in industriellen, fortgeschrittenen Ländern wie Frankreich, England, Deutschland so wenig Fortschritte macht."[310]

Diese Bedingungen galten auch für Schweden, wo der Syndikalismus seinen Ursprung in der sozialdemokratischen Arbeiterbewegung genommen hatte. Wie auch die spanische CNT gründete sich die „Sveriges Arbetares Centralorganisation" (SAC) im Jahre 1910. Der vergleichsweise starke Mitgliederzuwachs beider Gewerkschaften resultierte daraus, dass sie seit ihrer Gründung in Arbeitskämpfe und in umfangreiche Streiks verwickelt waren. Die SAC verdoppelte ihre Mitgliederzahl von etwa 15.000 Mitgliedern im Jahre 1918 auf etwa 30.000 im Jahre 1922 in 450 Ortsvereinen, überwiegend Bauarbeiter,

Holzfäller und Bergleute.[311] Die SAC erreichte ihre Qualität, ähnlich wie die CNT in Spanien, dadurch, dass sie konstruktive Funktionen übernahm, die anderswo als staatliche Aufgaben angesehen wurden, beispielsweise die Arbeitsbeschaffung oder das Unterstützungswesen. Charakteristisch für die erfolgreichen Kämpfe der SAC war die Anwendung der Registermethode.

Es gelang ihr jedoch nicht die Hegemonie der „Landesorganisation" (LO) zu brechen. Diese Zentralgewerkschaften zielten seit Mitte der 1930er Jahre darauf ab, die Unternehmen mittels Monopoltarifverträge dazu zu zwingen, nur ihre Mitglieder zu beschäftigen. Für zusätzlichen Druck sorgte die „Arbeitslosigkeits-Kommission", mit deren Hilfe sogenannte „Notstandsarbeiter" zum Einsatz kommen sollten, um die Streikfähigkeit von Gewerkschaften zu schwächen und die Löhne zu drücken. Diese Maßnahmen hebelten die Registermethode (*siehe Kapitel III. Gewerkschaftsbewegung, 2. Syndikalistische Methoden)* zum Teil aus und dämmten die Wirkung der SAC generell ein.[312]

Der Syndikalismus in Schweden orientierte sich in den 1950er Jahren weitgehend an den Rahmenbedingungen, die der sogenannte „Wohlfahrtsstaat" bot. Im Gegensatz zu Spanien erfolgte hier die Befriedung der Klassengegensätze über das sozialdemokratische Modell der Vereinnahmung durch Teilhabe an den zentralistischen Machtprinzipien. Das reformistische Modell des Syndikalismus war geprägt von dieser Kooperation mit dem vergleichsweise liberalen Staatsmodell. Damit näherten sich sowohl die CNT in Spanien (1936) als auch die SAC in Schweden staatlichen Modellen an. Erstere beugte ihre Prinzipien schlagartig, letztere tat dasselbe innerhalb eines ungleich längeren Prozesses. Aus der Tatsache heraus, dass es sich jeweils um die bedeutendsten IAA-Sektionen dieser Zeit handelte, kann gefolgert werden, dass der Syndikalismus dazu gezwungen ist, sich mit der Staatsfrage zu befassen und Kompromisse einzugehen, sobald er nur eine bestimmte Stärke erreicht hat und mit seiner gesellschaftlichen Verantwortung in einem hohen Maße fortgeschritten ist. Das galt sowohl für den Fall, sich in einer revolutionären gesellschaftlichen Entwicklungsphase als offensive Kraft an der Staatsbildung zu beteiligen (CNT), als auch aus einer Position der Defensive und Marginalität heraus, die letzte übrig gebliebene syndikalistische Massenbewegung (SAC) als relevanten Machtfaktor überhaupt am Leben zu erhalten. Weil die SAC keine neuen Strategien fand, unterlag sie einem rapiden Mitgliederschwund. Die Zentralisierung und Kommerzialisierung der

Kultur trug ihr Übriges dazu bei: „Unter der Arbeiterjugend, die erstmals in der Geschichte begann, einige Groschen in der Tasche zu haben, drehte sich das Leben mehr um Motorräder, amerikanische Filme und Jitterbug im Tanzsaal, als um angestaubte Vorkriegsideologien."[313]

Die SAC stand vor neuen Aufgaben mit unterschiedlichen Lösungsansätzen, nicht zuletzt, weil sie nicht unerhebliche Abwanderungen von Mitgliedern zur LO zu beklagen hatte. Ein zentrales Anliegen der Revisionisten bestand in der Einführung einer zentralen Arbeitslosenkasse durch die SAC. Die Prinzipien sprachen dagegen, da sie die Solidarität als ethischen und direkten Akt ansahen, der so wenig wie möglich bürokratisch geregelt werden sollte, um einem Entfremdungsprozess zwischen Gebern und Nehmern vorzubeugen und um eine Kultur des direkten Miteinanders zu fördern.

Dennoch wurden in einer Urabstimmung im Jahre 1952 sowohl die Streikkasse als auch eine reformistisch ausgerichtete Prinzipienerklärung beschlossen und damit der neue Kurs der SAC festgelegt. Eine Zusammenarbeit mit dem Staat wurde bereits zehn Jahre vorher in die Wege geleitet, um dem Sicherheitsbedürfnis der Mitglieder entgegenzukommen, da der Staat die Gewerkschaftsfonds finanziell bezuschusste: „Ein Antrag in diesem Sinne wurde auf dem Kongress der SAC 1942 angenommen und eine gründliche Untersuchung der Angelegenheit eingeleitet. [...] Verhandlungen ergaben, dass die SAC nicht nur das Recht erhalten sollte, eine eigene Versicherungskasse mit dem üblichen Staatsbetrag zu gründen – normalerweise ca. 55 %, sondern auch, dass man bereit war, eine besondere Subvention als Startkapital zu bewilligen. Dieses Grundkapital wurde auf 337.720 Kronen festgesetzt, was für eine kleine Organisation wie die SAC eine bedeutende Summe war. Zur Sache gehört, dass die größeren Verbände der sozialdemokratischen LO ihre Kassen gewöhnlich mit eigenem Grundkapital aufbauten. [Die Gründung der Versicherung] fand am 1. Januar 1954 statt, und ein Jahr später waren die Mitglieder der Organisation unterstützungsberechtigt."[314]

Nicht wenige prinzipientreue Mitglieder verließen daraufhin die Organisation. Die SAC stabilisierte sich jedoch bei etwa 20.000 Mitgliedern, darunter der sich federführend für die revisionistische Richtung einsetzende exildeutsche Theoretiker Helmut Rüdiger, als dessen Hauptwerk das 1947 in Stockholm erschienene Buch „Föderalismus. Beitrag zur Geschichte der Freiheit" angesehen werden kann.

Ausgehend von ihrer neuen Prinzipienerklärung ging die SAC weitere Konzessionen ein. Einzelne Mitglieder bekamen das Recht, sich an der Parteipolitik zu beteiligen, wenngleich „unter der Voraussetzung, dass diese Tätigkeit sie nicht in offene Gegnerschaft zur syndikalistischen

Presseausweis von Helmut Rüdiger für das SAC-Organ „Arbetaren".

Bewegung bringt."[315]

Die politische Tätigkeit beinhaltete auch die parlamentarische Ebene. Augustin Souchy berichtete von einer mit der SAC verzahnten und unabhängigen Wählervereinigung mit dem Namen „Freies Kommunalvolk", „Es gibt Dörfer, wo die Syndikalisten die stärkste Kommunalfraktion sind. [...] Die Kommunen regeln ihre Angelegenheiten ohne staatliche Eingriffe. [...] Das Bekenntnis zur freiheitlichen Weltanschauung schließt die Beteiligung an der Organisierung der Dorf- oder Stadtgemeinde nicht aus. Die Mitglieder der „Freies Kommunalvolk", die zu fast hundert Prozent Syndikalisten sind, treten dafür ein, dass die SAC sich an den Kommunalwahlen beteiligt."[316]

Die SAC orientierte sich verstärkt auf ideen- und kommunalpolitische Aktivität. Vom Wohlfahrtsstaat wurde sie in das kapitalistische Wirtschaftssystem integriert. Für Schweden resümierte der Theoretiker Ahto Uisk: „Der Syndikalismus ist nicht antiparlamentarisch; seinem Herkommen nach will er jedoch die Demokratie auf den wirtschaftlichen Bereich, auf die Verwaltung und auf den Besitz an Produktionsmitteln ausweiten. Seine Staatsfeindlichkeit bezieht sich auf die Bedeutung des Antizentralismus, oder positiv ausgedrückt: Der Syndikalismus ist für den föderalistischen Organisations- und Gesellschaftsaufbau, in dem das Beschlussrecht vielseitig und direkt angewendet werden kann."[317]

Dies hatte auch eine Zäsur in der Entwicklung des internationalen Syndikalismus zur Folge: Bedingt durch diese Konzessionen an das Staatswesen gab die SAC im Jahre 1953 das IAA-Sekretariat ab und stellte 1956 die Zahlung ihrer Mitgliederbeiträge an die IAA ein, welche den revisionistischen Kurs nicht mittrug. Damit erlosch die Mitgliedschaft.[318] Die „Föderation Freiheitlicher Sozialisten", Nachfolgeorganisation der FAUD, kehrte der IAA bereits 1952 den Rücken, da auch sie einen revisionistischen Kurs verfolgte. Einen Grundstein zu dieser Entwicklung legte die international stark beachtete Schrift „Zur Betrachtung der Lage in Deutschland. Die Möglichkeiten einer freiheitlichen Bewegung", verfasst von Rudolf Rocker aus dem Jahre 1947. Die restlichen prinzipientreuen Landessektionen der IAA fristeten ein Schattendasein. Den geschichtlichen Erfahrungswerten nach zu urteilen scheint der Syndikalismus lediglich dort seinen Einfluss wahren zu können, wo er unter Aufweichung klassenkämpferischer Prinzipien am Staatswesen partizipiert oder mit ihm kollaboriert. Diesen Fatalismus aufzuknacken, gehört zu den wesentlichen intellektuellen Aufgaben der syndikalistischen Bewegung weltweit.

3. Diktaturen und Faschismus

Keine Kompromisse gab es hingegen mit den zu Beginn des 20. Jahrhunderts aufkommenden Diktaturen. Solche erklärten die Syndikalisten zwar in einer multikausalen Weise. Da sie hiervon jedoch in erster Linie in ihrer Funktion als Gewerkschafter betroffen waren und sie ihren Widerstand am effektivsten an der ökonomischen Basis einbringen konnten, konzentrierten sie sich in ihrer Analyse und Propaganda auf den Bereich der Wirtschaftspolitik. Demnach sei der Faschismus als eine besonders repressive Regierungsform des Bürgertums zur Sicherung und Aufrechterhaltung kapitalistischer Ausbeutungsbedingungen, charakteristisch unter Krisenerscheinungen und Rationalisierungsprozessen, anzusehen. Er komme vor allem gegen die revolutionäre Arbeiterschaft zum Zuge und dort, wo die Klassenkämpfe ausgeprägt sind, was sich an der Geschichte einiger bedeutender Landessektionen der IAA veranschaulichen lässt. In Ländern, wo sozialpartnerschaftliche Maßnahmen zur Befriedung ihre Wirkung verfehlten, weil die syndikalistischen Gewerkschaften innerhalb der Arbeiterschaft federführend waren, so in Argentinien, Spanien oder Portugal, mussten sie zugunsten der kapitalistischen Wirtschaft zerschlagen werden.

Der IAA wurden damit nicht nur wichtige Stützen genommen. Die Solidaritätsarbeit gegen den internationalen Faschismus absorbierte darüber hinaus enorme innerorganisatorische Kräfte. Diese waren bereits reichlich angespannt aufgrund der Tatsache, dass die IAA sich seit Beginn der 1920er Jahre auf Solidaritätsleistungen zugunsten der Gefangenen im bolschewistischen Russland konzentrierte. In ihrer Praxis machten die Syndikalisten keinen Unterschied zwischen den Diktaturen. Den Grad der Unterdrückung machten sie an der Ausprägung des Zentralismus der jeweiligen Regierungsform, sowie an ihrer Bedrückung durch die jeweiligen Exekutivorgane fest.

Der Faschismus werde jedoch begünstigt bzw. erst möglich durch kultur-historische und sozial-psychologische Voraussetzungen. Demnach könne ein starker Staat als Fundament des Faschismus nur dann bestehen, wenn die Menschen in der Gesellschaft konditioniert würden und sich konditionieren ließen. Dieses geschehe durch Hierarchien, durch Autorität und ständige Bevormundung der Menschen in ihrem Handeln. Hier lohnt sich abermals ein Blick in die „Entscheidung des Abendlandes" von Rudolf Rocker aus dem

Jahre 1947: Die fortwährende Unterbindung der schöpferischen Kräfte in der Gesellschaft durch zentralistische Reglementierung mache die Menschen in ihren Beziehungen untereinander schwach, verantwortungslos und verdränge ihre eigenen zwischenmenschlichen Kompetenzen. Auf der anderen Seite würden über die Etablierung des „Nationalgedankens" und die Förderung eines „Nationalstolzes" primitive politisch-religiöse Bedürfnisse der Bevölkerung aktiviert, um von rational erfassbaren Lebensinteressen und den daran ausgerichteten Aktivitäten - konkret vom Klassenkampf - abzulenken. Damit würden die Grundvoraussetzungen geschaffen, unter denen es Diktaturen vergleichsweise leicht haben, sich zu etablieren. Je tiefer dabei das Prinzip der Autorität in die Köpfe der Menschen eindringe, desto mehr würden jegliche freiheitlich-emanzipatorische Regungen vom Gedanken des Individuums bis hin zum kollektiven Freiheitskampf bereits im Ansatz unterbunden. Zu diesem Prozess des Kulturverfalls führte Rocker aus: „Weil man sich selber zu schwach fühlt, setzt man sein Heil an die Stärke des anderen; weil man selber zu feige oder zu eingeschüchtert ist, die eigenen Hände zu regen, um seines Schicksals Schmied zu werden, vertraut man sein Schicksal anderen an." Diktaturen seien nur möglich unter einem „auf die Spitze getriebenen Abhängigkeitsverhältnis" vom Menschen zur Obrigkeit, zum Staat.[319] Für diesen Zweck umgäben sich die Machthaber mit politisch-religiöser Ausstrahlung, um den Glauben „an ein unvermeidliches Schicksal in der Vorstellungskraft des Menschen zu vertiefen".[320] Den Nazis gelang es, innerhalb der Bevölkerung eine „Wundergläubigkeit" und einen „religiösen Massenwahn" zu verankern, in weiten Teilen gar ein „primitives Anbetungsbedürfnis" hervorzurufen.[321] Erst mit einem solchen Verfall der Kultur könne kapitalistische Ausbeutung gedeihen und in Diktaturen auf die Spitze getrieben werden.

In dieser Hinsicht seien Bolschewismus und Faschismus als Unterdrückungsformen nicht voneinander zu trennen: Auch in staatssozialistischen Diktaturen, die Rocker als „Allianz des Sozialismus mit dem politischen Absolutismus" charakterisierte, spiele der Mensch seine Rolle als „Betriebsstoff der Wirtschaft", werde die Bevölkerung versklavt. Sie seien „das Ende aller wahrhaft geistigen Kultur" und führten mit den Worten Proudhons „zur größten Versklavung aller Zeiten."[322] Demgegenüber seien die „Vertreter der Rassenlehre [...] die Bundesgenossen und Befürworter jeder politischen und sozialen Reaktion, Vertreter des Machtprinzips in seiner brutalsten Form."[323] Alle Diktaturen begünstigten die „industrielle Leibeigenschaft" für höhere Profite. Kurz nach dem Ersten Weltkrieg erklärte die syndikalistische Presse in aller Deutlichkeit: „Wenn es nicht gelingt, den Kapitalismus zu beseitigen, ist das Massensterben ein unvermeidliches, unentrinnbares Schicksal für die nächsten Jahre!"[324]

4. Verhältnis zu sozialistischen Strömungen

4.1. Stellung zum Marxismus

Gingen die Syndikalisten mit der marxschen Analyse der politischen Ökonomie weitgehend konform, so ergaben sich erhebliche Differenzen hinsichtlich der von dem Ökonomen Karl Marx, sowie dem Historiker und Philosophen Friedrich Engels (1820-1895) herausgearbeiteten Weltanschauung. Im Gegensatz zur klassischen deutschen Philosophie basiert der Marxismus, beeinflusst von der Lehre des Philosophen Ludwig Feuerbach (1804-1872), auf dem Fundament der materialistischen Geschichtsbetrachtung. In den Mittelpunkt der Analyse alles gesellschaftlichen Seins rückten dabei die Bedingungen der Produktion, die für den Fortbestand und für die Entwicklung der Menschheit in allen Facetten als existenziell angesehen wurden. Damit, so Friedrich Engels, „spalteten sich die Philosophen in zwei große Lager. Diejenigen, die die Ursprünglichkeit des Geistes gegenüber der Natur behaupteten, also in letzter Instanz eine Weltschöpfung irgendeiner Art annahmen […], bildeten das Lager des Idealismus. Die anderen, die die Natur als das Ursprüngliche ansahen, gehören zu den verschiedenen Schulen des Materialismus."[325] Die Geschichte der Menschheit sei vom Standpunkt der Lehre eines Historischen Materialismus zu interpretieren, denn „die gesellschaftliche Gliederung und der Staat gehen beständig aus dem Lebensprozeß bestimmter Individuen hervor; aber dieser Individuen, nicht wie sie in der eigenen oder fremden Vorstellung erscheinen mögen, sondern wie sie wirklich sind, d.h. wie sie wirken, materiell produzieren, also wie sie unter bestimmten materiellen und von ihrer Willkür unabhängigen Schranken, Voraussetzungen und Bedingungen tätig sind. Die Produktion der Ideen, Vorstellungen, des Bewußtseins ist zunächst unmittelbar verflochten in die materielle Tätigkeit und den materiellen Verkehr der Menschen, Sprache des wirklichen Lebens."[326] Was die Individuen sind, so resümieren Marx und Engels, „fällt also zusammen mit ihrer Produktion, sowohl damit, was sie produzieren, als auch damit, wie sie produzieren. Was die Individuen also sind, das hängt ab von den materiellen Bedingungen ihrer Produktion."[327]

Diese abgestufte Verknüpfung von determinierenden ökonomischen Verhältnissen und dem darauf fußendem kulturellem Entwicklungsgrad einer Gesellschaft wird auch als „Basis-Überbau-These" bezeichnet. Dessen Definition stellte Karl Marx im Vorwort seiner „Kritik der politischen Ökonomie" voran: „In der gesellschaftlichen Produktion ihres Lebens gehen die Menschen bestimmte, notwendige, von ihrem Willen unabhängige Verhältnisse ein, Produktionsverhältnisse, die einer bestimmten Entwicklungsstufe ihrer materiellen Produktivkräfte entsprechen. Die Gesamtheit dieser Produktionsverhältnisse bildet die ökonomische Struktur der Gesellschaft, die reale Basis, worauf sich ein juristischer und politischer Überbau erhebt, und welcher bestimmte gesellschaftliche Bewußtseinsformen entsprechen. Die Produktionsweise des materiellen Lebens bedingt den sozialen, politischen und geistigen Lebensprozeß überhaupt."[328] Diese Auffassung gipfelte in der historisch-materialistischen Devise, dass das gesellschaftliche Sein das Bewußtsein bestimme, oder mit den Worten von Marx und Engels ausgedrückt: „Nicht das Bewußtsein bestimmt das Leben, sondern das Leben bestimmt das Bewusstsein."[329]

Diese Gewichtung des Marxismus bezeichneten die Syndikalisten als fatal, da der Historische Materialismus jede Geistesentwicklung und jede Kultur dem jeweiligen Stand der Entwicklung der Produktivkräfte unterordne und somit den menschlichen Geist, jedes Individuum den Naturgesetzen hintenanstelle. Zwar sei der Mensch in gewisser Weise von Produktionsverhältnissen abhängig, jedoch bedinge nach Rudolf Rockers Ansicht zum anderen die Kultur ihrerseits die „Beherrschung der Umgebung durch den Menschen".[330] Die Erklärung alles gesellschaftlichen Seins mit der Methode des Historischen Materialismus als „Wissenschaft" charakterisierten die Syndikalisten folgerichtig als naturwissenschaftliche Methode, die streng den ökonomischen Gesetzen folge. Entgegen der Auffassung von Ludwig Feuerbach, dass die Materie „nicht ein Erzeugnis des Geistes, sondern der Geist [...] selbst nur das höchste Produkt der Materie" sei,[331] standen Natur- und Geisteswissenschaften bei den Syndikalisten auf gleicher Stufe nebeneinander und in stetiger Wechselwirkung zueinander.

Einen weiteren Kritikpunkt enthält das von Karl Marx und Friedrich Engels im Jahre 1848 im Auftrage des „Bundes der Kommunisten" in London herausgegebene „Manifest der kommunistischen Partei". Ausgehend von der Erkenntnis ökonomisch-materieller Gesetzmäßigkeiten prognostizierte die marxistische Lehre, dass der Kapitalismus sich durch die fortschreitenden Industrialisierungen zwangsläufig seine eigenen Totengräber schaffe,[332] denn das anwachsende Proletariat sei der Faktor des Umsturzes. Dennoch wurde die Arbeiterschaft in den dominierenden marxistischen Interpretationen solange lediglich als Objekt der Geschichte und nicht als handelndes Subjekt eingestuft, bis die Entwicklung der Produktivkräfte in ein Stadium getreten sei, die eine proletarische Revolution erst ermögliche. Inwieweit das Proletariat schließlich doch als klassenkämpferischer gesellschaftlicher Faktor auftreten könne, war Gegenstand innermarxistischer Kontroversen von revisionistischen Positionen eines Eduard Bernstein (1850-1932) bis zu bolschewistischen Positionen Lenins (Wladimir Iljitsch Uljanow, 1870-1924).

Die Syndikalisten hingegen sahen revolutionäre Situationen dann gekommen, wenn ein dafür relevanter Teil der Bevölkerung die Umwälzung wolle und sich dafür einsetze, so Rudolf Rocker: „Der

Syndikalismus ist sich vollständig klar über die gewaltige Bedeutung der ökonomischen Verhältnisse in der geschichtlichen Entwicklung, aber lehnt es ab, in den Menschen lediglich willenlose Organe des jeweiligen Produktionsprozesses zu sehen und auf diese Art die ökonomische Entwicklung zur Grundlage eines pseudowissenschaftlichen Fatalismus zu machen, der ebenso lähmend auf das Handeln der Menschen einwirken muß, wie jeder religiöse Fatalismus. Aus diesem Grunde teilt der Syndikalismus auch nicht den unbegründeten Glauben, dass der Kapitalismus notwendigerweise zum Sozialismus führen muß, er geht vielmehr von dem Grundsatz aus, dass die Verwirklichung des Sozialismus in erster Linie von dem bewußten Willen und der revolutionären Tatkraft der Arbeitermassen abhängig ist."[333]

Auch gäbe es nach Auffassung der Syndikalisten keine Übergangsgesellschaft, die noch der Staatsform bedürfe, welche im Laufe der Zeit abstürbe, wie es die marxistische Lehre prognostizierte. Im Gegenteil begünstige diese Lehre von der notwendigen Entwicklung der Produktivkräfte und des Übergangsstaates die Existenz politischer Machtformationen, konkret einer die Arbeiterklasse bevormundenden Partei, sei sie nun sozialdemokratisch oder kommunistisch. Die von letzteren favorisierte „Diktatur des Proletariats" wird nach syndikalistischer Ansicht fehlinterpretiert, sei eigentlich eine Diktatur über das Proletariat und daher abzulehnen.

In der Resolution über die prinzipielle Grundlage des Syndikalismus und den organisatorischen Aufbau der FAUD heißt es 1925: „Der Kongreß gibt aufs neue der Meinung Ausdruck, dass die wirtschaftliche Kampfesorganisation die einzige gegebene und natürliche Organisationsform einer revolutionären Arbeiterbewegung sein kann, die zielklar eine Überwindung des kapitalistischen Systems und die Reorganisation des sozialen Lebens auf der Basis des freiheitlichen Sozialismus erstrebt. Die praktischen Erfahrungen der Vergangenheit und ganz besonders die großen Erfahrungen der letzten zehn Jahre haben deutlich gezeigt, dass politische Parteien weder imstande sind, notwendige Verbesserungen zugunsten der Arbeiterklasse innerhalb der heutigen Gesellschaft durchzusetzen, noch für eine planmäßige Umgestaltung des gesellschaftlichen Lebens und die Einführung einer wahrhaft sozialistischen Wirtschaftsordnung in Betracht kommen können, da ihre ganze Einstellung, die ausschließlich auf die Eroberung der politischen Macht gerichtet ist, sie zu dieser Aufgabe unfähig macht. Aus diesem Grunde ist auch jede geistige Bevormundung der proletarischen Wirtschaftsorganisation durch politische Parteien, sowie die Teilung der Arbeiterbewegung in einen politischen und wirtschaftlichen Flügel eine stete Gefahr für die einheitliche Aktion der Arbeiterklasse und ein fortgesetztes Hindernis für ihre endgültige Befreiung von jeder Form wirtschaftlicher Ausbeutung und politischer Unterdrückung [...]".[334]

Der Marxismus habe es zwar verstanden, breite Massen der Arbeiterklasse ideologisch und organisatorisch zu erfassen, aber er habe es nicht vermocht, in ihnen das Bewusstsein ihrer Menschenwürde, ihrer individuellen Bedeutung und ihrer Klassenmacht zu erwecken, geschweige denn, gestützt auf dieses Bewusstsein eine positive Tätigkeit der Lohnarbeiter zu organisieren. Es mangele der marxistisch orientierten Arbeiterbewegung an Elementen, welche die Masseninitiative entwickeln, um so den Klassenkampf aus seiner Isolation herauszuführen.[335] Aus diesem Selbstverständnis heraus erklärt sich das Verhältnis zu allen marxistischen Organisationen an der betrieblichen Basis, die im Folgenden aufgeführt sind.

4.2. Zentralgewerkschaften

Die Zentralgewerkschaften in Deutschland und ihr 1919 gegründeter Dachverband „Allgemeiner Deutscher Gewerkschaftsbund" (ADGB)[336] waren in der ersten Hälfte der 1920er Jahre um Abgänge ihrer Mitglieder zu syndikalistischen und unionistischen Organisationen besorgt. Ihnen lag daran, die Klassengegensätze mittels sozialpartnerschaftlicher Ausrichtung und Maßnahmen zu befrieden. Dazu zählten insbesondere die wirtschaftsfriedliche Einigung mit dem Unternehmertum anhand staatlich anerkannter Tarifvertragspolitik sowie der weitgehende Verzicht auf Arbeitskampfmaßnahmen. Aus diesem Grunde wurden Streiks in den Zentralverbänden als letztes Mittel der Auseinandersetzung und vornehmlich als Abwehrmaßnahme, nicht als Angriffswaffe angesehen und postuliert. Die Gewerkschaften hätten sich nicht um politische Belange zu kümmern, ihre Macht sollte sich lediglich auf ökonomische Angelegenheiten konzentrieren. Damit unterlagen die Zentralgewerkschaften in ihrer Entwicklung einer Tendenz der Selbsteinschränkung und Selbstbefriedung und büßten ihre Zähne ein.

Um ihre Macht gegenüber klassenkämpferischen Alternativen zu festigen, betrachteten sie die FAUD als politische Organisation, und sprachen ihr im Einvernehmen mit staatlichen Stellen ihre gewerkschaftliche Existenzberechtigung ab. Entsprechend dieser Anschauung und der Methoden des „Organisationszwanges" waren Mitglieder der FAUD für sie „Unorganisierte", die keine Ansprüche auf Löhne nach Tarif hätten. Für die Inanspruchnahme gewerkschaftlicher Rechte sollten die Syndikalisten zu den Zentralgewerkschaften übertreten. Überdies wurden sie finanziell oder mit angebotenen Funktionärsposten geködert. Kollegen, die sich dennoch weigerten, wurden gemobbt und beim Unternehmer denunziert. Weigerte sich dieser, die syndikalistisch organisierten Kollegen zu entlassen, traten die Zentralgewerkschafter in den Streik.[337] In Betrieben, wo die Syndikalisten stärker waren und Arbeitskämpfe anführten, bestand eine gängige Methode der reformistischen Gewerkschaften darin, Streiks gezielt zu unterlaufen und diese im Verein mit den Unternehmern zu sabotieren. Oder sie beteiligten sich bei deutlicher Unterlegenheit aus opportunistischen Gründen an den Kämpfen, um unter den Arbeitern nicht weiter an Ansehen zu verlieren.

In Schweden sprach die SAC 1924 von einer groß angelegten Kampagne, deren Ziel es sei, den Syndikalismus zu „vernichten". Auch hier kämpften die Zentralgewerkschaften (Sozialdemokraten und Kommunisten) mit den gleichen Methoden wie in Deutschland gegen die Syndikalisten. Weigerten letztere sich überzutreten, würden sie ihre Arbeitsplätze verlieren.[338] Allerdings gelang es diesen reformistischen Gewerkschaften nicht, eine bedeutende Anzahl Mitglieder zu sich herüberzuziehen. Die SAC erwies sich als zäh, auch gegenüber den „Bolschewisten", die bei diesen Methoden „am frenetischsten" vorgehen würden.[339] Um die Folgen der Sabotagepolitik der Zentralgewerkschaften gegenüber syndikalistischen Streiks einzudämmen, hielt die SAC allein im Jahre 1930 eigens 200 gegen das Streikbrechertum einberufene Versammlungen ab.[340]

Zur gleichen Zeit wurden in Norwegen syndikalistisch organisierte schwedische Gastarbeiter, die sich an Streiks beteiligten, des Landes verwiesen, weil Zentralverbändler sie bei der Ausländerbehörde anzeigten. Zudem sabotierten sie die syndikalistischen Kämpfe, indem sie zum Streikbruch aufriefen, um hernach die Untauglichkeit syndikalistischer Kampfmethoden zu propagieren. Hoffnung auf bedeutende organisatorische Entfaltung hätte sich der weit unterlegene „Norsk Syndikalistisk Forbund" (NSF), der sich als „syndikalistischer Vortrupp" verstand, erst „bei einem Zusammenbruch der zentralgewerkschaftlichen Bewegung" machen können.[341] In Barcelona hingegen scheiterten die Kapitalisten zu Beginn der 1930er Jahre mit ihrem Vorhaben, 150.000 Arbeiter mittels Aussperrung dazu zu zwingen, aus der syndikalistischen Gewerkschaft auszutreten.[342]

Ähnliche Tendenzen der Ausübung von „Organisationszwang" lassen sich im Umfeld aller IAA-Sektionen feststellen. In den Berichten der Organisationen nehmen diese Auseinandersetzungen sehr großen Raum ein. Die sozialpartnerschaftlichen Gewerkschaften stellten weltweit ein ernsthaftes Hindernis für die Entfaltung syndikalistischer Bewegungen dar, welches in seiner Tragweite kaum groß genug eingeschätzt werden kann. Wo dieses sozialpartnerschaftliche Sabotagesystem, die Allianz aus Unternehmertum und Zentralgewerkschaften funktionierte, sparte der Staat Polizei- und Militäreinsätze gegen die Arbeiterschaft, um die Klassengegensätze zu befrieden.

Folgerichtig grenzte sich die IAA im internationalen Maßstab von der sozialdemokratisch orientierten „Amsterdamer" Internationale ab. Diese habe einen rein reformistischen Charakter und strebe die Verständigung von Kapital und Arbeit an.[343]

4.3. „Arbeiter-Unionen" und „Industrial Workers of the World" (IWW)

Zwischen kritischer Distanz und Zusammenarbeit bewegte sich das Verhältnis der Syndikalisten zu den unionistischen Organisationen der „Allgemeinen Arbeiter-Union Deutschlands" (AAU-D) und der 1921 abgespaltenen „Allgemeinen Arbeiter-Union - Einheitsorganisation" (AAU-E). Ihre Stärke entfalteten die Unionisten vor allem im Ruhrgebiet. Zusammen mit weiterem Potenzial in vielen größeren Städten, besonders im Küstenbereich, kamen sie zu Höchstzeiten auf insgesamt mehrere hunderttausend Mitglieder.

Die Arbeiter-Unionen basierten im Gegensatz zur FVDG/FAUD nicht auf Industrieföderationen, sondern auf Betriebsorganisationen. Diese Form einer *„One Big Union"* sei jedoch zu kurz gegriffen, so die Kritik der Syndikalisten, nicht ausreichend für die Übernahme der gesamten Produktion, das könnten nur die Industrie-Föderationen leisten, denn „Syndikalisten sind berufs-, betriebs-, industrie-, bezirks-, orts-, provinz-, landesorganisch und weiter international verbunden."[344]

Ein weiterer Kritikpunkt der FAUD benannte die große Affinität der AAUD zur marxistischen Ideologie. Sie war der betriebliche Arm der „Kommunistischen Arbeiter-Partei Deutschlands" (KAPD), einer 1920 aus der KPD hervorgegangenen Abspaltung. Die Syndikalisten hingegen zeigten eine klare Abgrenzung zu marxistischer Ideologie. Dennoch sollte nach den Ausführungen Franz Pfemferts, geistiger Kopf der AAU-E, ein Zusammenschluss aller antiautoritären Organisationen möglich sein, die die Parole „Die Befreiung der Arbeiter muß das Werk der Arbeiter selbst sein!" teilen.[345] Zur Zusammenarbeit und sogar Verschmelzungen mit lokalen „Arbeiter-Unionen" zur FAUD kam es bereits kurz nach dem Krieg in vielen Regionen. Die FVDG hatte auf ihrem 12. Kongress Ende 1919 eigens den Begriff „Union" in ihren neuen Organisationsnamen integriert, um ihre Offenheit zu signalisieren und ihr starres Berufsorganisationsmodell in Richtung Industrieföderation zu lockern, womit sie dem Unionismus organisatorisch entgegen kam. Wenige Monate zuvor verschmolzen im Rheinland der „Allgemeine Arbeiter-Verband", die „Allgemeine Bergarbeiter-Union", die „Allgemeine Arbeiter Union Essen" und die „Allgemeine deutsche Arbeiter Union Düsseldorf", insgesamt knapp 100 Ortsgruppen, zur FAUD.[346] In die Belange der einzelnen Ortsvereine griff das Sekretariat der FAUD laut föderalistischen Grundsätzen nicht ein, so dass auf regionaler Ebene viele Bündnisse zwischen den Gruppen entstanden.[347]

So wurde 1922 auf einer Konferenz für Rheinland/Westfalen von FAUD, FAU (Gelsenkirchener Richtung), AAU und AAUE der gemeinsame zentralgewerkschaftliche Gegner betont, der im Bündnis mit dem Unternehmertum überall in den Betrieben seinen Alleinvertretungsanspruch durchdrücken wollte. Diese Entwicklung könne nur durch die Einigung aller Arbeiter-Unionen aufgehalten werden, dem „Terror der Gewerkschaften" nur gemeinsam wirksam entgegen getreten werden. So schlossen sich die regionalen Konferenzteilnehmer zu einer Kampfgemeinschaft zusammen, wobei die „Selbständigkeit der Organisationen, in ihrer Organisationsform und ihren Prinzipien" nicht beeinträchtigt werden sollte: „Sie verpflichten sich zu gegenseitiger Unterstützung in allen Kämpfen, die von Seiten der Arbeitsgemeinschaft gegen eine der oben genannten Organisationen oder ihrer Gesamtheit geführt werden." Desweiteren wollten sie gegen alle Regierungsmaßnahmen wie Schlichtungsordnungen und Arbeitsgesetze, Arbeits-Vermittlungsgesetze angehen.[348]

Jahre später wurde im „Syndikalist" mit ironischem Unterton resümiert: „Diese Kampfgemeinschaft hat sich großartig bewährt. Ungeheure Massenversammlungen haben im Ruhrgebiet stattgefunden – meistens mussten Parallelversammlungen stattfinden – einmütig und einstimmig wurden die eingegangenen Resolutionen angenommen. Der Allg[emeine] Deutsche Gewerkschaftsbund wurde, als stärkste Organisation, aufgefordert, einen allgemeinen Arbeitertag einzuberufen, behufs Herstellung der proletarischen Einheitsfront. Was taten die KPD-Führer? Sie bliesen ab – die Union der Hand- und Kopfarbeiter [stark parteikommunistisch beeinflusste Nachfolgeorganisation der FAU-Gelsenkirchener Richtung] musste auf Parteibefehl aus der Proletarischen Einheitsfront austreten, was auch geschah. […] Seit 7 Jahren haben die Syndikalisten versucht, die proletarische, wirtschaftliche Einheitsfront herzustellen. Aber leider haben die Klassengenossen die Situation bis jetzt nicht erfasst, weil sie sich im parlamentarisch-parteipolitischen Dunst nicht zurechtfinden konnten."[349]

Auch in anderen Regionen, besonders an der Küste, entstanden antiautoritäre Kartelle aus Arbeiter-Unionen und ähnlichen Organisationen, welche sich an rätekommunistischen Vorstellungen orientierten. Im betrieblichen Kampf, beispielsweise gegen die Abschaffung des Acht-Stunden-Tages, wurde eine Zusammenarbeit mit allen Organisationen, die den Parlamentarismus ablehnten (darunter Anarchisten und AAUE), empfohlen.[350] Die AAU-E wurde durch den Delegierten Franz Pfemfert sogar auf den ersten beiden IAA-Kongressen vertreten.[351] Ganz entschieden grenzten sich die Syndikalisten jedoch gegenüber der FAU-Gelsenkirchener Richtung ab, die ihrer Auffassung nach unter Kontrolle der kommunistischen Partei stand.[352] Immer wieder gab es Übertritte größerer Gruppen von Unionisten zur FAUD.

Auch zur „Kommunistischen Arbeiter-Union“, die 1931 aus der Verschmelzung von AAU und AAU-E entstand, unterhielt die FAUD freundschaftliche und offene Beziehungen.[353] Annäherungen gab es um 1930 zum ebenso aus der unionistischen Bewegung hervorgegangenen „Deutschen Industrie-Verband“.[354]

Unter Wahrung ihrer Eigenständigkeit war die IAA offen für alle Arbeiterorganisationen, die in freiheitlich-emanzipatorischem Sinne kooperieren wollten. So fanden sich auf den Vorkonferenzen, wie auch beim ersten IAA-Kongress in Berlin, Organisationen mit beratender Stimme ein, die nicht aus der eigenen Tradition stammten, darunter auch die 1905 gegründete unionistische IWW. Diese fand ihre Verbreitung vor allem in Nordamerika, wo die IAA keine Landessektion hatte. Beide Zusammenschlüsse standen in einem ambivalenten Verhältnis zueinander. Zwischen den Sekretariaten und auf Landesebene entstanden Kontakte. Während sich in Italien beide Organisationen gegenseitig unterstützten,[355] beklagten in Südamerika einige Sektionen, die IWW würde versuchen, ihnen die Mitglieder abzuwerben und „öffentliche Angriffe“ tätigen. Auch die IWW Chiles sei als IAA Sektion wenig hilfreich, wie die Syndikalisten der Nachbarländer konstatierten. Hingegen falle sie den IAA-Sektionen „stets in den Rücken“, indem sie in Argentinien und Uruguay die Bemühungen zum Aufbau einer IWW vorantrieb. Sie sei bemüht, „überall in die lateinischen Länder einzudringen“.[356] Ihr Charakter sei nicht revolutionär.[357] Zur IWW nach Kanada bestanden gute Beziehungen. In den USA hingegen befänden sich die „Wobblies“, wie die Mitglieder der IWW auch genannt wurden, schon unter merklich kommunistischen Einfluss. Die Tendenzen und Entwicklungen wurden von den Syndikalisten genau beobachtet.[358]

Generell vertrat das IAA-Sekretariat die Auffassung, dass eine „IWW-Filiale“ in Ländern, wo eine IAA-Sektion besteht, überflüssig sei.[359]

Die relative Nähe der Syndikalisten zum Unionismus offenbarte sich auch in der Berichterstattung im „Syndikalist“ zur IWW, über deren Arbeitskämpfe und Verfolgungen durch die staatlichen Behörden teilweise sehr ausführlich informiert wurde. Im Zeichen des weltweit aufkommenden Faschismus tauschten die Sekretariate von IAA und IWW freundschaftliche Grüße und beste Wünsche für die Kämpfe der anderen aus. Die IWW beriet auf ihrem 21. Kongress im Jahre 1934 sogar über einen Anschluss an die IAA und beschloss die Verbreitung von Propagandamaterial der IAA.[360] Dennoch betrachtete sich die IWW als eigenständige Internationale und hatte letztlich an einem Zusammenschluss mit der IAA kein Interesse.[361] Die Aufmerksamkeit blieb auch nach dem Zweiten Weltkrieg bestehen, so dass auf dem 8. IAA-Kongress im Jahre 1953 eine amerikanische Gastdelegation zugegen war.[362]

4.4. Anarchisten

Das Verhältnis von Syndikalismus/Anarcho-Syndikalismus zum Anarchismus nahm ebenfalls ambivalente Züge an, gestaltete sich jedoch ungleich diffiziler. Zum Anarchismus als soziale Idee und Bewegung weist der Syndikalismus nämlich die meisten Schnittmengen auf. Und in allen Ländern ist der Syndikalismus genuin mal mehr (Argentinien, Spanien) mal weniger (Schweden, Deutschland) eng mit anarchistischen Ideen verknüpft. Dementgegen beinhaltet der Anarchismus unzählige Unterströmungen, über die ein syndikalistischer Gewerkschafter nur den Kopf zu schütteln vermag. Die programmatische Schnittmenge zwischen Syndikalisten und Anarchisten findet sich in den Ideen Peter Kropotkins vom „kommunistischen Anarchismus". Diese Grundideen stellen das Bindeglied zwischen syndikalistischen Gewerkschaften und manchen anarchistischen Organisationen dar. Wie verhielt es sich in bedeutenden Landessektionen der IAA? Inwieweit gingen Syndikalismus und Anarchismus zusammen, welche grundlegenden und praktischen Probleme taten sich auf? Ein kurzer internationaler Überblick soll im Folgenden einige markante und repräsentative Schlaglichter, sowie sehr unterschiedliche Formen des Umgangs mit diesem Konfliktpotenzial vorstellen.

In Argentinien stellte die FORA nach eigenen Angaben eine „syndikalistische Organisation mit ausgesprochener anarchistischer Tendenz" dar. Umgekehrt habe dort „niemals die anarchistische Idee ohne syndikalistische Tendenz" existiert, wie es in europäischen Ländern zu beobachten gewesen sei. Die argentinische IAA-Sektion kann somit als Musterbeispiel einer Synthese aus Syndikalismus und Anarchismus angesehen werden, wie sie es selber ausführte: „Die FORA entwickelte sich gesund bis zu rein anarchistischer Weltanschauung, weil ihre Mitglieder teils gefestigte Anarchisten, teils mit dem Anarchismus sympathisierende Arbeiter waren. Dadurch erklärt sich die Tatsache, dass seit wenigen Jahren die ganze anarchistische Bewegung, dargestellt durch die Syndikate, die Gruppen, die Presse usw. ein harmonisches, ineinander greifendes Ganzes bilden und ein brüderliches Milieu darstellen, ohne sichtbare Linien der Trennung."[363] Zwischen den Syndikalisten und Anarchisten Argentiniens bestand im Gegensatz zu den Verhältnissen in Europa weitestgehend Übereinstimmung. Als Ausdruck dessen kann auch die sehr einflussreiche Tageszeitung „La Protesta" angeführt werden, die zwar kein offizielles Organ der FORA darstellte, mit ihr jedoch organisch und einträchtig verwachsen war. Sie begriff sich als Organ für die gesamte revolutionäre Bewegung Argentiniens, in der freilich die FORA die dominante Stellung einnahm.[364] Die Anarchisten Argentiniens seien alle in der FORA organisiert.[365] Auf dem ersten syndikalistischen Nachkriegskongress der IAA im Jahre 1951 traten deutliche Degenerationserscheinungen der

FORA zutage: Der argentinische Delegierte äußerte sich dahingehend, dass Gewerkschaften nicht syndikalistisch beschaffen sein, sondern rein anarchistischen Charakter haben sollten. Er wandte sich überdies gegen feste Organisationsstrukturen und gegen militante Verteidigung sozialer Errungenschaften. Delegierte anderer IAA-Sektionen widersprachen ihm deutlich.[366]

Die Verhältnisse in Argentinien können keinesfalls auf Europa übertragen werden. In dessen Ländern der 1920er Jahre versuchten nämlich separate anarchistische Organisationen Einfluss auf die syndikalistischen Gewerkschaften auszuüben: In Portugal versuchten sie in gemäßigter und verträglicher Form in die Gewerkschaften „möglichst viele libertäre Zielvorstellungen hineinzutragen".[367] In Deutschland wirkten sie sich innerhalb der FAUD und der syndikalistisch-anarchistischen Jugend mitunter offen störend und zersetzend aus, wofür stellvertretend Namen wie Rudolf Oestreich, Ernst Friedrich und Carl Langer genannt werden können. Als Beispiel seien aus syndikalistischer Sicht die Vorkommnisse auf dem 13. Kongress der FAUD in Düsseldorf erwähnt: „Auch die FAUD blieb von diesen Erscheinungen nicht verschont. Die Wühlereien der Moskauer Stipendianten kamen noch hinzu, individualistische und sich radikal dünkende Elemente traten als Dritte im Bunde auf, und so gab der 13. Kongreß in Düsseldorf das unerfreuliche Bild von Brüdern im Streite. Die Meinungen platzten aufeinander, die Sachlichkeit der Diskussion trat in den Hintergrund, und der Kampf gegen Kapitalismus und Staat musste dem Streit in den eigenen Reihen den Vorrang abtreten."[368] Gegen die Treibereien des einflussreichen österreichischen Anarchisten Rudolf Großmann alias Pierre Ramus wandten sich um 1930 nicht nur die Syndikalisten, sondern auch der anarchistische Schriftsteller Erich Mühsam mit scharfen Worten.[369] Auch in den Niederlanden wurde in den 1920er Jahren vor dem Einfluss von individualistischen Anarchisten gewarnt, die die syndikalistische Organisation „aufs Schärfste" bekämpften.[370] Zu heftigen Auseinandersetzungen kam es im selben Jahrzehnt in Japan, wobei nach einem Bericht des IAA-Sekretariats „die Anarchisten sich als Verteidiger einer Art Bauernföderalismus zeigen, während die Syndikalisten von ihnen als sich auf die Städte beschränkende Zentralisten hingestellt werden."[371] In Bulgarien einigten sich Syndikalisten und Anarchisten nach jahrelangen Streitigkeiten zu Beginn der 1930er Jahre per Kongressbeschluss auf eine gemeinsame Vorgehensweise, wonach sich die Anarchisten für die ideologische Propagandaarbeit und die Syndikalisten sich für die Organisation der Massen zuständig zeigen sollten.[372] Die französischen Anarchisten separierten sich automatisch von den Syndikalisten durch ihre Mitarbeit in den Zentralgewerkschaften.[373]

Die spanische „Federación Anarquista Ibérica" (FAI) trat dafür ein, dass auch anarchistische Organisationen der IAA beitreten sollten.

Diese Forderung wurde abgewiesen, da laut IAA-Statut ausschließlich Gewerkschaften angeschlossen sein können. Der FAI wurde nahe gelegt, sich über die CNT zu engagieren.[374] Dennoch könne auch mit nichtgewerkschaftlichen Organisationen zusammengearbeitet werden, die dieselben Ziele verfolgten und die gleichen Kampfmittel anwenden.[375]

In der revolutionären Praxis zeigte das Beispiel Spanien schließlich auf, dass die anarchistische FAI innerhalb der CNT zwar ihren Einfluss geltend machen konnte, dies jedoch der Regierungsbeteiligung des Jahres 1936 nicht hinderlich war. Die Ministerposten besetzten Mitglieder beider Organisationen. An den Verwaltungs- und Milizausschüssen beteiligten sich neben marxistischen Gewerkschaften und Parteien auch die syndikalistische CNT, sowie die anarchistisch-politische FAI. Weder Syndikalisten noch Anarchisten hielten an ihren Prinzipien fest. Bereits zu Beginn der 1930er Jahre stellten die Auseinandersetzungen zwischen der FAI und den Anhängern der „Treintas" in der CNT (darunter Ángel Pestaña und Juan Peiró) einen früheren Höhepunkt in der grundsätzlichen Zwiespältigkeit zwischen Anarchisten und realpolitisch orientierten Syndikalisten innerhalb der CNT dar. Erstere favorisierten für die Gewerkschaftspolitik das unmittelbar revolutionäre Element, letztere formulierten das sogenannte „Manifest der Dreißig", worin sie den revolutionären Umsturz langfristiger angelegt und planmäßiger gestalten wollten. Die Ökonomie und damit die Organisation des gesellschaftlichen Lebens könne ihrer Ansicht nach erst dann in die Hände der Gewerkschaft übergehen, wenn Staat und Wirtschaft von den eigenen Kräften und Strukturen in einem höheren Maße unterminiert seien.[376] Die „Treintas", darunter namhafte Vertreter des spanischen Syndikalismus, spalteten sich daraufhin von der CNT ab.

Das IAA-Sekretariat hatte stets die Aufgabe zu erfüllen, zwischen den ideologischen Strömungen zu vermitteln, denjenigen, die behaupteten, der (Anarcho-)Syndikalismus genüge sich selbst und den dogmatischen Anarchisten, Positionen, die nicht selten von unterschiedlichen Mentalitäten und Temperamenten abhängig waren.[377] Rudolf Rocker erklärte dazu, dass es sowohl Anarchisten gäbe, mit denen ein gemeinsames Wirken unmöglich sei, als auch solche, wie beispielsweise Errico Malatesta (1853-1932), mit denen es trotz grundverschiedener Auffassungen „beste Zusammenarbeit" gäbe. Malatesta vertrat 1907 auf dem internationalen anarchistischen Kongress in Amsterdam die Auffassung, dass auch revolutionäre Gewerkschaften generell einen reformistischen Charakter trügen und favorisierte bewaffnete Aufstandsbewegungen.[378] Alexander Shapiro ergänzte in der Frage des Verhältnisses von Syndikalisten und Anarchisten, dass der von den Syndikalisten angestrebte freiheitliche Kommunismus mit dem von einigen anarchistischen Gruppen favorisierten Individualismus nichts zu tun habe.[379]

Die Berliner Geschäftskommission der FAUD befand sich ebenfalls in einer Vermittlerrolle zwischen anarchistischen und syndikalistischen Strömungen. Sie nahm diese Position mit viel Umsicht wahr, sodass die Organisation intakt blieb. Dabei versuchte sie durch ausgedehnte Vortragsreisen und durch das wöchentlich erscheinende Organ „Der Syndikalist“ klare Positionen zu verbreiten und gleichzeitig möglichst hohe Toleranz den jeweils abweichenden Meinungen gegenüber walten zu lassen. Andererseits grenzte sich die FAUD deutlich von marxistischen, wie auch individualanarchistischen Einflüssen ab. Rudolf Rocker wirkte als Integrationsfigur, hielt auf den reichsweiten FAUD-Kongressen nicht nur einleitende Reden, sondern wurde des Öfteren als überparteilicher Schlichter berufen. Dies betraf nicht nur sachliche, sondern auch persönliche Auseinandersetzungen zwischen Protagonisten der Bewegung, wie er selber betonte: „Zum Schluß habe ich persönlich noch zu erklären, dass ich es herzlich satt habe, in all diesen unangenehmen und durchaus nicht notwendigen Dingen stets die Vermittlerrolle zu spielen. Auch Engelsgeduld hat schließlich ihre Grenzen.“[380]

Im Sinne der IAA betonte Alexander Shapiro: „Die IAA hat keinerlei Einfluß zu fürchten, weder anarchistischen noch anderen, solange dieser Einfluß sich frei in ihrem eigenen Schoße und in ihren Organisationen entfaltet. Das ist im Gegenteil ein freier Austausch moralischer und geistiger Strömungen und Ideen, der die Arbeiterklasse befähigen wird, ihren Weg zur Befreiung zu finden. Was die IAA niemals dulden wird, ist, daß irgendeine Partei (und sei es eine ‚anarchistische‘) von außen her Einfluß auf die Prinzipien, die Taktik und die Kampfmittel des Proletariats zu nehmen versucht.“[381]

Anmerkungen Kapitel IV

[287] Raphael Friedeberg, Parlamentarismus und Generalstreik, S. 64
[288] DS, Nr. 6/1919.
[289] DS, Nr. 31/1931.
[290] Rudolf Rocker: Die Entscheidung des Abendlandes, S. 369.
[291] Ebd., S. 351.
[292] Vgl.: Ebd., S. 352 ff.
[293] Ebd,. S. 109.
[294] Ebd., S. 118.
[295] Statuten der IAA, in: „Die Schöpfung", Nr. 32 vom 8. Februar 1923.
[296] Statuten der IAA, in: „Die Schöpfung", Nr. 32 vom 8. Februar 1923.
[297] Werner Sombart: Sozialismus und soziale Bewegung, Jena 1919/Karl Diehl: Über Sozialismus, Kommunismus und Anarchismus. Fünfundzwanzig Vorlesungen, Jena 1922.
[298] Herfried Münkler (Hg.): Max Weber. Der Sozialismus, S. 108 f. Siehe auch Jonnie Schlichting: Revolutionärer Syndikalismus und Unionismus bis 1918. Beiträge zu einer Bibliographie, 2014.
[299] Vgl.: Der III. Kongreß der Internationale Arbeiter-Assoziation, in: DI, Nr. 9/Juli 1928, S. 2.
[300] DS, Nr. 32/1930.
[301] Vgl.: Bericht des II. Kongresses der Internationalen Arbeiter-Assoziation, in: DI, Nr. 5/Juni 1925, S. 110.
[302] Albert Jensen: Die Stellung des revolutionären Syndikalismus zur bürgerlichen Demokratie, in: DI, Nr. 1/November 1930, S. 15.
[303] Fred Schröder, in: Hans-Jürgen Degen/Helmmut Ahrens (Hg.) „Wir sind es leid, die Ketten zu tragen..." (1979). FAI steht für „Federación Anarquista Ibérica", anarchistische Organisation in Spanien, eng mit der CNT verwoben.
[304] Vgl.: Walter Bernecker: Aufstieg und Niedergang des anarchistischen Syndikalismus in Spanien..., S. 34 ff.
[305] Vgl.: Abel Paz: Anarchist mit Don Quichottes Idealen (2008), Michael Schumann/ Heinz Auweder: A las Barricadas (1999), Pierre Vilar: Der spanische Bürgerkrieg (1999), Monika Wojak: Das Verhältnis von Anarchisten zu linken Regierungen (1979).
[306] Anschaulich beschrieben in Abel Paz: Anarchist mit Don Quichottes Idealen.
[307] Zitiert in: Rudolf Rocker: Max Nettlau..., S. 296.
[308] Siehe dazu Tim Wätzold: Konflikte innerhalb der antifaschistischen Allianz im Spanischen Bürgerkrieg am Beispiel der Front in Aragonien, Edition Syfo Nr. 4, Moers 2013.
[309] Vgl.: Augustin Souchy: Bei den Landarbeitern von Aragon..., S. 29.
[310] Gerhard Wartenberg: Unsere Staatsauffassung, in: DI, Nr. 6/1931.
[311] Vgl.: DS, Nr. 23/1919 und Nr. 39/1922.
[312] Auch auf internationaler Ebene befand sich die syndikalistische Arbeiterbewegung in einem Zustand der Agonie. Die verbliebenen Landessektionen der IAA wurden seit 1938 durch das in Stockholm ansässige IAA-Sekretariat vertreten.
[313] Ingemar Sjöö: Syndikalismus in Schweden, S. 16.
[314] Evert Arvidsson: Der freiheitliche Syndikalismus im Wohlfahrtsstaat, S. 21 f.
[315] Ahto Uisk: Syndikalismus – Eine Ideenskizze, S. 9 f.
[316] Augustin Souchy: Neue Strömungen in Schweden, in „Die freie Gesellschaft", Nr. 23/1951.
[317] Ahto Uisk: Syndikalismus – Eine Ideenskizze, S. 12.
[318] Martin Veith: Warum IAA?, S. 48.
[319] Rudolf Rocker: Die Entscheidung des Abendlandes, S. 339.
[320] Ebd., S. 95.
[321] Ebd., S. 333.
[322] Ebd., S. 41.

[323] Ebd., S. 457.
[324] DS, Nr. 6/1920.
[325] Friedrich Engels: Ludwig Feuerbach und der Ausgang..., in: MEW, Bd. 22, S. 275. (Berlin 1962)
[326] Karl Marx: Feuerbach. Gegensatz von materialistischer und idealistischer Anschauung, in: MEW, Bd. 3, S. 22.
[327] Karl Marx: Feuerbach. Gegensatz von materialistischer und idealistischer Anschauung, in: MEW, Bd. 3, S. 17.
[328] Karl Marx : Zur Kritik der Politischen Ökonomie, Vorwort, in: MEW, Bd. 13, S. 8.
[329] Karl Marx: Feuerbach. Gegensatz von materialistischer und idealistischer Anschauung, in: MEW, Bd. 3, S. 23.
[330] Rocker (1949), S. 463.
[331] Friedrich Engels: Ludwig Feuerbach und der Ausgang…, in: MEW, Bd. 21, S. 277 f.
[332] Vgl.: Karl Marx/Friedrich Engels: Manifest der kommunistischen Partei, in: MEW, Bd. 4, S. 459-493.
[333] DS, Nr. 10/1919.
[334] Protokoll über die Verhandlungen vom 15. Kongreß…, S. 49.
[335] Vgl.: Rudolf Rocker: Absolutistische Gedankengängen im Sozialismus.
[336] Vgl.: Ulrich Borsdorf (Hg.): Geschichte der deutschen Gewerkschaften, S. 309.
[337] Vgl.: Geschäftskommission der „Freien Vereinigung deutscher Gewerkschaften": Was wollen die Lokalisten..., S. 1.
[338] Vgl.: Bericht des II. Kongresses der Internationalen Arbeiter-Assoziation, in: DI, Nr. 5/Juni 1925, S. 156.
[339] Vgl.: Albert Jensen: Die syndikalistische Bewegung in Schweden, in: DI, Nr. 3/Januar 1929.
[340] Vgl.: DS, Nr. 32/1931.
[341] Einar Skaalbones. Die syndikalistische Bewegung in Norwegen, in: DI, Nr. 6/April 1929, S. 19 f.
[342] Vgl.: DS, Nr. 32/1931.
[343] Vgl.: DS, Nr. 32/1923.
[344] DS, Nr. 34/1924.
[345] Vgl.: Bericht des II. Kongresses der Internationalen Arbeiter-Assoziation, in: DI, Nr. 5/1925, S. 27.
[346] Vgl.: DS, Nr. 37 und 42/1919.
[347] Vgl.: DS, Nr. 7/1924.
[348] Vgl.: DS, Nr. 10/1922.
[349] DS, Nr. 7/1925.
[350] Vgl.: DS, Nr. 41/1923.
[351] Vgl.: DS, Nr. 1/1923 und Nr. 13/1925.
[352] Vgl.: DS, Nr. 6/1921 und Nr. 42/1922.
[353] Vgl.: DS, Nr. 25/1932.
[354] Vgl.: DS, Nr. 44/1930.
[355] Vgl.: Bericht des II. Kongresses der Internationalen Arbeiter-Assoziation, in: DI, Nr. 5/1925, S. 74.
[356] Zitate nach: Bericht des II. Kongresses der Internationalen Arbeiter-Assoziation, in: DI, Nr. 5/1925, S. 7 ff.
[357] Vgl.: Bericht des II. Kongresses der Internationalen Arbeiter-Assoziation, in: DI, Nr. 5/1925, S. 21
[358] Vgl.: Bericht des III. Kongresses der Internationalen Arbeiter-Assoziation, in: DI, Nr. 5/März 1929, S. 23 f.
[359] Vgl.: Bericht des III. Kongresses der Internationalen Arbeiter-Assoziation, in: DI, Nr. 5/März 1929, S. 23 f.
[360] Vgl.: DI, Januar/Februar 1935, S. 31.
[361] Vgl.: Sekretariat der Internationalen Arbeiter-Assoziation (Hg.): IV. Weltkongress der Internationalen Arbeiter-Assoziation…, S. 8. So hielt das IAA-Sekretariat auch Kontakt zur etwa 500 Mitglieder zählenden IWW in Ungarn, die sich ihrerseits jedoch zur IWW in den USA zugehörig sah, vgl.: DS, Nr. 16/1931.

[362] Vgl.: DFG, Nr. 42/1953, S. 11.
[363] Bericht des II. Kongresses der Internationalen Arbeiter-Assoziation, in: DI, Nr. 5/Juni 1925, S. 97.
[364] Vgl.: Bericht des II. Kongresses der Internationalen Arbeiter-Assoziation, in: DI, Nr. 5/Juni 1925, S. 96.
[365] Vgl.: Bericht des II. Kongresses der Internationalen Arbeiter-Assoziation, in: DI, Nr. 5/Juni 1925, S. 49.
[366] Vgl.: DFG, Nr. 22/1951, S. 11.
[367] Peter Merten: Anarchismus..., S. 167.
[368] DS, Nr. 15/1925.
[369] Vgl.: Protokoll über die Verhandlungen des 18. Kongresses..., S. 39 f.
[370] Vgl.: Bericht des II. Kongresses der Internationalen Arbeiter-Assoziation, in: DI, Nr. 5/Juni 1925, S. 48.
[371] DS, Nr. 15/1930.
[372] Vgl.: DS, Nr. 47/1932.
[373] Vgl.: DS, Nr. 32/1931.
[374] Vgl.: DI, Nr. 12/Oktober 1929, S. 20.
[375] Vgl.: DI, Nr. 9/Juli 1928, S. 4.
[376] Vgl.: DS, Nr. 43/1931.
[377] Vgl.: DI, Nr. 7/Juli 1932, S. 145.
[378] Sein inhaltlicher Widerpart auf dem Kongress war Pierre Monatte. Siehe auch Maurizio Antonioli, The International Anarchist Congress, Amsterdam 1907. Black Cat Press, Edmonton 2009.
[379] Vgl.: Bericht des II. Kongresses der Internationalen Arbeiter-Assoziation, in: DI, Nr. 5/Juni 1925, S. 48.
[380] DS, Nr. 25/1925.
[381] DS, Nr. 17/1929.

V. Neben der Gewerkschaftsarbeit

In besonderem Maße legten die Gewerkschaften darauf Wert, außergewerkschaftliche Organisationsformen (für Erwerbslose, Frauen, Jugendliche und Kinder), also das gesamte soziale Umfeld als solches, einzubeziehen, denn, wie es beispielsweise der Kongress der portugiesischen CGT 1922 ausdrückte: „Der Syndikalismus, [...] das gesamtgesellschaftliche Organisationsmodell der Zukunft, kann und darf sich nicht auf den ökonomisch-materiellen Bereich beschränken und noch viel weniger auf den ‚Kampf um Lohnerhöhungen'; er muß in allen Bereichen menschlicher Aktivitäten gleichermaßen Propaganda entfachen und verstärken, in allen Tätigkeitsbereichen, die gesellschaftlich nützlich sind oder nutzbar gemacht werden können…"[382] Im Folgenden soll verdeutlicht werden, dass der Syndikalismus in der Tat keine reine Gewerkschaftsbewegung Mitgliedsbeiträge zahlender Arbeiter darstellte, sondern sich an den Kämpfen auch weitere Personengruppen beteiligten, da beinahe die gesamte Bevölkerung als Zielgruppe und als Leidtragende des kapitalistischen Systems erfasst wurde. Nicht zuletzt galt es für die Suche nach neuen Wegen, auch außerhalb der Betriebe für die syndikalistische Bewegung zu werben. Dies betraf drei Bereiche:

1. *Personengruppenorganisationen*

2. *Kulturorganisationen*

3. *Hilfsorganisationen*

1. Personengruppenorganisationen

1.1. Frauen

Die Frau in der Gesellschaft

Besonders in den kulturellen, erzieherischen und außerbetrieblichen Bereichen spielten die Frauen innerhalb der syndikalistischen Bewegung eine bedeutende Rolle. Wie stand es um ihre eigenen Ansichten und Organisierung? Der Emanzipation der Frau standen nicht nur wirtschaftliche Faktoren im Weg, sondern auch „viel tiefer verwurzelte Vorurteile der Gegenwartsgesellschaft, religiöse Auffassung, familiäre Überlieferung durch die Eltern, kurz die Erziehung und die Beeinflussung durch äußere Umstände" jedweder Art.[383]

Die Ehe sei zuvorderst „vom Geldstandpunkt aus" zu betrachten, denn diese mache „die Frau zu einer Ware und die Ehe zu einem gemeinsamen Kaufgeschäft. Die natürlichen, d.h. die eigentlichen moralischen Gesichtspunkte kommen erst in zweiter Reihe. Die Frau gerät in die abhängige Lage von dem Manne. So ist in der heutigen Gesellschaft das Verhältnis zwischen den Geschlechtern ein ebenso ungesundes, wie das zwischen Bourgeois und Proletariern. Der Mann hat die Rechte, die Frau die Pflichten…"[384] Die in syndikalistischen Kreisen sehr geschätzte US-amerikanische Anarchistin Emma Goldman brachte es auf den Punkt: „Heirat ist größtenteils ein Wirtschaftsabkommen, ein Versicherungsvertrag."[385]

Der Verbürgerlichung des Proletariats, insbesondere der Arbeiterfrauen durch Kitschromane oder Nonsens in den Tageszeitungen, sollte Aufklärung im sozialistischen Sinne entgegengestellt werden. Dazu gälte es, die Frauen einzubinden, um gemeinsam mit den Männern den Kampf um die freie Gesellschaft führen zu können. Das „Bollwerk der Unwissenheit des bürgerlichen Denkens in den Reihen der Frauen" müsse zertrümmert werden. Ausgang dieser Aktivitäten sei die Familie und in deren Zentrum die „proletarisch denkende und fühlende" Mutter. Das Mutterdasein sollte dabei folgende Forderungen nicht ausschließen: „Emanzipation der Frau! – Befreiung der Frau aus den Ketten alter Traditionen! Befreiung der Frau in geistiger und wirtschaftlicher Beziehung! – Das sind bedeutende Losungen des revolutionären Sozialismus. Die Frau soll die Mitstreiterin sein und muß es sein im Ringen der Arbeiterklasse nach Freiheit und Brot. Und mit Recht gilt der Satz: Ohne sozialistisch denkende Frauen kein Sozialismus! Die Revolution ist nicht nur die Sache des männlichen Geschlechts, sondern die Männer und Frauen des arbeitenden Volkes sind hierzu berufen."[386]

Die männlichen Genossen könnten einen Beitrag für ihre Anerkennung als vorbildliche Genossen im gemeinsamen Kampfe durch die Genossinnen und Ehefrauen dadurch leisten, dass sie an ihrer Selbsterziehung arbeiten, was die „Vermeidung von Exzessen aller Art, Ausschaltung von Schimpfworten im Familienleben, das persönliche gute Beispiel in allen Fragen, welche das Familienleben betreffen" anginge. Noch zu häufig würden Frauen aus Diskussionen über soziale Fragen herausgehalten, stattdessen „als eine Art geschlechtliches Spielzeug" betrachtet.[387] Ebenso richtig als der Satz: ‚Die Befreiung der Arbeiter kann nur das Werk der Arbeiter selbst sein!' sei die Variante: ‚Die Befreiung der Frau kann nur das Werk der Frau selbst sein!'[388] Insgesamt war das Bewusstsein der syndikalistischen Frauen eingebettet in die Weltanschauung eines kommunistischen Anarchismus und eng verflochten mit dem syndikalistischen Gewerkschaftscharakter der

FAUD. Der 4. IAA-Kongress appellierte 1931 an alle Sektionen, „sich ganz besonders der Aufklärung der Frauen auf allen Gebieten zu widmen“, überall solle dahingehend gewirkt werden, „dass die Frau auf allen Gebieten dem Manne als gleichberechtigt erachtet wird.“[389] In Argentinien war die Integration bereits seit langem gängige Praxis, beispielsweise durch die von Virginia Bolten (1870-1960) seit 1896 herausgegebene Zeitung „La voz de la mujer“ („Die Stimme der Frau).

Die Frau im Syndikalismus

Die Befreiung der Frau war eng verbunden mit dem gewerkschaftlichen Kampf. Eine separate Organisation dieser Frauen blieb innerhalb der FAUD daher umstritten: „Eine Frauenfrage, etwa im Sinne der bürgerlichen Frauenemanzipationsbestrebungen, gibt es in unseren Reihen nicht. Von vornherein gilt die Frau bei uns als gleichwertige Kampfgenossin, in allen uns berührenden Fragen.“[390] Nachdem Milly Witkop-Rocker auf dem 14. FAUD-Kongress 1922 beklagte, dass die Frauen aus den Syndikalistischen Frauenbünden kein Stimmrecht genießen,[391] beschloss die FAUD dortselbst: „Die Hausfrauentätigkeit ist ein Beruf. Aus diesem Grunde sind die syndikalistischen Frauenbünde Berufsorganisationen, für deren Aufbau, Rechte und Pflichten die Programmatische Grundlage der FAUD (S.) maßgebend ist.“[392] Die nur zögerliche Eingliederung der Frauenbünde als eigenständige Ortsvereine in die geographische Struktur der FAUD war keinen grundsätzlich frauenfeindlichen Motiven geschuldet. Einwände gegen die Führung der Frauenbünde als eigenständige Industrieföderation richteten sich nicht gegen die Wertschätzung der Hausarbeit.[393] Es stellte sich jedoch die Frage der Klassengegensätze. Ist der Mann der Klassenfeind der Ehefrau? Existieren somit innerhalb syndikalistischer Familien Klassengegensätze? Diese konfrontative Auffassung innerhalb der Frauenbünde konnte sich nicht durchsetzen, verblieb in der Minderheit und besagte: Wie sich ihre männlichen Kollegen innerhalb von Industrieföderationen organisieren, so müsse auch die Frau ihre Tätigkeit als Hausfrau als eigenen Berufssektor auffassen und sich gegenüber der häuslichen Herrschaft gemeinsam organisieren, also gegenüber ihren Männern. Sich zusammen mit ihren Männern zu organisieren würde bedeuten, mit ihren Hausunternehmern an einem Tisch zu sitzen, was gewerkschaftlichen Grundsätzen widersprechen würde.[394] Die Majorität der Frauen entschied sich hingegen für die Beteiligung und Ausformung von „Syndikalistischen Frauenbünden“ mit einer nicht konfrontativen Programmatik.

Frauenbünde

Ein erster Frauenbund gründete sich 1920 in Berlin.[395] Der „Syndikalist“ richtete „an unsere Frauen“ den Appell, „allüberall den Bund der Frauen“

zu gründen, sie zu besuchen statt „am Herde stehen" zu bleiben.[396] Ein FAUD-Kongressbeschluss von 1921 besagte, dass die Ortsvereine sich bemühen sollten, über die Familienväter syndikalistische Frauenbünde zu initiieren, speziell für die Frauen und Töchter, die nicht in Betrieben vertreten sind. Durch die Ortsvereine und Arbeitsbörsen sollte ihnen „jede mögliche moralische, geistige und materielle Hilfe angedeihen", beispielsweise bei Vortragsveranstaltungen oder bei der Errichtung von Bibliotheken. Der Syndikalistische Frauenbund (SFB) fand seine Zielgruppe vornehmlich bei den Hausfrauen, da sie die Männer in ihren Arbeitskämpfen durch den Aufbau von Konsumentinnenbewegungen unterstützen könnten. Streiks sollten durch Boykottinitiativen flankiert werden, wozu besonders die Hausfrauen gefordert waren. Dazu müssten diese fest vom Syndikalismus überzeugt und in die Gesamtbewegung integriert werden.[397] 1921 gründete sich schließlich die Föderation der syndikalistischen Frauenbünde mit Geschäftsleitung in Berlin, die bis zu 1.000 Frauen in 50 Ortsvereinen organisierte, sowie den von Milly Witkop-Rocker verfassten, programmatischen Text *„Was will der syndikalistische Frauenbund?"* zur Grundlage hatte.[398]

Den syndikalistischen Frauenbünden oblagen primär folgende Aufgaben:

1. Unter den Frauen und der Jugend Werbung und Schulung nach den Prinzipien des Syndikalismus zu betreiben.
2. Sich mit frauenspezifischen und damals dafür angesehenen Angelegenheiten wie „Mutterschaft, Erziehung, Bildung/ Familie, Körperpflege, Hygiene, Ernährung, Bekleidung und Wohnung" zu befassen.

Mit „Der Frauen-Bund" gab der SFB als Beilage im „Syndikalist" einige Jahre lang ein eigenes Organ heraus.

Nach den Ausführungen von Milly Witkop-Rocker seien die Frauen durch eine oftmals hohe Kinderzahl und stupide Arbeit im Haushalt in geistiger Rückständigkeit gehalten und als Erwerbstätige einer hohen Arbeitszeit bei geringerer Entlohnung ausgesetzt. Daher fehlten ihnen für höhergeistige Betätigung oftmals die Zeit und Muße. Diese Belastungen erschwere die Arbeit der Frauenbünde.

Hieraus ergaben sich die Ansatzpunkte für die Aktivitäten, beispielsweise die Verkürzung der haushaltlichen Arbeitszeit durch die Nutzung moderner Haushaltsgeräte zur Erhöhung der hauswirtschaftlichen Produktivkraft. Als ebenso wichtig wurde die Minderung der Anzahl der Kinder pro Familie angesehen. Große Arbeiterfamilien waren für die Unternehmer leichter auszubeuten und produzierten letzten Endes Soldaten für die Interessen des

Klassenfeindes. Die erste Aufgabe des Frauenbundes bestand also in der Aufklärungsarbeit sowohl unter den Hausfrauen als auch unter den Lohnarbeiterinnen, welche in ihrer großen Mehrheit die Tätigkeit der Berufsausübung lediglich als Übergangsstadium bis zur Heirat betrachteten. Dieser Aufklärung sollten die gemeinsame Organisierung mit dem Ziel der Verkürzung der haushaltlichen Arbeitszeit, sowie der Ausbau zur Konsumentenorganisation folgen. Desweiteren setzten sich die syndikalistischen Frauen gleichermaßen gegen den sogenannten „Abtreibungs-Paragraphen" 218/219 StGB ein und für die Amnestierung der davon betroffenen Frauen und Mediziner.[399] Sie engagierten sich ganz allgemein für Sexualaufklärung, für den Aufbau syndikalistischer Kindergruppen, freier Schulen und im antimilitaristischen Sinne. Die Betonung sollte anstelle der Wertschätzung als Wählerinnen politischer Instanzen auf ihre ökonomische Kampfkraft gelegt werden. Das Wahlrecht, auch das damals neu eingeführte Frauenwahlrecht, wurde antiparlamentarischen Grundsätzen zufolge als Illusion bezeichnet.[400]

Regional wurden die Frauenbünde teilweise in die Struktur der Arbeiterbörsen integriert und waren auf den Reichskongressen vertreten. Die meisten von ihnen lösten sich bereits Mitte der 1920er Jahre wieder auf. Frauen mit Organisationstalent und kontinuierlichem Engagement blieben - wie übrigens nicht wenige männliche Gruppen auch - die Ausnahme und konnten nur kurzfristig Mitstreiterinnen gewinnen. Trotz umfassender Hilfe durch die Männer, zum Beispiel durch das Stellen von Referenten, wurde ihre Arbeit an manchen Orten auch sabotiert. Der FAUD-Kongress stellte 1922 fest, dass zwar reichlich Frauenbünde entstehen, diese jedoch von einem Großteil der Restbewegung in vielen Regionen oftmals gering geschätzt und nicht genug unterstützt würden; mehr noch habe es „den Anschein, dass die Männer die Wichtigkeit der Organisation der Frauen nicht einsehen oder etwa gegen dieselbe sind."[401] Dabei nahm die überwiegende Mehrheit der syndikalistischen Frauen ihrerseits überhaupt keine Frontstellung gegen die Männer ein, sie zeigten sich sehr kooperativ.

Mujeres Libres

In Spanien entstand eine eigenständige syndikalistische Frauenorganisation erst im April 1936, wenige Monate vor Beginn der Spanischen Revolution. Diese *„Mujeres Libres"* (Freie Frauen) umfassten eine Mitgliederzahl von etwa 20.000 in 147 Ortsvereinen, vornehmlich in Katalonien. Sie gaben eine Zeitung heraus mit gleichem Namen, waren föderalistisch organisiert mit Autonomie der einzelnen Ortsvereine, unterhielten enge Verbindungen zur CNT und organisierten im September 1937 in Valencia einen ersten Nationalkongress. Wie im Syndikalistischen Frauenbund, so organisierte sich auch bei den Mujeres Libres die Mehrheit als Hausfrauen mit der vornehmlichen Aufgabe der

Kindererziehung in freiheitlich-emanzipatorischem Sinne. Nur eine Minderheit der organisierten Frauen lehnte diese klare Rollenverteilung ab. Das Hauptaugenmerk auf den Reproduktionsbereich schloss keinesfalls aus, dass Mujeres Libres sich zugleich um die Eingliederung und die Rechte der Frauen im Produktionssektor kümmerten. Denn sie sahen ihre Gleichberechtigung als Frauen erst mit gleichrangigen Anteilen an der ökonomischen Macht sichergestellt. Neben dem Ziel einer allgemeinen sozialen Revolution reklamierten sie speziell den Umsturz der patriarchalen Gesellschaft. Sie setzten sich ein für die freie, gleichberechtigte und bewusste Sexualität. Die Frauen wandten sich gegen die Institution der Ehe und Prostitution, sowie generell dagegen, als Sexualobjekte betrachtet und behandelt zu werden. Ihr Kampf gegen eine derartige Geisteshaltung in der Gesellschaft nahm einen herausragenden Platz ein. In den Räumen der CNT errichteten die Mujeres Libres soziale Zentren und boten Veranstaltungen an, beispielsweise Alphabetisierungskurse, Sprachschulen oder zur Herausbildung technischer Fertigkeiten. Einen Schwerpunkt legten sie auf die Rehabilitation von Prostituierten.

Unter Kriegsbedingungen gingen viele Frauen bewaffnet an die Front. Eine Milizkolonne trug den Namen „Mujeres Libres“. Dennoch lautete die Parole der „Freien Frauen“: „Die Männer an die Front, die Frauen an die Arbeit“. Die Widerstände gegen die Politik der Mujeres Libres waren vielfältig, die Frauen fochten als spezifische Bevölkerungsgruppe einen frontenreichen Kampf. Zusätzlich zur Frontstellung als Anarcho-Syndikalistinnen kam bei ihnen der Kampf gegen die Widerstände innerhalb der libertären Gewerkschaftsbewegung hinzu, denn ihre Bestrebungen wurden nicht unerheblich vom anderen Geschlecht sabotiert. Dennoch wurde wie in Deutschland ein gemeinsamer Kampf von Männern und Frauen einer konfrontativen Gangart gegenüber favorisiert, wie die Zeitzeugin Martha Wüstemann zu berichten wusste: „Innerhalb der Ateneos [Arbeiterbildungsvereine] waren auch die Mujeres Libres sehr aktiv. Weil das keine so ausgesprochene abgesonderte Organisation war. Es war nicht im Sinne von heutigem Feminismus gedacht, sondern immer zusammen mit Männern, speziell für die Befreiung der Frau aus den spanischen Sitten und überkommenen Gebräuchen. Es ging ihnen vor allem darum, sich politisch zu emanzipieren, aber nicht spezifisch Frauen gegen Männer. [...] Man hatte eine Gemeinsamkeit, aber jeder hatte auch sein spezifisches Gebiet."[402] Die Mujeres Libres wurden durch die Konterrevolution Francos zerschlagen.

1.2. Jugend

Deutschland

Innerhalb der deutschen Arbeiterbewegung spielte die Jugend vor 1914 als eigenständiger Faktor keine Rolle. Die SPD gestand der Arbeiterjugend lediglich unpolitische Betätigung auf dem Bildungssektor und in der Freizeitgestaltung zu. Darüber hinaus war die politische Betätigung für Jugendorganisationen nach dem Reichsvereinsgesetz verboten.

Nach dem Ersten Weltkrieg entstanden in Deutschland Gruppen, die sich „Freie Jugend" nannten. Lokal waren sie oft aus Abspaltungen von der sozialdemokratischen Jugend hervorgegangen. Einer ihrer Hauptangriffspunkte war der Militarismus, ihr Symbol das zerbrochene Gewehr. Das Freizeitverhalten junger Menschen wurde vor allem geprägt durch Wanderungen, gemeinsames Singen und Musizieren, durch Lesungen, Esperanto-Kurse und gemeinsame Diskussionen. Dazu kamen atheistisch motivierte Feste zur Sonnenwende oder Jugendweihe. Sie waren antiautoritär eingestellt und lehnten alle bevormundenden Zentralinstanzen ab, wozu nicht nur Kirche und Militär zählten, sondern auch die Staatsmacht im Allgemeinen und besonders das kapitalistische Wirtschaftssystem. Sie suchten nach Wegen, eine neue und freie Gesellschaftsform aufzubauen, frei von Ausbeutung und Unterdrückung. Dazu setzte diese Jugend auf die Herausbildung selbstbewusster und integrer Persönlichkeiten, ganz im Sinne des libertären Pädagogen Francisco Ferrer (1859-1909). Mädchen und Jungen waren gleichberechtigt. Seit 1922 organisierten sich viele dieser Gruppen in der „Syndikalistisch-Anarchistischen Jugend Deutschlands" (SAJD).[403] Diese hatte einen klaren syndikalistischen Bezug, stand auf dem Boden der kommunistisch-anarchistischen Weltanschauung und der FAUD sehr nahe, so auch durch die Würdigung der Prinzipienerklärung des Syndikalismus.[404] Die Prinzipien der rein anarchistisch orientierten „Föderation kommunistischer Anarchisten Deutschlands" (FKAD)

wurden gleichermaßen anerkannt:[405] „Ihr [der SAJD] können alle jungen Menschen angehören, die revolutionären Klassenkampf auf der Basis des Syndikalismus im Sinne des kommunistischen Anarchismus zu führen bereit sind."[406] Den bürgerlichen und parteipolitischen Jugendgruppen solle eine „geschlossene Front" der syndikalistisch-anarchistischen Jugendgruppen entgegen gesetzt werden.[407]

Die SAJD, welche über eigene Statuten und Leitsatze verfügte, richtete regionale Sekretariate ein, die sogenannten „Bezirksinformations-Stellen", sowie eine Reichsinformations-Stelle und hielt jährlich Kongresse ab. Sie organisierte bis zu 4.000 Mitglieder in 120 Ortsgruppen (1924)[408] und brachte mit „Die junge Menschheit" und „Junge Anarchisten" (bis zu 6.000 Exemplare) zwei zentrale Presseorgane heraus.[409] SAJD-Gruppen existierten zumeist an Rhein und Ruhr. In manchen Gruppen politisierte sich mittlere bis hohe Prominenz, darunter ein späterer Landtagsabgeordneter (Erich Gerlach, SPD), ein Reichstagsabgeordneter (Paul Albrecht, KPD)[410] und mit Herbert Wehner einer der prominentesten deutschen Nachkriegspolitiker (SPD).[411]

Zur Bedeutung der SAJD hieß es: „Die SAJD ist die Jugend des Anarcho-Syndikalismus in Deutschland, ihre Funktionäre sind zu einem hohen Prozentsatz Mitglieder und Funktionäre der FAUD."[412] Ihre regionalen Schwerpunkte lagen in den späteren Jahren in Rheinland-Westfalen, im Rhein-Main-Gebiet, Thüringen und Sachsen mit je einer Bezirksinformations-Stelle.[413] Die SAJD legte viel Wert auf Schulungsarbeit, hielt Reichskonferenzen ab und entfaltete neben rein propagandistischen Aktivitäten auch Bühnenaufführungen und Kampagnen besonders gegen die bevorstehende Arbeitsdienstpflicht und gegen den Faschismus.[414] Um einem Verbot und den damit verbundenen Repressionen (Razzien, Verhaftungen etc.) durch die Nazis zuvorzukommen, löste sich die SAJD schon um 1932/33 selber auf.

International

Syndikalistisch-anarchistische Jugendgruppen bestanden 1925 in den Niederlanden (seit 1915), Portugal, Frankreich, Norwegen, Schweden, Belgien, sowie in Südamerika.[415] In Schweden und Belgien gründeten sich überregionale Jugendverbände erst um 1930.[416] Berichte von der Aufbauarbeit in Schweden gaben Auskunft über Form und Inhalt der Organisation von *„Sveriges Syndikalistiska Ungdomsförbund"*: „Der Gründungskongress arbeitete für die syndikalistische Jugendbewegung

ein Programm aus, das mit den allgemeinen Grundsätzen des revolutionären Syndikalismus übereinstimmt. Der Kongress nahm noch eine besondere Resolution gegen den Militarismus an, in welcher alle Formen desselben, einschließlich des ‚roten' Militarismus verurteilt wurden. Über letzteren wird gesagt, dass er durch seinen strikten Zentralismus die freie Initiative des Proletariats, die gerade in revolutionären Zeiten erforderlich ist, erstickt. Die Syndikalisten sind Föderalisten und deshalb Gegner des roten Militarismus. Es kommt auf den Klassengegner an, ob Gewalt in der sozialen Revolution erforderlich ist. Im Dienste der Umwandlung der Gesellschaft muss die Arbeiterklasse zum Äußersten gehen."[417] Ende 1931 zählten sie nach einem Bericht der SAC 37 Gruppen mit über 997 Mitgliedern.[418] Die norwegische syndikalistische Jugend gründete sich 1927 unter dem Namen „Norsk Foderalistiske Ungdomsbevaegelse" mit örtlichen Schwerpunkten in Oslo, Oppegaard, Hov und Fagerholt. Sie gaben sich eine eigene Prinzipienerklärung.[419] In Frankreich hieß es Ende 1928, dass die revolutionäre syndikalistische Jugend sich soeben neu konstituiert habe und mit den gleichgesinnten Jugendorganisationen des Auslandes in Beziehung und regelmäßigen Briefwechsel zu treten wünscht, um ein starkes internationales Band gegen Ausbeutung und Imperialismus aller Länder zu knüpfen.[420] Die *„Juventude Sindicalista"* Portugals wurde bereits kurz vor Beginn des Ersten Weltkrieges gegründet und lebte nach dieser Unterbrechung in den 1920er Jahren wieder auf. 1925 kam sie auf insgesamt 2.500 Mitglieder in 22 Ortsgruppen in gutem Einvernehmen mit der syndikalistischen Erwachsenenorganisation. Auch sie befürworteten eine antiautoritäre syndikalistische Jugendinternationale mit dezentralem Aufbau und standen in Kontakt mit der IAA.[421] Da sie sich als klassenkämpferisch und militant begriff, war die „Juventude" erhöhten staatlichen Repressionen ausgesetzt, und bedeutende Aktivisten saßen in den Gefängnissen ein. Ihre Gruppen konzentrierten sich auf den Süden und Nordwesten des Landes.[422]

1926 initiierte die niederländische Jugend, der *„Vrije Jeugd Verbond"*, die „Anarchistische Jugend-Internationale" (AJI), deren Gründung sich jedoch über längere Zeit hinzog, da sich nicht genügend Jugendsektionen beteiligten. Dennoch kam es 1926 zu einem großen internationalen antimilitaristischen Jugendtreffen in Soest (Niederlande) mit mehreren hundert Teilnehmern.[423] Es sollte der Beginn einer weiteren internationalen Jugendvernetzung sein: „Zum Schluß der Tagung wurde durch die Kameraden aus Deutschland, Frankreich, Belgien,

England und Holland der Grundstein gelegt für eine anarchistisch-antimilitaristische Jugendinternationale".[424]

Ein weiteres internationales Treffen sollte 1928 in Huizen (Niederlande) organisiert werden.[425] Auf der Tagesordnung standen Sektionsberichte, Finanzen, ein Exekutivkomitee, eine Prinzipienerklärung und ein Pressedienst.[426] Die Teilnehmer kamen aus Deutschland, Belgien, Frankreich, Spanien, Portugal, Holland und Schweden.[427] Die SAJD assoziierte sich allerdings nicht als Mitgliedssektion, weil die Prinzipienerklärung der AJI als „matt und farblos" angesehen wurde. Sie verweile auf allgemeinen anarchistischen Positionen, statt den Klassenkampf zu betonen. Dazu bemerkte die SAJD: „Nach den bisherigen Erfahrungen hat die AJI keinen entschiedenen Charakter einer revolutionären Jugend-Internationale gezeigt; sie beschränkt sich auf Staatsgegnerschaft und Antimilitarismus und begnügt sich mit platonischen Informationen, deren Mitteilungsblätter keinen Kampfgeist atmen."[428] Stattdessen wollte die SAJD der IAA beitreten, auf deren Kongressen in den Jahren 1925 und 1928 die Jugendfrage behandelt wurde. Die IAA als favorisierter organisatorischer Rahmen lehnte jedoch eine eigene Jugendorganisation ab und begrüßte ihrerseits einen eigenständigen internationalen Jugendverband.[429] Die internationale Jugendvernetzung zerfaserte im Zuge der aufkommenden Diktaturen.

1.3. Kinder

Kinder konnten auch über die Familiengrenzen hinaus an den Bestrebungen des freiheitlichen Sozialismus teilhaben. Die Werte der syndikalistischen Arbeiterbewegung für das Zusammenleben der Menschen sollten an sie weitergegeben und dazu Kindergruppen gegründet werden. Aus diesen sollten „neue Kampfgesellen, klassenbewußt, entbehrungsgewohnt, widerstandsfähig in den gewerkschaftlichen Tageskämpfen wie im Entscheidungskampf der Weltrevolution" hervorgehen, so hieß es in einer Entschließung der FAUD. Die Kinder und Jugendlichen sollten als freie, selbständig denkende und selbstbewusste Individuen in die Erwachsenenwelt entlassen werden können. Gedanklich orientierten sie sich an den Methoden und Werten Ferrers. So verkündete eine Werbeannonce der syndikalistischen Kindergruppen: „In Spanien geht Ferrers Saat auf. Brennende Klöster sind die Freiheitsfackeln. Die Mächte der Finsternis müssen weichen – Freiheit! Wir müssen das Werk vollenden helfen! Kommt in unsere Reihen." In Deutschland entstanden jedoch nur wenige dieser Kindergruppen, die größten davon in Mannheim und Leipzig, wo sich auch die Reichsinformationsstelle befand. Örtlich initiiert wurden sie meistens von den syndikalistischen Frauenbünden. Als Organ dieser „Freiheitlichen Kinderbewegung Deutschlands" erschien von 1928 bis 1930 „Der Kinderwille" mit bis zu 600 Exemplaren in Mannheim.

Seit 1928 führten sie auf Reichsebene Ferienlager durch unter der Parole: „Arbeiterkinder sind in Not! Wir müssen ihnen helfen!".[430] Da antiautoritäre „freie Schulen" (siehe Kapitel V. 2.2.) in Deutschland nicht zur Geltung kamen, machten sich die Syndikalisten für die Beteiligung an konfessionslosen Schulen stark.

2. Kulturorganisation und -kritik

2.1. Philosophische Grundlagen

Der FAUD-Funktionär Fritz Oerter (1869-1935) formulierte diese Definition von Kultur: „Für mich ist Kultur Arbeit in rein sozialistischem Sinne. Ich fasse unter diesem Begriff alle aktive Wirksamkeit der Menschheit zusammen, durch Hand- und Kopfarbeit der Erde und dem Leben eine möglichst große Menge von materiellen und ideellen Werten abzugewinnen, um diese allen Menschen ohne Ausnahme nutzbar und zugänglich zu machen. In der Art der ausgleichenden gerechten Verteilung oder Zugänglichkeit zu allen Kulturerrungenschaften erblicke ich den Höhen- oder den Tiefstand der Kultur. [...] Nicht die Nation und nicht der Kapitalismus dürfen es wagen, sich als die Träger der Kultur aufzuspielen, einzig und allein ist es die werktätige Menschheit, welche wahre Kultur schaffen kann, wenn sie die Grenzen der Staaten nicht mehr anerkennt, sich international solidarisch vereinigt, den Kapitalismus, diese internationale Landplage und Völkergeißel in die Versenkung verschwinden lässt, indem sie ihm alle weiteren Dienstleistungen entzieht und die freie, herrschaftslose Bedarfs- und Gemeinwirtschaft begründet, [...] niemand wird es wagen, das was uns heute umgibt, Kultur zu nennen. Kapitalismus und Kultur, Militarismus und Kultur, Justiz und Kultur, Kirche und Kultur: das sind unvereinbare Begriffe, die sich gegenseitig ausschließen. Alle diese Mächte gehen auf die Vergewaltigung des Menschen aus, sie begünstigen die Einen und unterdrücken die Andern. [...] In jeder Form ist Gewalt Unkultur. [...] Wahre Kultur muß erst geschaffen werden. Ihr Träger kann und wird nur die alle geistigen und materiellen Werte schaffende international solidarisch verbundene Menschheit sein, die den engstirnigen Nationalismus wie auch den Kapitalismus siegreich überwunden hat."[431]

Der hohe Stellenwert kultureller Entwicklung, den die Syndikalisten für eine freie und herrschaftslose Gesellschaft ansetzten, wirft die Frage nach der zugrunde liegenden Philosophie auf. Diese findet sich im Wesentlichen in den Ansichten Peter Kropotkins vom „kommunistischen Anarchismus" begründet. Dessen Grunderkenntnis lautete, dass sich jeder nach seinen Fähigkeiten und jeder nach seinen Bedürfnissen in die gesellschaftlichen Belange einbringen solle. Kropotkin trat der auf der Philosophie von Thomas Hobbes (1588-1679) basierenden Auffassung entgegen, der Mensch sei des Menschen Wolf und setzte dieser ein positives Menschenbild entgegen. Seine Intention lautete, dass der Mensch nicht überlebensfähig, geschweige denn entwicklungsfähig sei, wenn er seinen Mitmenschen nicht beistehe und „gegenseitige Hilfe" praktiziere. Genauso richtete sich seine Ansicht gegen die Aussage der Lehre des britischen Evolutionsforschers Charles Darwin (1809-1882), die den Fortbestand der Menschheit bei den jeweils durchsetzungsfähigeren Lebewesen verortete. Die Schriften nachfolgender syndikalistischer Theoretiker orientierten sich wesentlich an Kropotkins 1902 vorgelegten Anthropologie mit dem Titel „Gegenseitige Hilfe in der Tier- und Menschenwelt".[432] Inhaltlich sahen sie hierin eine Grundvoraussetzung für den Klassenkampf und die Solidarität. Mit der in ihren Augen reaktionären Philosophie, der Mensch sei des Menschen Feind, zu brechen, hieß für sie, die Voraussetzungen dafür zu schaffen, dass die Menschen an ihre eigene Kraft im gemeinsamen Kampfe glauben konnten. Denn erst die Annahme, der Mensch sei von Natur aus böse und müsse vor sich selber geschützt werden, legitimiere innerhalb der Bevölkerung die Etablierung übergeordneter Herrschaftsinstanzen. Nur diese seien mit ihrem Gewaltmonopol dazu berufen, das gesellschaftliche Leben zu regulieren. Im Verlauf der Geschichte traten diesbezüglich im Wesentlichen Kirche und Staat, Justiz, Polizei, Armeen und ein autoritäres Schulsystem hervor, das den fatalistischen Glauben an die Unvermeidlichkeit von Autorität reproduzieren half.

Die Syndikalisten dagegen erhoben das föderalistische Prinzip zu einem elementaren Bestandteil gesellschaftlicher Organisation und wurden dabei in großen Teilen vom französischen Ökonom und Soziologen Pierre Joseph Proudhon inspiriert. Die IAA erklärte diesbezüglich in ihrem Gründungsprogramm 1923:

„Der revolutionäre Syndikalismus ist Gegner aller zentralistischen Bestrebungen und Organisationen, die dem Staate und der Kirche entlehnt sind und welche die selbständige Initiative und das eigene Denken systematisch ersticken. Der Zentralismus ist die künstliche Organisation von oben nach unten, welche die Regelung der Angelegenheiten aller einzelnen wenigen in Bausch und Bogen überträgt. Dadurch wird der einzelne zur Marionette, die von oben gelenkt und geleitet wird. Die Interessen der Allgemeinheit müssen den Privilegien einzelner weniger, die Verschiedenartigkeit der Uniformität, die persönliche Verantwortlichkeit einer toten Disziplin, die Erziehung der Dressur das Feld räumen. Aus diesem Grunde steht der revolutionäre Syndikalismus auf dem Boden der föderalistischen Vereinigung, das heißt der Organisation von unten nach oben, des freiwilligen Zusammenschlusses aller Kräfte auf der Basis der gemeinschaftlichen Interessen und Überzeugungen."[433]

In der Zeit nach Kropotkin orientierte sich der Syndikalismus im Wesentlichen an Rudolf Rocker, der diese freiheitlich-emanzipatorische

Gedankenwelt weiterentwickelte und sich insbesondere mit der Beziehung von Nationalismus und Kultur in der Geschichte der Menschheit befasste. In zahlreichen Aufsätzen und Büchern erarbeitete er in den 1920er Jahren ein Grundgerüst syndikalistischer Philosophie. Seine geschichtsphilosophischen Betrachtungen fanden ihren Höhepunkt in der „Entscheidung des Abendlandes", welches erstmals 1936 in spanischer Sprache in Barcelona erschien;[434] auf Deutsch erst 1949.[435] Dieses zweibändige Werk gilt als eines der Hauptwerke in der grundlegenden Philosophie und Kulturtheorie des Syndikalismus. Es beschreibt unter weltgeschichtlichen Aspekten die Entwicklung der Menschheit im Spannungsfeld von Emanzipation und Zentralismus von der griechischen Antike bis zur Herrschaft des Dritten Reiches. Die Kernthese lautet, dass die Kultur sich stets dort in hohem Maße entwickeln konnte, wo die Machtstrukturen dezentralisiert waren, und dass andererseits kulturelle Ausprägungen unter der Hoheit zentralistischer Strukturen (Kirche und Staat) verkümmerten, bzw. in ihrer Entwicklung gehemmt wurden: „Macht und Kultur im tiefsten Sinne sind unüberbrückbare Gegensätze; die Stärke der einen geht stets mit der Schwäche der anderen Hand in Hand. Ein mächtiger Staatsapparat ist das größte Hindernis für jede kulturelle Entwicklung. Dort, wo Staaten sterben oder wo ihre Macht noch auf ein Minimum beschränkt ist, gedeiht die Kultur am besten."[436]

Rocker bezeichnete den Staat als destruktive Kraft, im Gegensatz zur Kultur. Der Staat lebe dabei auf Kosten der schöpferischen kulturellen Kräfte und sei keineswegs „Schöpfer des kulturellen Geschehens", präsentiere sich aber so, um den Eindruck zu erwecken, für die Gesellschaft von besonderer Wichtigkeit zu sein. „Die Kultur und der Staat – man betrüge sich hierüber nicht – sind Antagonisten", mit diesen Worten zitiert Rocker den deutschen Philosophen Friedrich Nietzsche und fügt hinzu: Macht gehe „immer nur auf einzelne oder auf kleine Gruppen zurück; Kultur wurzelt stets in der Gemeinschaft".[437] Für den Staat sei die Kultur nur nützlich zur Festigung seiner Herrschaft – in diesem Sinne jedoch erstarre diese und sterbe ab.

Die Begriffe Natur und Kultur definierte Rocker gemäß des Philosophen Ludwig Stein (1859-1930) folgendermaßen: „Die ausnahmslose Regelmäßigkeit im Ablauf aller Geschehnisse, wie sie ohne gewisse Zwecksetzungen, also ohne menschliche Mittätigkeit zustande kommt, heißen wir Natur. Das vom Menschengeschlecht zweckmäßig und planvoll Erarbeitete, Beabsichtigte, Erstrebte, Erreichte und Gestaltete hingegen nennen wir Kultur."[438] Die Entwicklung der Kultur vollziehe sich durch die „graduelle Beherrschung der Natur durch den Menschen". Daher gebe es auch keine Stämme oder Völker ohne Kultur, keine Unterteilung in „Natur-" und „Kulturvölker". Die Freiheit, im freiwilligen Verbund mit anderen die eigenen Kräfte, Talente und

Fähigkeiten voll zu entfalten, ohne durch Zwang und Gewalt behindert zu werden, ist die „Freiheit der Person auf dem Boden wirtschaftlicher und sozialer Gleichberechtigung". In diesem Sinne gelange auch das Bewusstsein der persönlichen Verantwortlichkeit „zur höchsten Blüte." Kultur entwickle sich aber gerade „durch die gegenseitige Befruchtung verschiedener Völker und geistiges Einfühlen in fremdes Wirken und Können".[439] Nationale/Rassistische „Inzucht" führe dagegen zu ihrem Absterben. Der Wirksamkeit von Kultur „liegt das freie Einvernehmen aller zugrunde". Nur so entstünden neue Kulturformen ohne äußeren Zwang. Den Prozess innerer Erkenntnis schilderte Rocker so: „Ich mache mir das Fremde zueigen, weil es mir Freude macht und so zu einem Stück meiner geistigen Existenz wird; ich assimiliere mich ihm, bis zuletzt keine Grenze mehr zwischen Fremdem und Eigenem besteht. Auf diese Weise vollzieht sich alles kulturelle und geistige Geschehen."[440] Die Aufgabe syndikalistischer Kulturvereinigungen liege unter anderem darin, „an Stelle bürgerlichen Denkens sozialistisches Denken und Fühlen im Hirn des Arbeiters zu entwickeln."[441] Entsprechend dieser Vorstellungen agierten die Syndikalisten auch in den unterschiedlichen Kulturbereichen, von denen im Folgenden einige vorgestellt werden.

2.2. Pädagogik und Freie Schulen

In Abgrenzung zum autoritären Erziehungswesen entwickelte die libertäre Bewegung ein eigenes Verständnis von Pädagogik.[442] International orientierten sie sich an den Ideen des spanischen libertären Pädagogen Francisco Ferrer,[443] dem Gründer der Freien „modernen" Schulen in Spanien („Escuela moderna"). In einigen Städten Spaniens und weit darüber hinaus bis nach Südamerika konnten diese von der syndikalistischen Arbeiterbewegung gegen die christlich geprägte bürgerliche Klasse durchgesetzt werden. Ferrer errichtete seine erste rationalistische Schule im Jahre 1901 mit 30 Kindern – 12 Mädchen, 18 Jungen, unter Gleichberechtigung der Geschlechter in kameradschaftlicher Harmonie. Schule dürfe niemals Sache des Staates oder der Kirche sein. Hygiene und schulärztliche Untersuchungen konnten als Fortschritte gepriesen werden. Trotz Lehrermangels entstanden in den Jahren darauf über Spanien verstreut mehr als 30 freie Schulen. Kinder sollten, so auch die Syndikalisten in Deutschland, spielerisch lernen dürfen, um Persönlichkeit aufzubauen und zu entfalten: „Darum lasst die Kinder spielen, wenn sie soziale, nützliche Menschen werden sollen, denn Spielverbot und Arbeitszwang bei Kindern ergibt träge und asozial veranlagte Menschen. […] Nur keine unsozialen Gefühle züchten […] wie Haß, Neid und sonstige kleinlichen Gefühle. In der rationalistischen (vernunftgemäßen) Schule gibt es keine Musterschüler mehr, keine Schafe zur Linken und Böcke zur Rechten, keine Zensuren, die für die Kinder die reinen Marterwerkzeuge sind, und man wird keine Schülerselbstmorde mehr finden, sondern rechte

Francisco Ferrer

Gemeinschaft: einer für alle und alle für einen."[444] Der autoritäre Lehrstil wurde ersetzt durch das Befördern der Eigeninitiative und Kreativität der Schülerinnen und Schüler. Sie sollten zu selbstbewussten und freien Menschen erzogen werden, die in der Lage sind, das gesellschaftliche Leben in die eigenen Hände zu nehmen und die kapitalistische in eine freie Gesellschaft zu überführen. Die Ausbeutung des Menschen durch den Menschen sollte über das gemeinsame Wirken ihrer dazu befähigten Mitglieder in freien Vereinbarungen untereinander aufgehoben werden.[445] Statt Religion und Nationalismus wurden Naturwissenschaften, freies solidarisches Denken und Handeln im internationalen Maßstab unterrichtet und gefördert.

Einer dieser spanischen Schüler war Abel Paz, der in seinen Erinnerungen an eine Form der „Escuela Moderna" berichtet: „In der Escuela Natura gab es keine Strafen, wie in allen anderen Schulen üblich. Ich habe nie gesehen, dass jemand bestraft worden wäre, was nicht heißen soll, dass es keine Tadel gegeben hätte, wie ich mir einmal einen einhandelte. [...] Letzten Endes helfen einem solche Hinweise, sich zu korrigieren und zu verbessern, während Strafen nur Hass und Frustration erzeugen und überhaupt keine Hilfe sind, sondern nur dazu führen, dass sich das Betragen verschlechtert."[446]

Freies Lernen erhöhte die Chance für Arbeiterkinder, im alltäglichen Kampf mit der Bourgeoisie besser bestehen zu können, sich Bildung und Fertigkeiten anzueignen, die durch bürgerliche Schulerziehung vernachlässigt wurden. Die Freien Schulen gingen weit über den Schulunterricht hinaus und veranstalteten Ferienfahrten und Abschlussfeiern. Ein weiteres Element bestand in dem Anspruch, Handarbeit und Kopfarbeit zusammenzuführen, womit die Trennung von theoretischer und praktischer Arbeit aufgehoben werden sollte. In Deutschland entstand nach dem Ersten Weltkrieg eine Bewegung von Reformpädagogen, worunter sich auch Anhänger der Escuela Moderna befanden, die im Kern von der syndikalistischen Bewegung getragen wurden. Die erstrebten Schulen sollten frei sein von staatlichen und kirchlichen Einflüssen. Die syndikalistische Bewegung in Deutschland war jedoch zu schwach, um diese Ansprüche annähernd flächendeckend und auf Dauer durchsetzen zu können. Daher gingen die Aktivisten Konzessionen ein und engagierten sich für weltliche Staatsschulen als kleineres Übel im Vergleich zu den Konfessionsschulen: „Wo weltliche

Schulen in verhältnismäßig leicht erreichbarer Nähe vorhanden sind, sollten unsere Kameraden jedenfalls ihre Kinder vorzugsweise in solche Schulen schicken, weil immerhin das eine diese Schulen auszeichnet, dass nämlich Religionsunterricht dort nicht erteilt wird. Mit Hilfe der Eltern solcher Schüler lässt sich auch heute schon auf die Ausgestaltung des Unterrichts in solchen Schulen in mancher Beziehung Einfluß ausüben!"[447] Für Berlin wurde die Weltliche Schule von Kurt Wafner beschrieben: „Ich hatte anfänglich noch die herkömmliche Schule mit Religion als Pflichtfach und Anwendung der Prügelstrafe besucht. Für einen eher antiautoritär erzogenen Jugendlichen wie mich war dies alles besonders schwer zu ertragen. So war der Wechsel auf eine ‚weltliche Schule' für mich besonders einschneidend. Vor allem die freie Form des Unterrichts gefiel mir. Sexuelle Aufklärung sowie eine ganz andere Atmosphäre des Lernens waren ebenfalls kennzeichnend. Der Lehrer saß nicht steif vor der Klasse, sondern lief locker herum und setze sich auch einmal auf einen Tisch. Überhaupt war das Verhältnis zu meinem Klassenlehrer [...] recht kameradschaftlich, ich konnte mit allen Fragen zu ihm kommen."[448]

2.3. Freidenkerbewegung

Das Pendant zum Staat als weltliche Zentralmacht sahen die Syndikalisten in der Kirche als geistliche Herrschaftsinstanz. Deren Interessen, die im Verein mit dem Staat die Klassengesellschaft aufrecht hielten, liefen denjenigen der Syndikalisten entgegen, welche ausgehend von der individuellen Befreiung und Emanzipation der Menschen die Klassenteilung aufheben wollten. Zwar übten die Kirchen auch materiellen Druck und Zwang aus. Sie spezialisierten sich aber darauf, mit ihren Wertvorstellungen in die Köpfe der Untergebenen einzudringen, um ihre Herrschaft zu legitimieren und jedes Aufbegehren im Keime zu unterbinden. Dabei machte es sich die kirchliche Erziehung zur Methode, den Menschen Schuldgefühle einzugeben, um sie geistig unmündig und gefügig zu halten. In diesem Zustand der Hörigkeit, der Genügsamkeit und der Demut wurden die Gläubigen zu willfährigen Objekten kirchlicher Interessen. Der antikirchliche Kampf, die Propagierung des Kirchenaustritts und die Verbreitung atheistischer Anschauungen gehörten zum festen Fundament syndikalistischer Bestrebungen. Erst mit Überwindung des Kircheneinflusses sei der Weg frei, die freie Gesellschaft auf einer gesunden geistig-mentalen Grundlage der Individuen zu errichten.

Die Freidenkerorganisationen knüpften dabei an positive Elemente kirchlicher Aktivität an: Das Bedürfnis nach Geselligkeit, Zusammengehörigkeit, begleitendem Erwachsenwerden und generell der Drang, auch Nichtrationales ausleben zu können. Dieser sollte jedoch in außerkirchlichen Bahnen befriedigt werden. Der Mensch sei nicht nur ein rational denkendes und handelndes Wesen. Ihm läge ebenso der Zug zu Transzendentalem, zu Übersinnlichem zugrunde. Die Freidenkerbewegung würde daher zu kurz greifen, einen puren Rationalismus zu pflegen und zu propagieren. Sie müsse gleichsam auf jene Bedürfnisse des Menschen eingehen, die sich dem Verstand und der Logik entziehen. Neben der Hauptaufgabe, den Verstand zu schulen und rationale Aufklärungsarbeit zu leisten, müsse den reaktionären Instanzen auch im Bereich der Mystik entgegengewirkt werden. Die christlichen Rituale wurden ersetzt. Das betraf beispielsweise die Feiertage zu Weihnachten, an dessen Stelle die Freidenker und Syndikalisten Naturrituale zur Winter- und Sommersonnenwende setzten: „So wie die Sonne von diesem Tage an wieder aufsteigt, so hat auch die revolutionäre Bewegung ihren Tiefpunkt überwunden; und wir sind auf dem Siegeszuge; auch unser Frühling wird kommen."[449] Mit solchen „Gegenzeremonien" wurden Brücken zu rational-kritischem Denken gebaut, beispielsweise in Form von Weiheritualen, verbunden mit Vorträgen auf wissenschaftlicher Grundlage. Insbesondere die jungen Menschen sollten in die Lage versetzt werden, ihren Verstand zu gebrauchen und dementsprechend selbstbewusst aufzutreten. Der Glaube an die eigenen Kräfte sollte der mentalen Abhängigkeit von fremden Kräften im Leben vorbeugen. Eine besondere Rolle nahm dabei die Lehre von den Naturwissenschaften ein, sowie Ideen auf materialistischer Grundlage.

An die Stelle der Konfirmation setzten sie Schulentlassungsfeiern und Jugendweihen: „Auch unsere Feiern […] sind ein Stück Agitation; und zwar eine sehr eindrucksvolle Agitation. Über ihre Gestaltung seien noch ein paar Bemerkungen gemacht. Zu den Feiern gehört in erster Linie das Zeremoniell, z.B. der Gesang bestimmter Lieder am Grabe, gemeinsamer Gesang der Internationale und anderer Arbeiterlieder, das Aufstehen beim Singen, der Schmuck des Saales, betonte Abzeichen (Symbole) wie rote Fahnen, Flammenzeichen, Bilder und Büsten, Form der Anrede (Genosse), Kleidung; Demonstrationen."[450] Im Alltags- und Gemeinschaftsleben spiele „die Gefühlsbetonung eine hervorragende Rolle. Das Gefühlsleben muß durch uns erfasst, geklärt, gepflegt und in den Dienst des Klassenkampfes gestellt werden, […] die Gefühlswelt und die aus ihr entspringende Kunst haben eine eigene Domäne im Bereich des menschlichen Bewusstseins. Und das Gefühlsleben muß heute genau so aus den Banden der Religion und der Metaphysik befreit werden,

Religion - Raus aus der Schule! Kampagne der spanischen CNT für weltliche, rationale Schulen.

wie das politische und wirtschaftliche Denken."[451] Zu den behandelten Grundthemen zählten u.a. die Entwicklung der Erde, der Stammbaum der Tiere, die Abstammung und Urgeschichte des Menschen, die Entstehung der Religion und des Gottesglaubens, das Christentum und seine Geschichte, der Staat und die Kirche, die weltliche und im idealen Falle die freie Schule im Sinne Ferrers. Ein symbolisch bedeutender Akt als Frontstellung zur christlichen Lehre der „Wiederauferstehung" stellte die Feuerbestattung dar.

Die marxistisch orientierte „Gemeinschaft proletarischer Freidenker", in der die Syndikalisten in den 1920/30er Jahren größeren Einfluss ausübten, formulierte folgende Punkte als Etappenziele:

„1. Trennung von Kirche und Staat, Kirche und Schule.
2. Weltlichkeit der Schule, der Krankenpflege, des Wohlfahrts- und Bestattungswesens.
3. Streichung aller Aufwendungen und Leistungen aus den Mitteln des Staates oder der Gemeinden für konfessionelle Zwecke.
4. Erklärung der kirchlichen und religiösen Organisationen zu privaten Vereinigungen die die Mittel zur Beschaffung und Erhaltung ihrer Einrichtungen durch ihre Mitglieder selbst und ohne Hilfe staatlicher und anderer Behörden aufzubringen haben.
5. Aufhebung aller kirchlichen Feiertage als gesetzliche Feiertage."[452]

Sie betrachtete es als ihre Aufgabe, alle Proletarier „von der Wiege bis zur Bahre durch das Leben" zu geleiten: „Wie die Kirche heute als Gemeinschaftsorganisation alle Christen umfängt, so müssen wir für alle Proletarier die entsprechenden kulturlichen Bedürfnisse regeln."[453]

2.4. Antimilitarismus

In einer IAA-Resolution aus dem Jahre 1928 wurde der Militarismus aus ökonomischer Perspektive „als System der monopolisierten Staatsgewalt zur Verteidigung der kapitalistischen Gesellschaftsordnung und zum Schutze der Profitinteressen der herrschenden Klasse" definiert.[454] Doch die Ursachen dieses Phänomens reichen weiter: So ist auch der Antimilitarismus als Gegenströmung zum Militarismus eine im Menschen durch Erziehungsarbeit geförderte Grundüberzeugung, die in Mentalität und Gemütsverfassung, aber auch in der Geisteshaltung ihren Ausdruck findet und auf diese Weise im sozialen Gefüge einer Gesellschaft eine bedeutende Rolle spielt. Militarismus zielt nämlich auf geistige Degeneration ab. Er reduziert das Sichtfeld individueller und sozialer Lebensgestaltung auf das Prinzip von Befehl und Gehorsam, auf die Fetischisierung des Glaubens an eine höhere Kraft, auf bestimmte Vorgaben. Der Mensch und seine intellektuellen Potenziale, die ihn als solchen auszeichnen, werden zurechtgestutzt auf minderwertige und destruktive Funktionsausübungen. Parallel dazu wird dem Befehlsempfänger ein bestimmtes Maß an Sicherheit versprochen und dafür gesorgt, dass er weitgehend Reputation und Anerkennung genießt. Die Untugend freiwilliger Unterwerfung wird gesellschaftlich positiv sanktioniert. Je tiefer der Militarismus als Grundeinstellung innerhalb der Bevölkerung verwurzelt ist, desto schwerer gestaltet sich der Kampf für eine freie Gesellschaft, der das Individuum als das genaue Gegenteil dessen fordert, was der Militarismus aus ihm macht. Statt konservativem, genügsamem und demütigem Geist erfordert der Syndikalismus geistige Offenheit, gesunde Neugier und Wagemut. Statt des Glaubens und des Vertrauens in höhere Kräfte verlangt der Syndikalismus den Glauben an die individuellen Fähigkeiten und an ein solidarisches Miteinander. Die Kompetenzen für soziale Interaktion, sowie für ein hohes Maß an persönlicher Verantwortung kollektiv herauszubilden, darin liegt der kulturelle Schlüssel für eine freie Gesellschaft mit größtmöglichen Partizipationsmöglichkeiten. Der Antimilitarismus begründet sich nach föderalistischen Gesichtspunkten. Im Militarismus hingegen manifestiert sich das Prinzip des Zentralismus.

Der Militarismus ist folglich nicht nur auf das Militär im engeren Sinne beschränkt. Viele Bereiche des gesellschaftlichen Lebens trugen und tragen militaristische Züge: Die Arbeitsstellen, Schulen, Kirchen, Familien, Sportverbände, Studierendenverbindungen, aber auch die Sozialdemokratie mit Partei und Zentralgewerkschaften, später auch die kommunistischen Organisationen. Eine sozialistische Bewegung mit militaristischer Geisteshaltung war stets unfähig, kapitalistische Zustände zu beenden, geschweige denn, Kriege zu verhindern. Nicht nur in Deutschland siegte der Klassenfrieden zur Mobilisierung aller national gesinnten Kräfte zum Ersten Weltkrieg. Der Antimilitarismus kann als elementarer Bestandteil sozialer Befreiung angesehen werden: Auch der Syndikalismus ist seiner pädagogischen Aufgabe nach bestrebt, militaristischen Erscheinungsformen in allen gesellschaftlichen Bereichen entgegenzutreten. Auf psychologischer Ebene setzt er sich dafür ein, Bedingungen zu schaffen und zu fördern, die dabei helfen, den menschlichen Geist zu öffnen, statt ihn zu beschränken, die den Mut, sowie die Tatkraft des Einzelnen begünstigen und diese Eigenschaften in soziale Lernprozesse einbettet. Organisatorischen Ausdruck fand dieses Bestreben in „Freien Schulen- und Kindergruppen", darin, dass Arbeiterfrauen in den Familien gegen patriarchale Verhältnisse opponierten, in Wander-, Gesangs- und anderen Kulturvereinen, die sich bewusst von Massensport und hierarchisch aufgebauten Vereinen, besonders den autoritären Turnvereinen, unterschieden. Eine Resolution der IAA aus dem Jahre 1925 schlug vor, „energisch dafür zu wirken, dass die Jugend der sportlichen Besessenheit entzogen wird, weil der Sport heute ein Mittel in den Händen der Kapitalisten ist, die Jugend vom Klassenkampf und von einer höheren geistigen Entwicklung abzuhalten und sie zu einem mechanischen, nicht klassenbewußten Instrument macht, anstatt zu denkenden und aktionsfähigen Menschen."[455] In wirtschaftlichen und politischen syndikalistischen Vereinigungen wurde streng darauf geachtet, dass die Macht der Funktionärsposten auf ein Minimum begrenzt wurde, und dafür gesorgt, dass es den Funktionären auch in mentaler Hinsicht widerstrebte, ein patronales Verhältnis gegenüber ihren Wählern zu entwickeln. Antimilitarismus stellte somit ein facettenreiches und schwergewichtiges Haupttätigkeitsfeld freiheitlich-emanzipatorischer Bestrebungen dar. Es erforderte die Kräfte in allen Lebensbereichen, militaristischen Geist zu durchbrechen, Alternativen dazu zu organisieren und zu kultivieren. Deshalb ist kein Teilkampf des Syndikalismus ohne antimilitaristische Grundeinstellung möglich und kein Unterkapitel dieses Buches ist ohne diesen Aspekt zu denken. Dennoch muss Missverständnissen vorgebeugt werden. Antimilitarismus ist nicht gleich Pazifismus oder Gewaltlosigkeit.

Pazifismus unterwirft den menschlichen Geist einem gebieterischen Dogma, nämlich ethischen Wertvorstellungen und Handlungsoptionen. In dieser Methodik ähnelt er dem Militarismus. Der Antimilitarismus hingegen, wie ihn die Syndikalisten verstanden, setzt die menschliche Entscheidungsfreiheit und -kompetenz für und wider Gewaltanwendung an höchste Stelle. Er setzt sich konsequent dafür ein, dass der Mensch selber und kein höheres Wesen oder Ideal ihn abermals einengt und geistig unterwirft. Im Gegenteil stellt der Mensch als soziales Wesen die höchste Macht dar und legt nur sich selber gegenüber Rechenschaft ab. Er ist frei in seinen Gedanken, Entscheidungen und Irrtümern. In einer differenzierten Sichtweise nahm 1927 die Redaktion des „Syndikalist" Stellung:

„Wir sind nicht in erster Linie Gewaltanhänger oder Gewaltgegner, sondern Anarchosyndikalisten. Wir verfolgen ein bestimmtes Ziel und wollen das Ideal einer freiheitlichen sozialistischen Gesellschaftsordnung verwirklichen. Wir glauben nicht daran, ohne soziale Revolution an unser Ziel gelangen zu können. Wenn diese mit Gewaltanwendungen verknüpft ist, werden wir sie hinnehmen müssen: nicht aus Lust zur Gewalt, sondern aus purer Notwendigkeit, die in der Anerkennung der sozialen Revolution liegt. [...] Die Gewaltanwendung darf man nicht als eine Frage des Prinzips betrachten, sondern als eine taktische. [...] Der Anarchosyndikalismus ist eine freiheitliche Bewegung, die sich in Fragen der Taktik und Kampfesmethoden überhaupt nicht festlegen darf, sondern aus den täglichen Erfahrungen und gemachten Erkenntnissen den Weg zu seinem Ziele bahnen muß. [...] Es kommt hauptsächlich darauf an, bei einer kommenden Revolution die wirtschaftlichen Fragen so vollkommen wie möglich zu lösen, damit die Bedürfnisse der Menschen in größtem Maße befriedigt werden können. Dann wird die Gegenrevolution sehr wenig Anhänger finden, und die Gewalt kann auf ein Mindestmaß beschränkt werden."[456]

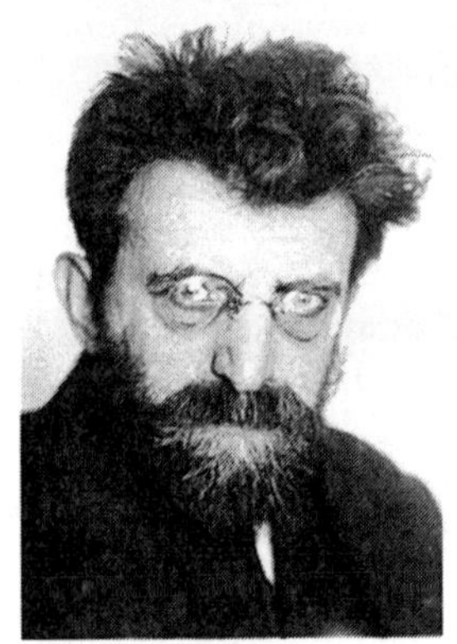

Erich Mühsam

International diskutierte die IAA speziell darüber, wie in einer revolutionären Situation mit Waffenfabriken zu verfahren sei. Während 1928 einzig ein holländischer Vertreter für die Zerstörung der Fabriken eintrat, wandten sich auf dem 3. IAA-Kongress Delegierte aus Frankreich, Deutschland, den Niederlanden und Schweden dagegen. Vielmehr sollten sie den Revolutionären dienstbar gemacht werden, denn „die Revolution wird sich zu verteidigen haben."[457]

In Abgrenzung zum bürgerlichen Pazifismus und in Übereinstimmung mit der syndikalistischen Grundanschauung betonte auch der populäre anarchistische Schriftsteller Erich Mühsam: „Der revolutionäre Antimilitarismus will nicht den Frieden um des Friedens willen, er will ihn um der Gerechtigkeit, um der Gleichheit und um der Freiheit der Menschen willen. Er lehnt den ‚Frieden um jeden Preis', nämlich den Klassenfrieden, den Burgfrieden, den Frieden der Unterdrückten mit den Unterdrückern ausdrücklich ab. [...] Sein Streben ist nicht: Beseitigung der Kriege unter jeder Gesellschaftsform, sondern Beseitigung jeder Gesellschaftsform, die Kriege notwendig macht."[458]

In den Statuten der „Internationalen Arbeiter-Assoziation" von 1923 hieß es zusammenfassend, der Syndikalismus bekämpfe „den Militarismus in jeder Form und betrachtet die antimilitaristische Propaganda als eine seiner wichtigsten Aufgaben im Kampfe gegen das bestehende System. Dazu gehört in erster Linie die Verweigerung der Persönlichkeit dem Staate gegenüber und besonders der organisierte Boykott der Arbeiter gegen die Herstellung von Heeresgerät. [Als] Gegner jeder organisierten Gewalt in der Hand irgendeiner revolutionären Regierung verkennen die Syndikalisten nicht, dass in den entscheidenden Kämpfen zwischen der kapitalistischen Gegenwart und der freien kommunistischen Zukunft die Dinge sich nicht reibungslos abspielen werden. Sie anerkennen daher die Gewalt als Verteidigungsmittel gegen die Gewaltmethoden der regierenden Klassen, im Kampfe für die Besetzung der Betriebe und des Grund und Bodens durch das revolutionäre Volk."[459]

Der international angesehene syndikalistische Funktionär und Theoretiker Albert de Jong (1891-1970) wurde 1921 Vorsitzender des in den Niederlanden ansässigen „Internationalen antimilitaristischen Büros" (IAMB).[460] Zu dessen führenden Persönlichkeiten zählten auch Bart de Ligt (1883-1938) und Arthur Müller-Lehning (1899-2000), und es stand mit der IAA in engem Kontakt. Das IAMB verfolgte identische Methoden, nämlich persönliche Militärdienstverweigerung und die Anwendung wirtschaftlicher Kampfmittel durch die Arbeiterschaft.[461] Zusammen mit der IAA bildete es eine paritätische „Internationale antimilitaristische Kommission" (IAK), die sich auf die Prinzipien beider Organisationen stützte. Die Kommission hatte die Aufgabe, antimilitaristische und antistaatliche Kräfte zu vereinen. Darüber hinaus wollte sie die Öffentlichkeit „über die Entwicklung der Kriegsvorbereitungen auf dem laufenden halten", sich für Entmilitarisierung einsetzen und die „Abwege" des bürgerlichen Pazifismus aufzeigen. Vielmehr sollten die antimilitaristischen Aufrufe und Broschüren veröffentlicht werden. Dabei war die IAK dem IAMB und der IAA gegenüber verantwortlich und hatte ihnen regelmäßig zu berichten.[462] Ein Pressedienst der IAK erschien in vier Sprachen.[463]

Außerhalb Europas existierte eine von Diego Abad de Santillán im Jahre 1930 mitgegründete „Asociacion Antimilitarista Argentina" nur kurz. Sie wurde unter der Diktatur Uriburus aufgelöst.[464]

2.5. Literatur

Die Rezeption von Literatur auf den Gebieten der Philosophie, Ökonomie, Pädagogik, Politik und Sexualaufklärung wurde im Bildungskanon des Syndikalismus um die umfangreiche Literaturgeschichte bereichert. Zu den begehrten Klassikern fiktionaler Literatur zählten die bedeutenden Schriftsteller beispielsweise aus Russland (Tolstoi, Dostojewski), England (Shakespeare), Frankreich (Zola), Spanien (Cervantes) und aus Deutschland (Lessing, Goethe), dazu antike griechische Dramen. Es zeichnete die Syndikalisten aus, dass sie Literatur nicht ausschließlich nach Klassengesichtspunkten beurteilten, in ihr keine Verwässerung ihrer Kultur sahen. Parallel dazu legten sie einen Schwerpunkt auf proletarische Literatur. Denn der Umgang mit Literatur sollte nicht nur das allgemeine Bildungsniveau heben, sondern auch das Klassenbewusstsein fördern. Die Einbeziehung der klassenübergreifenden literarischen Klassiker macht deutlich, dass der Syndikalismus den Sozialismus nicht allein in der Aufhebung der Klassengesellschaft begründet sah, sondern diejenigen kulturellen und humanistischen Werte befördern wollte, die den Menschen zu einem sozialen und gesellschaftsfähigen Wesen machen. In diesem Sinne verkündete die syndikalistische Presse der 1920er Jahre: „Je geschulter und durchgebildeter die Anhänger unserer Ideenwelt sind, desto leichter wird sich unsere Bewegung mit ihren Zielen durchsetzen. Wer dafür kämpfen will, braucht Waffen des Geistes, die wir in guter Literatur haben und verbreiten müssen."[465]

Literaturaneignung

Da die internationale Arbeiterklasse entweder größtenteils aus

Analphabeten bestand oder in den staatlichen und kirchlichen Schulen bürgerlichem Unterricht ausgesetzt war, bestand ein wichtiger Aspekt der Arbeiterbewegung in der Selbstbildung. Viele ihrer Angehörigen waren Autodidakten oder traten Arbeiterbildungsvereinen bei. Die meisten Gewerkschaftsvereinigungen hatten ein Bildungsanliegen fest im Programm. Parallel dazu entstanden Kulturvereinigungen, in Deutschland beispielsweise seit 1928/29 die syndikalistischen *„Gilden freiheitlicher Bücherfreunde"* (GFB). Diese setzten sich die Verbreitung und Aneignung freiheitlich-emanzipatorischer Literatur zum Ziel und boten Literaturveranstaltungen an. Ihre Beitrag zahlenden Mitglieder waren rabattberechtigt, erhielten Einladungen zu den Versammlungen, wozu auch Theater- und Konzertveranstaltungen zählten und waren über die aktuelle Literatur stets im Bilde. Inhaltlich bedienten die Büchergilden das ganze Repertoir ihnen nahestehender Dichter, philosophischer Texte und Verlage. Rundreisen mit prominenten Referenten wurden organisiert. Noch Ende 1932 sprachen Theodor Plievier und Emma Goldman in größeren und kleineren Städten Deutschlands. Ein Blick auf die Vortragsthemen bringt das Anliegen auf Arbeiterkultur treffend zum Ausdruck: „Literatur und Proletariat" (Erich Mühsam), „Sozialismus und persönliche Lebensgestaltung" (Helmut Rüdiger) oder „Nationalismus und Kultur", „Kunst und Freiheit", „Maxim Gorki und die russische Literatur" (Rudolf Rocker).

Die GFB, die im Jahre 1931 etwa 1.250 Mitglieder vereinte und 1933 aufgelöst wurde, gab monatlich, später vierteljährlich, ein reichsweites Organ mit dem Namen „Besinnung und Aufbruch" heraus, in welchem sowohl Gewerkschaftsaktivisten als auch Schriftsteller kleine Erzählungen und Essays veröffentlichten. Auch Bücher wurden verlegt, beispielsweise „Nelti" von Han Ryner, „Alf. Die Geschichte einer Pubertät" von Bruno Vogel, „Das letzte Gefecht" von Èmile Pataud und Èmile Pouget, „Johann Most" von Rudolf Rocker, „Der mitteldeutsche Bandenführer" von Karl Plättner oder „Die Tat" von Alexander Berkman. Max Nettlau, Erich Mühsam, Robert Radetzky zählten zu den weiteren Autoren. Über die Agitationsmethoden im Betrieb gab ein Gildenobmann aus dem schwäbischen Göppingen folgende Auskunft: „Literarische Kenntnisse, Ausdauer, Zuverlässigkeit und Pünktlichkeit, Fingerspitzengefühl in der Werbung und im Umgang mit Menschen, in Verbindung mit zäher Beharrlichkeit sind Eigenschaften, die man haben muß, um mit Erfolg tätig zu sein. […] Eines muß man bei dieser

Art Werbung unter allen Umständen vermeiden. Das ist: man darf dem Arbeiter nie als Bildungsfatzke kommen. Nichts wirkt abstoßender als ein eingebildeter Sklave. Komme als Freund und Kamerad zu deinen Klassengenossen. Du darfst ihm ruhig mit deinem Wissen ein wenig imponieren, damit er zur Nacheiferung angeregt wird. Sei aber nie kompliziert in deinen Ausdrücken und vermeide, als weltfremder Philosoph zu erscheinen. […] Der Ausgangspunkt unserer Arbeit war der Betrieb. Ohne das Wort zu gebrauchen, bildeten wir eine Zelle. Immer arbeiteten 2 Genossen in der Werbung eines neuen Mitgliedes zusammen. Wer einmal aufs Korn genommen war, wurde so lange bearbeitet, bis er entweder Mitglied oder hoffnungslos verloren war."[466]

Protagonisten und Sympathisanten

Auf dem amerikanischen Kontinent weilend, gelangte ein Anarchist und gebürtiger Deutscher mit dem Pseudonym „B. Traven" zu Weltruhm. Die Literaturwissenschaften sehen es als erwiesen an, dass es sich dabei um Ret Marut (1882-1969) handelte, der als Anhänger des individuellen Anarchismus gilt, vor 1914 die Zeitschrift „Der Ziegelbrenner" herausgab und sich 1919 für die Bayerische Räterepublik einsetzte. In seinem Roman „Das Totenschiff" aus dem Jahre 1926 beispielsweise bringt Traven die erniedrigenden Arbeitsbedingungen und das Ausgeliefertsein der Arbeiterklasse in einem Geflecht und Zusammenspiel aus höchster kapitalistischer Ausbeutung und staatlich-bürokratischer Unterdrückung auf den Punkt. Die Seeleute auf dem „Totenschiff" sind dem Tode Geweihte, bar jeden Rechts, die nur deshalb noch leben, weil aus ihnen die letzte Arbeitskraft herausgepresst wird und niemand nach ihrem Tod fragen wird – programmatisch die Inschrift über dem Mannschaftsquartier:

„Wer HIER eingeht
Dess' Nam' und Sein ist ausgelöscht.
Er ist verweht.
Von Ihm ist nicht ein Hauch erhalten
In der weiten, weiten Welt.
Er kann zurück nicht gehn,
Nicht vorwärts schreiten,
Da, wo er steht, ist er gebannt.
Ihn kennt nicht Gott und keine Hölle.
Er ist nicht Tag, er ist nicht Nacht.
Er ist das Nichts, das Nie, das Nimmer.
Er ist zu groß für die Unendlichkeit
Und ist zu winzig für das Sandkörnlein,
Das seine Ziele hat im Weltenall.
Er ist das Niegewesen und das Niegedacht!"[467]

Die syndikalistische Presse besprach Travens Werke stets wohlwollend und präsentierte Vorabdrucke aus seinem Werk.

Theodor Plievier (1892-1955), Autor der Romantrilogie „Berlin", „Moskau" und „Stalingrad", schrieb in jüngeren Jahren sowohl für die syndikalistische Jugend, als auch für Gewerkschaftszeitungen kurze Artikel. Anfang der 1920er Jahre stand er zur Wahl für die Redaktion des „Syndikalist", unterlag jedoch Augustin Souchy. Sein Erstlingsroman aus dem Jahre 1930 trug den Titel „Des Kaisers Kulis". Auf die verschärften politischen Bedingungen reagierte er 1932 mit dem ebenso bekannt gewordenen Roman „Der Kaiser ging, die Generäle blieben", bevor er in die Sowjetunion flüchtete. Nach 1945 emigrierte er wieder in den Westen, wo ihn befreundete Syndikalisten vor ihn verfolgenden Ost-Agenten verstecken. In der Öffentlichkeit weniger bekannte Schriftsteller, wie Artur Streiter (1905-1946) und Erich Mühsam standen der Bewegung ebenfalls nahe, letzterer trat noch Anfang des Jahres 1933 in die FAUD ein. Daneben unterhielten auch kommunistisch orientierte Schriftsteller, wie Kurt Kläber („Kurt Held", 1897-1959) oder Berta Lask (1878-1967) Beziehungen zum syndikalistischen Verlagswesen.

In Schweden schrieben zwei namhafte Schriftsteller für die „Arbetaren", das Organ der SAC: Eyvind Johnson (1900-1976) und Stig Dagermann (1923-1954), letzterer hatte in den 1950er Jahren den Redaktionsposten für die Rubrik „Kultur" inne. Spanischsprachige Literaturempfehlungen gab die IAA für Federico Urales (1864-1942): „El ultimo Quijote", Federica Urales (dessen Tochter): „Victoria" (feministischer Roman) und für Higino Noja Ruiz (1896-1970): „Los Sombrios" aus. Aus Mexiko wurde die Gesamtausgabe des militanten Schriftstellers und Anarchisten Praxedis Guerrero beworben. Genauso hoch im Kurs standen die Werke von Ricardo Flores Magon.[468] Die „Solidaridad Obrera" der CNT Spaniens konnte in den 1920er Jahren zu ihren Mitarbeitern mit Ramón José Sender Garcés (1901-1982), Verfasser des Arbeiterromans „Sieben rote Sonntage" (1932), einen der bekanntesten späteren Exilschriftsteller des Landes zählen. In Rumänien unterhielt der Schriftsteller Panait Istrati (1884-1935) enge Kontakte zur syndikalistischen Arbeiterbewegung.[469] In Südamerika erlangten Schriftsteller wie Florencio Sanchez (Uruguay, 1875-1910) Bedeutung, der enge Kontakte zur libertären Bewegung unterhielt und auch zu Alberto Ghiraldo nach Argentinien (1874-1946, ebenso Schriftsteller und zeitweise Herausgeber von „La Protesta"). In Argentinien angesiedelt war auch Félix Basterra, der 1903 die Schrift „El crepúsculo de los gauchos" verfasste. In Brasilien brachte Fábio Luz im Jahre 1903 mit „O Ideólogo" einen der ersten libertären Romane heraus. Als der Bewegung nahestehend können die berühmten Schriftsteller Lima Baretto (1881-1922) und Osvaldo de Andrade (1890-1954) bezeichnet werden. Letzterer stand in engem Kontakt zu dem bekannten italienischen Anarchisten Oreste Ristori (1874-1943).[470]

2.6. Arbeitersänger und Theatergruppen

Ein ergänzendes kulturelles Moment zur Festigung der Gemeinschaftlichkeit bestand im Auftreten von Arbeiterchören und Theatergruppen. Beide symbolisierten den Ausdruck von Individualität innerhalb eines gemeinsamen Ganzen und die Kraft gemeinsamen Schaffens gleichermaßen durch den schöpferischen Gedanken und die Selbstdisziplin. In diesen Vereinigungen artikulierte sich Kunst von der Bewegung für die Bewegung, authentisch von gleich zu gleich. Sie stellten ein festes Programm auf Veranstaltungen, Kongressen und bei Ausflügen dar. Die Gruppen integrierten sich in die Aktivitäten der Gesamtbewegung und können als Bindeglied zwischen Kultur- und Gewerkschaftsanspruch angesehen werden. Arbeitersänger spielten in Deutschland sogar mit dem Gedanken, sich als "Körperschaft für Bildung und Aufklärung" im Programm der FAUD aufnehmen zu lassen und darüber hinaus eine Vertretung in der Geschäftskommission zu bekommen.[471]

In vielen größeren Städten, besonders an Rhein und Ruhr, hatten sie bis zu 300 Mitglieder. Meistens nannten sie sich *„Freie Sänger"* und gaben kurzfristig ein reichsweites Mitteilungsorgan heraus, sowie ein Liederbuch mit dem Titel: „In Sturm und Drang mit Spiel und Sang". Das Liedgut umfasste sowohl traditionelle Texte der Arbeiterbewegung beispielsweise „Die Internationale" oder „Brüder zur Sonne zur Freiheit", als auch eigene Texte, bzw. Vertonungen von Dichtern, die der syndikalistischen Bewegung nahe standen. Dazu gehörte beispielsweise der besonders unter der Jugend populäre Anarchist Erich Mühsam. Syndikalistisches Liedgut trug die Titel „Syndikalistenmarsch", „Gesang der jungen Anarchisten" oder „Die schwarze Fahne". Die antimilitaristische Note kam zum Ausdruck mit der Strophe: „Nie, nie woll'n wir Waffen tragen, nie, nie zieh'n wir in den Krieg, Laßt doch die hohen Herren sich selber schlagen, Wir machen das nicht mit."[472]

Parallel zu den „Freien Sängern" entstanden in Deutschland Ende der 1920er Jahre auch syndikalistische Theatergruppen, die sich selber als „Kampfbühnen", „Kampftruppe" oder als „Schwarze Rebellen" bezeichneten. In einem Polizeibericht hieß es dazu: „Dem Beispiel des kommunistischen Jugendverbandes [...] folgend [...], die Methoden der Agitation und Propaganda lebendiger und zugkräftiger zu gestalten, sind auch die Anarcho-Syndikalisten dazu übergegangen, ähnliche Propagandaeinrichtungen zur ‚volkstümlichen Interpretation' ihrer Ideen zu schaffen. Um die Mitte des Jahres 1928 entstand so im Bereich [...] Groß-Thüringen [...] eine aus neun bis zehn Spielern bestehende ‚Kampfbühne' als Wanderbühne für die FAUD-Ortsgruppen Groß-Thüringens wie für Tournees im ganzen Reich." Ins Repertoir wurden bevorzugt Einakter und (Arbeiter-) Schriftsteller wie Upton Sinclair (1878-1968) oder Alexander Stern („Revue gegen den Krieg") aufgenommen.

Beliebt waren auch Heinrich Lersch („Ins Zuchthaus“) und besonders Erich Mühsam entlang der Themen: „Antimilitarismus, Streik, Solidarität, Raus die Gefangenen!“ Diese erste „Kampfbühne“ hatte ihren Sitz in Erfurt, fand in den folgenden Jahren jedoch weiten Zuspruch mit Gründungsinitiativen in Mannheim, Berlin und Düsseldorf. Getragen wurden sie zum Großteil von Mitgliedern der syndikalistisch-anarchistischen Jugend. Aus Offenbach meldete die Polizei: „Am 3.8.1929 nachmittags fuhr ein Auto mit Mitgliedern der ‚Kampfbühne' in schwerer Kleidung durch die Strassen Offenbachs, von dem Auto aus wurden Flugblätter verteilt. Abends fand im Stadtgarten eine öffentliche Versammlung statt, in der Erich Mühsam - Berlin über das Thema ‚Der Abwehrkampf der Arbeiterklasse gegen die Kulturreaktion' referierte. Die Versammlung war von etwa 200 Personen besucht. Vor Beginn des Referats trug ein Sprechchor der ‚Schwarzen Rebellen' in schwarzer Kleidung (die Bühne war in Rot gehalten) ein Kampfgedicht gegen die Versklavung der Arbeiter vor.“ Insgesamt stellte diese Theaterbewegung für einige Regionen einen bedeutenden Teil der syndikalistischen Kulturbewegung dar.[473]

Ähnliche Initiativen sind aus Italien, Portugal, Argentinien, Brasilien, Uruguay, den USA und aus Katalonien überliefert. Hier wurde das Theater (insbesondere Henrik Ibsen und Joaquín Dicenta Benedicto) durch Sketche, Zarzuela-Duos, Flamencogesang oder Jotatanz flankiert. Der Zeitzeuge Abel Paz führte weiter aus: „Aber ein Teil war auch der Poesie gewidmet, und die langen Gedichte wie ‚Ein Duro im Jahr, Wo ist Gott?' und ‚Das Lied des Piraten' von Espronceda waren die am meisten beklatschten. Im Chor oder einzeln wurden revolutionäre Lieder gesungen wie ‚An die Ketten gefesselt'. Ebenfalls Teil des Repertoires waren die Hymnen der CNT und der FAI ‚Auf die Barrikaden!' und ‚Die Söhne des Volkes'.“[474]

2.7. Film

Die Syndikalisten sahen den Film als Zugeständnis an die mangelnde Konzentration und Aufnahmefähigkeit der Kollegen an, die „müde“, „abgearbeitet“ und „gereizt“ wirken. Deshalb müsse „mit zeitgemäßen und neuen Mitteln Propaganda betrieben werden. Mit Mitteln, die sich an die einfachsten Instinkte wenden, die auch in der Hast des Arbeitstempos der Rationalisierung noch immer am lebendigsten sind.“ Als „Faktor in der Beeinflussung der Psychologie der Massen“ komme weniger die schriftliche Darbietung in Frage als vielmehr die bildliche Darstellung im Sinne klassenkämpferischer Tätigkeit. Die Initiative in Deutschland ging von Lübecker Syndikalisten aus, die im Jahre 1928 unter dem Titel „Arbeiterfilm“ die „Grundlagen für die Herstellung syndikalistischer Agitationsfilme ausgearbeitet“ hatten.[475] Als Beispiel für den proletarischen Film in Deutschland ist „Kuhle Wampe“ (1932), dessen Skript von Berthold Brecht und die Vertonung von Hanns Eisler stammten, bekannt geworden. Er steht als Ausdruck für das Bedürfnis, die modernen Massenmedien im Sinne der klassenbewussten Arbeiterschaft zu nutzen. Ähnliches bezweckten die Syndikalisten:

Dazu sollte 1931 in Berlin der Film „Der außerordentliche Kongreß der spanischen Syndikalisten" aufgeführt werden. Der Inhalt bestand in der Veranschaulichung des Kongresses der CNT desselben Jahres. Zum Sturz des spanischen Regierungssystems wurde darin zum bewaffneten Aufstand aufgefordert, und zwar mit den Untertiteln „Verwirklichung des kommunistischen Anarchismus auf dem Wege revolutionärer Massenaktion des Proletariats in Stadt und Land" und „Das gesamte Weltproletariat folgt gespannt der Entwicklung der spanischen Revolution." Tatsächlich flammten in Spanien zu dieser Zeit bewaffnete Klassenkämpfe auf. Von der Filmoberprüfstelle des Reichsinnenministeriums wurde dieser aufgrund der programmatischen Aussagen jedoch beanstandet und die öffentliche Vorführung verboten. Das Auswärtige Amt befürchtete sowohl außenpolitische Spannungen: „Die spanische Regierung könne es sich verbitten, dass derartige Bildstreifen in Deutschland zugelassen würden."; als auch erhöhte Schwierigkeiten in dem Bemühen, seinerseits gegen „antideutsche Hetzfilme" im Ausland vorgehen zu können. Ein Sachverständiger des Reichsinnenministeriums begründete: „Bei aller liberaler Handhabung des Lichtspielgesetzes und bei weitgehendster Anwendung des demokratischen Prinzips gäbe es eine gewisse Grenze, die an die Existenz des Staates rühre. Das sei vorliegend der Fall. Wenn ein derartiger Bildstreifen vorgeführt würde, so würde das bedeuten, dass der Staat seine eigene Macht aufgebe. Eine Vorführung des Bildstreifens in Deutschland komme daher aus Gründen der Aufrechterhaltung der öffentlichen Sicherheit und Ordnung nicht in Frage." Die Oberprüfstelle stellte jedoch auch klar, dass der Film allein wegen der syndikalistisch-anarchistischen Tendenz nicht verboten werden könne. Jedoch sei es nicht zu gestatten, „den Umsturz durch revolutionäre Aktion" als beispielgebend auch für andere Länder, insbesondere Deutschland, zu propagieren.[476]

Zu größerem Einsatz kam der syndikalistische (Kurz-)Film während der spanischen Revolution 1936. „Reportaje del Movimiento Revolucionario en Barcelona" war die erste Reportage über den Spanischen Krieg und wurde vom 19. bis zum 23. Juli 1936 in Barcelona gedreht. Er zeigt die Kämpfe zwischen den anarcho-syndikalistischen Milizen und den reaktionären Verbänden. Den Abspann bildet die nach Aragon aufbrechende Kolonne Durruti. Das Leben im Dorf Pina de Ebro kurz nach der Revolution wurde nachgestellt im Film „Bajo el signo libertario", der aber auch die ersten Kriegstage in Barcelona zeigt. Der Film „Frente y retaguardia" aus dem Jahre 1937 hatte anhand von Dokumentationsmaterial die Industrieproduktion und die Landwirtschaft zum Thema. Auch die Front von Aragon wurde mit nachgestellten Szenen verdeutlicht.[477] Diese Filme der CNT/FAI und ihre Frontberichte hatten vor allem aufklärenden Charakter. Sie sollten darstellen, was die Revolution bezweckt und wie sie durchgeführt wird. Einer der bekanntesten und hintergründigsten Filme dieser Art heißt „Un pueblo en armas", und erschien 1937 zuerst in den USA.

2.8. Esperanto

Die IAA legte für die Kommunikation in ihrer Organisation vier alte Weltsprachen fest, deren Verbreitung auf kolonialen Eroberungen fußten: Englisch, Spanisch, Französisch und Deutsch. Da diese imperialistische Tradition nicht im Sinne antimilitaristischer und freiheitlich-föderalistischer Anschauungen sein konnte, sympathisierten viele Syndikalisten mit der Idee der Schaffung einer neuen Weltsprache. Schließlich fügte die IAA ihren vier Sprachen diese fünfte hinzu: Esperanto.[478] Diese setzt sich bewusst aus den Versatzstücken verschiedener Einzelsprachen zusammen und sollte in allen Ländern möglichst gleichermaßen gut erlernt werden können. Esperanto sollte keine höhere Kunst für privilegierte Bildungsschichten darstellen, sondern in seinem Vokabelschatz und seiner Grammatik nach für Arbeiter ohne Vorkenntnisse leicht erlernbar sein. In Konkurrenz zum Englischen baute Esperanto auf die hohe antinationale Symbolkraft. Das gemeinsame Lernen ging über den Charakter reiner Sprachkurse hinaus: In ihnen kamen sich politische Strömungen näher, oftmals getragen von einem proletarischen, zugleich weltbürgerlich-humanistischen Einheitsband. Besonders ausgeprägt war die Arbeiter-Esperanto-Bewegung in Russland, wo sie mit Leo Tolstoi (1828-1910) einen ihrer berühmtesten Fürsprecher fand. Auf lokaler Ebene hatte diese Popularität auch Auswirkungen auf syndikalistische Gruppen in Deutschland. In den Jahren zwischen 1920 und 1933 vereinte der „Deutsche Arbeiter-Esperanto-Bund" etwa 4.000 Mitglieder. Auf internationaler Ebene gründete sich 1921 die „Sennacieca Asocio Tutminda" (SAT), die zehn Jahre später etwa 6.500 Mitglieder in 42 Ländern aufwies und sich ebenso von der bürgerlichen Esperantobewegung abgrenzte. Weil die SAT jedoch als parteikommunistisch dominiert eingeschätzt wurde, favorisierten die Syndikalisten die 1924 gegründete *„Tutmonda Ligo de Esperantistaj Senŝtatanoj"* TLES, den *„Weltbund esperantistischer Staatsgegner"*.[479] In Deutschland standen Ortsvereine der FAUD mit Gruppen des „Deutschen Arbeiter-Esperantisten-Bundes" in Austausch.[480] Grundlegende philosophische Werke (Kropotkin) wurden in diese Sprache übersetzt, und es entstanden esperantistische Zeitschriften. Esperanto spielte eine Rolle sowohl bei der Arbeiterolympiade von 1936 als auch in der spanischen Revolution im gleichen Jahre, wo die *„Ibera Ligo de Esperantistaj Anarkiistoj"* der CNT in Barcelona bis 1939 ein wöchentliches esperantistisches Informationsbulletin herausgab. Im Zuge der aufkommenden faschistischen und stalinistischen Diktaturen in den 1920/30er Jahren wurde die Esperantobewegung durch zahlreiche Verbote zurückgedrängt. In der heutigen IAA sind als Weltkommunikationssprachen nur noch Englisch und Spanisch gesetzt.[481]

2.9. Gedenktradition

In der Gedenkpolitik offenbarten sich die reichhaltige Geschichte der verschiedenen Traditionen, sowie die unterschiedliche Ausprägung der syndikalistischen Arbeiterbewegung. Ein kollektives Erinnern, besonders an die für die Bewegung bedeutenden Ideengänge und ihrer Repräsentanten, trug zur Identitätsstiftung und damit der inneren Festigung der Organisationen bei. Die Gedenktradition signalisierte damit, dass der Syndikalismus nicht lediglich Versatzstück, Randerscheinung oder Anhängsel anderer Strömungen der sozialistischen Arbeiterbewegung darstellte, sondern in seiner spezifischen Zielsetzung und Methodik eigenständige Ambitionen hatte, die er auszuformen und zu propagieren verstand. Jede Gedenkveranstaltung barg den Appell an die Anhängerschaft, sich zu bilden, sich für weitere gemeinsame Diskussion und Aktion die Grundlagen zu erarbeiten.

Der gewichtigste Teil des Gedenkens bezog sich auf die frühe Phase der Arbeiterbewegung, sowie auf Vorläufer und Ideengeber des Syndikalismus. Eine zentrale Bedeutung erlangte in der syndikalistischen Presse beispielsweise die Gründung der Ersten Internationale im Jahre 1864. Eng damit verbunden, wurde dem Leben und Werk Michael Bakunins gedacht, genauso wie Peter Kropotkin als weitere Größe anarchistischer Ideengänge. Die Formen des Gedenkens waren breit gefächert. In Deutschland inszenierte die Syndikalistisch-Anarchistische Jugend in den späten 1920er Jahren einen Kropotkin-Tag. Und zum 50. Todestag Bakunins brachte der Verlag „Der Syndikalist“ eine Broschüre heraus mit dem Titel „Unser Bakunin“.

Bedeutung erlangten ebenso die Erinnerungen an Persönlichkeiten und Erhebungen sozialer Bewegungen, die der Reaktion zum Opfer fielen. So erinnerten Rudolf Rocker und Fritz Oerter an Thomas Münzer (um 1489-1525),[482] und der 15. Kongress der FAUD im Jahre 1925 stand zum 400. Todesjahr im Zeichen dieses radikalen Reformatoren und Gegenspieler Luthers.[483] Die syndikalistische Presse betonte Münzers internationale Bedeutung: „Gerade heute [1931], bei den Auseinandersetzungen des spanischen Proletariats mit Pfaffen, Militär und Kapitalisten ist ein Rückblick in die damalige Zeit sehr lohnend. Im Brennpunkt der Ereignisse, wo brennende Klöster erneut Wege der Ausrottung aller Unterdrücker und Tyrannen zeigen, ist das Gedenken Thomas Münzers eine Notwendigkeit, denn besonders den Pfaffen galt sein Kampf!“[484] Weit über Deutschland hinaus verharrte das „Haymarket-Ereignis“ vom 4. Mai 1886 im kollektiven Gedächtnis, verbunden mit den sieben zum Tode verurteilten Chicagoer Anarchisten, von denen am 11. November 1887 drei hingerichtet wurden. In dessen Tradition stand das ebenso beachtete Martyrium der beiden Anarchisten Nicola Sacco und Bartholomeo Vanzetti, die am 23. August 1927 ebenfalls von der US-amerikanischen Justiz zum Tode verurteilt wurden. Die Fülle an internationalen Gedenktätigkeiten ihnen zu Ehren nahm enorme Ausmaße an, weit über syndikalistische Kreise hinaus. Nach Spanien richtet sich der Blick auf den weltweit geschätzten Francisco Ferrer, der staatlicherseits wegen seiner revolutionären Intention am 13. Oktober 1909 ermordet wurde, was eine große globale Protestwelle zur Folge hatte. Nach dem Zweiten Weltkrieg fiel sein Schicksal weitgehend dem Vergessen anheim. In Japan wurden am 16. September 1923 Sakae Ōsugi und dessen Frau Itō Noe „von den Schergen der herrschenden Klassen" ermordet. Der Theoretiker Ōsugi galt als der „japanische Kropotkin". Zumindest bis in die 1930er Jahre wurde in Japan seinem Todestage gedacht.[485] Internationale Bedeutung kamen auch der Niederschlagung der Pariser Kommune (1871), sowie dem Kronstädter Matrosenaufstand 50 Jahre später im Jahre 1921 zu.[486] Als zentraler Repressionsakt in Deutschland mit internationaler Beachtung kann die Ermordung des Schriftstellers und Anarchisten Erich Mühsam durch die Nazis am 10. Juli 1934 angesehen werden. Seine Popularität, besonders in der libertären Jugend, ist auch Jahrzehnte nach seinem Tod ungebrochen.

Die Haymarket-Märtyrer.

Itō Noe und Sakae Ōsugi

Das Gedenken äußerte sich in Zeitschriftenartikeln, über gesonderte Broschüren und Veranstaltungen bis hin zu Denkmälern und Museen: Organisiert von örtlichen Syndikalisten, wurde 1925 auf dem Münchner Waldfriedhof eine fünf Meter hohe Säule zum Gedenken an Gustav Landauer aufgestellt, die 1933 von den Nazis wieder abgerissen wurde. Sie barg die Worte: „Jetzt gilt es noch, Opfer anderer Art zu bringen, nicht heroische, sondern stille unscheinbare Opfer, um für das rechte Leben ein Beispiel zu geben. 1870 – Gustav Landauer – 1919". Ebenfalls Mitte der 1920er Jahre erkoren Meininger Syndikalisten Michael Bakunin zum Namensgeber ihrer Steinhütte im Thüringer Wald. Diese überdauerte den Faschismus. In Spanien wurde 2011 zum 100-jährigen Bestehen der CNT auf dem Berg Montjuïc bei Barcelona eine Denkmalstele eingeweiht mit der Inschrift: „Den Männern und Frauen der CNT, die im

Kampf für die Freiheit und die soziale Revolution starben." Einem Urvater der anarchistischen Bewegung, Domela Nieuwenhuis (1846-1919), wurde 1931 in Amsterdam ein Bronzedenkmal gewidmet,[487] und in Heerenveen kann heute das „Ferdinand Domela Nieuwenhuis-Museum" besucht werden. Auch für Kropotkin öffnete Ende 1923 ein Museum seine Türen und fand internationale Beachtung. Es befand sich in Moskau und wurde von dessen Frau Sophia aufgebaut.[488]

Domela Nieuwenhuis

Das Gedenken ging auch über die spezifisch eigene Geschichte hinaus. Eng verbunden mit dem „Haymarket-Ereignis" ist die Entstehung des 1. Mai als internationaler Arbeiterkampftag. Auch weitere mahnende Erinnerungen spielten eine Rolle: Im Zeichen des Beginns des Ersten Weltkrieges standen jährlich antimilitaristische Kundgebungen auf dem Programm. In einer Resolution der IAA aus dem Jahre 1925 wurden sie als „Manifest gegen den Krieg" festgelegt, wonach die angeschlossenen Landesorganisationen angehalten wurden, „überall in allen Städten und Orten aller Länder am ersten Sonntag im Monat August antimilitaristische Versammlungen anlässlich des Ausbruchs des Weltkrieges abzuhalten."[489]

Gedenktraditionen fanden ihre Ausprägung bis in die Provinz und lokalgeschichtlichen Feierlichkeiten. So reanimierten Syndikalisten in Bremen zu Beginn des 21. Jahrhunderts das Gedenken an die örtliche Räterevolution von Januar 1919. An Rhein und Ruhr etablierten sich in den 1920/30er Jahren öffentliche Erinnerungen an die „Märzgefallenen", die 1920 im Kampf gegen den „Kapp-Putsch" ihr Leben ließen. Dieses und nicht wenige andere Gedenkmotive gerieten in Vergessenheit. Bezeichnend dafür ist ausgerechnet das weltgeschichtlich wohl bedeutendste Ereignis freiheitlich-emanzipatorischer Bestrebung, der Jahrestag der Spanischen Revolution vom 19. Juli 1936, dessen deutliche Unterrepräsentanz im Vergleich zu anderen Gedenktagen der Agonie und Diskontinuität der syndikalistischen Arbeiterbewegung, forciert durch Faschismus und Weltkrieg, geschuldet war. Auch zu Fernand Pelloutier, dem Urvater des Syndikalismus, wurde nach 1945 weitgehend geschwiegen. Vereinzelt treten in Deutschland wieder Erinnerungen an das Leben der FAUD-Repräsentanten Rudolf Rocker und Fritz Kater (1861-1945) zutage.

Fernand Pelloutier

Andere Gedenkmomente kamen hinzu, so der 1984 in Kanada ins Leben gerufene „Workers' Memorial Day", der am 28. April gewerkschaftsübergreifend die Entbehrungen, Beeinträchtigungen und besonders die Toten thematisiert, die den kapitalistischen Produktionsverhältnissen geschuldet sind. In Deutschland beteiligen sich Syndikalisten hieran seit Beginn des 21. Jahrhunderts. Weitere allgemeine Gedenktage, die auch von syndikalistischen Gruppen begangen werden, liegen im März, nämlich der Weltfrauentag am 8. und der Tag der politischen Gefangenen am 18. des Monats, der auch als Gedenktag für die Pariser Kommune von 1871 begangen werden kann. Insgesamt konzentriert sich die Zeitspanne der Gedenkmotive auf die Vorgeschichte über die Hochphase syndikalistischer Tätigkeit bis in die 1930er Jahre.

2.10. Moderne Massenmedien: Kino und Radio

Das Kino und Radio sahen die Syndikalisten als ein sehr effektives und günstiges Mittel zur Verbreitung bürgerlicher Kultur und (Wert-) Maßstäbe an. Das Bürgertum habe im Film die Hoheit in der Präsenz und in ihrer Bewertung, wohingegen das Proletariat und der Sozialismus negativ und als nicht realisierbar dargestellt würden. Anziehend sei der Film dennoch auch für die Arbeiter, deren „Gehirne verdummt, verseucht, verbildet und – verbürgerlicht" würden. Gezeigt würden Illusionen, die das Proletariat dazu anreizten, sich mit den oberen gesellschaftlichen Klassen zu identifizieren und es dazu motivieren sollen, sich dem Bürgertum anzupassen. Die gebotene Bequemlichkeit im Konsum und Reizempfang solle das eigenständige Denken ausschalten. So entstehe bei der Rezeption das Paradoxon, dass die Reaktion im Proletariat nicht aus Klassenhaß, sondern im Gegenteil aus Zustimmung zum schönen Schein besteht, obgleich im Film die prassende und protzende Obrigkeit, die „Grafen, Fürsten, Prinzen, Generäle, [...] das tanzende, das hurende, das schmarotzende, das sektsaufende Sodom und Gomorrha" mit allen ihren Reichtümern genüsslich ausufernd dargestellt würde. Verdorben würden dadurch die proletarischen Instinkte, sowie ein klassenbezogenes Gerechtigkeitsempfinden. Eigene schöpferische Kräfte hingegen würden behindert und verkümmerten. Die Ursachen für diese Parteilichkeit der Massenmedien lagen aber nicht nur in der Erziehungsfunktion als Massenmedium, sondern auch darin begründet, dass das Kino selber ein kapitalistisches Unternehmen und damit auf profitorientierter Grundlage stand. Das Kino kam vornehmlich dem zahlungsfähigen Publikum entgegen, das heißt den bürgerlichen Schichten. An ihnen orientierte sich der Inhalt. Nicht der bildende Film fülle die Kassen, sondern diejenigen, so die Syndikalisten, „in denen der größte Blödsinn verzapft wird": „Der Bürger findet es richtig, dass der Verbrecher, der dem entsetzlich reichen Grafen das Perlenhalsband gestohlen hat, von Sherlock Holmes entlarvt und dem Staatsanwalt überliefert wird. Der Bürger freut sich, dass die Ruhe und Ordnung gerettet ist und der unglückliche Graf sein Perlenhalsband wieder bekommt."[490]

Die Kritik am Radiowesen in Deutschland betraf in erster Linie den Monopolanspruch des Staates auf die Sendungen. Damit ging eine moderne Propagandamöglichkeit für diejenigen Interessen und Institutionen einher, die dem Syndikalismus entgegenstanden, darunter, so bemerkte der „Syndikalist" 1932, der Parlamentarismus, die kommende Arbeitsdienstpflicht und nicht zuletzt die Nazipropaganda. Sozialistische Positionen hingegen kämen in den Sendungen nicht zum Ausdruck, stattdessen „nationale Phraseologie". Die Syndikalisten riefen daher zum Boykott auf („Radio abmelden"), denn „das revolutionäre Bewusstsein in den Arbeitern soll abgeschwächt werden, bis die Arbeiter für ihre Sache faul geworden und die der reaktionären Gesellschaft reif geworden sind. […] Deshalb müssen wir uns gegen die Hirnverkleisterung und den Meinungsraubfeldzug verwahren."[491]

2.11. Sport

Einen Hang zur Zentralisierung und Hierarchisierung des gesellschaftlichen Lebens sahen die Syndikalisten auch in der Verbreitung des Massensports. Dieser richte sich gegen die eigene Motivation, Körpertüchtigungen selbstorganisiert durchzuführen. Dafür favorisierten sie Ausflüge und Wanderungen. Alternativ zur sportlichen Körperertüchtigung engagierten sich einige Syndikalisten zu Beginn der 1930er Jahre auch im strömungsübergreifenden „Verein sozialistischer Lebensreformer". Diese „freiheitliche Körperkultur-Bewegung" mit Schwerpunkt in Berlin setzte sich die „Umgestaltung bestehender moralischer und sittlicher Anschauungen im täglichen Leben" zum Ziel.[492] Der Massensport jedoch behindere, dem Militarismus ähnlich, die kreative und gleichberechtigte Eigeninitiative des Menschen. Zudem leiste er Tendenzen Vorschub, die Freizeitgestaltung zu kommerzialisieren und besonders die Jugend vom Klassenkampf abzulenken, ihren revolutionären Tatendrang in systemkompatible Bahnen zu lenken. Daher sprach sich die IAA in einer Resolution dafür aus, „energisch dafür zu wirken, dass die Jugend der sportlichen Besessenheit entzogen wird, weil der Sport heute ein Mittel in den Händen der Kapitalisten ist." Stattdessen sei darauf hinzuwirken, die Jugend zu „denkenden und aktionsfähigen Menschen" heranzubilden.[493] Der Massensport wurde als „Seuche" bezeichnet, und der „Sportfanatismus" sei nichts anderes als Selbstzweck, der Gleichförmigkeit verkörpere statt die Möglichkeiten zu gewähren, Inspiration und Muße für die proletarischen Interessen zu empfangen. Sport und Spiele waren seit alters her die Mittel der Herrscher, die Völker zu befrieden, die Klassengegensätze zu verschleiern, von ihnen abzulenken. Kapitalisten und Zentralgewerkschaften, so die Syndikalisten, bräuchten „Massen, die sich lenken und leithammeln lassen, und die hineinpassen in das System des Zentralismus und der Autorität." Nur in eigener Aktivität, außerhalb der Sportvereine und Massenveranstaltungen, habe „der junge Mensch noch Zeit zum Denken; hier empfängt er Anregung. [...] Sportinteressen dienen dem Bürgertum und nicht den Interessen des Proletariats!“[494] Dabei seien enthusiastische Energien, die dort freigesetzt würden, generell nichts Negatives, nur deplatziert, wie es 1930 in einem Artikel zum auch im Proletariat gefeierten Deutschen Fußballmeister Hertha BSC hieß: „Auf den Arbeitsplätzen aber sind dieselben Arbeiter für nichts zu haben als für ihren Sport. [...] Wenn der Fanatismus, wie man ihn leider beim Sport sehen kann, auf die Arbeitsstellen verpflanzt würde in Hinsicht auf gewerkschaftliche Arbeit, so brauchte der Arbeiterschaft für die Zukunft ihrer Lohn- und Arbeitsbedingungen nicht bange sein.“[495] Daneben gab es auch Stimmen, die in der Arbeitersportbewegung einen günstigen Nährboden zur Verbreitung syndikalistischer Ideen sahen, was die Praxis deutlich aufzeige: „Ständig sind die oppositionellen Arbeitersportler an der Arbeit, den gesunden Geist des Klassenkampfes den Mitgliedern aufzuzeigen. Hunderttausende von Frauen und Mädchen werden aufgeklärt in religiösen, sexuellen, wirtschaftlichen und politischen Fragen. Zahlreiche Spieltruppen, Sprech- und Bewegungschöre der Arbeitersportler helfen die Arbeiterschaft aufzurütteln. [...] Viele Solidaritätsveranstaltungen zur Unterstützung der politischen Gefangenen, zur Unterstützung von Streiks sind durchgeführt worden.“[496] Die FAUD dürfe in dieser Frage keine dogmatische Position entwickeln. Die Möglichkeiten als kulturelle Plattform müssten gesehen werden, daher sei die Sportbewegung „dem Klassenkampf dienstbar zu machen.“[497]

3. Hilfsorganisationen

3.1. Genossenschaftswesen

Die syndikalistische Arbeiterbewegung setzte sich bei der Errichtung einer freien, sozialistischen Gesellschaft auch mit dem Stellenwert von Produktivgenossenschaften auseinander. Kritisch gesehen wurde, dass diese Körperschaften den Kapitalismus nicht grundsätzlich bekämpfen, sondern vielmehr selber Kapital anhäufen, um ihrerseits in dem zu bekämpfenden Wirtschaftssystem bestehen zu können. Während die sozialdemokratischen Gewerkschaften auf eigene Konkurrenz zum Kapital durch Gewerkschaftskapital setzten, so kritisierten die Syndikalisten, dass Kapital grundsätzlich nicht mit Kapital bekämpft werden könne. Nur wenige unter ihnen gingen davon aus, dass auf diesem Wege das kapitalistische Wirtschaftssystem unterhöhlt und allmählich die gesamte Produktion durch die Arbeiter selber übernommen werden könne. Generell jedoch räumten die Syndikalisten einem eigenen Genossenschaftswesen neben der Milderung von Arbeitslosigkeit und übertariflicher Bezahlung unter den Genossen gewisse Unterstützungsfunktionen in ihren Klassenkämpfen ein. Und zwar 1. in Wirtschaftskämpfen und 2. als praktische Bildungseinrichtung, da die Arbeiter aufgrund dieser Organisationsform nicht nur ihre speziellen Arbeitsabläufe studierten, sondern darüber hinaus einen Blick auf die Organisation des gesamten Betriebes bekamen, sich die Fähigkeiten aneignen konnten, die für die Verwaltung des Produktionszweiges nötig waren, einer Grundbedingung für die angestrebte komplette Übernahme der Produktion während einer sozialen Revolution. Bereits während der Kämpfe im bestehenden System seien Genossenschaftsbetriebe in ihrer Funktion als Auffangbetriebe von Streikenden und ausgesperrten Kollegen wertvoll. Dadurch seien diese nicht abhängig von Streikgeldern und Unterstützungskassen. Dies verleihe ihnen eine ungleich längere Ausdauer im Kampfe und eine bessere Verhandlungsposition, während die Kapitalisten durch die Arbeitsausfälle tägliche Einbußen zu beklagen hätten. Auch den Schlichtungsinstanzen und deren Kompromissvorschlägen konnten sie widerstehen, bis die Unternehmensleitung, trotz der Unterlaufungsbemühungen durch die mit den Syndikalisten konkurrierenden Zentralverbänden, die Forderungen ganz erfüllte. Durch solche Erfolge lagen die Löhne deutlich über den Tarifen, die durch die Zentralgewerkschaften ausgehandelt wurden. Das hatte durch die Offenlegung der syndikalistischen Kampfmethoden direkte agitatorische Wirkung.

So geschah es Mitte der 1920er Jahre im Westschwedischen Bohuslän in der Steinindustrie. Von 150 Streikenden einer Ortschaft waren 135 syndikalistisch organisiert. Die sie unterstützenden auswärtigen Steinarbeiterkollegen kauften einst, als sie genügend Geld zusammen hatten, einen Berg und gründeten eine Bergbaugenossenschaft. Durch Bestellungen aus dem Ausland und den regulären Verkauf zu Marktpreisen gelang es ihnen, 200-300 Menschen zu beschäftigen. Die Initiative zur Gründung ergriffen Syndikalisten, die auch die Leitung in ihren Händen hatten. Mehrheitlich jedoch waren dort Zentralgewerkschafter beschäftigt. In dem entsprechenden Bericht heißt es zur Verknüpfung mit der syndikalistischen Gewerkschaft: „Das Unternehmen als solches steht frei und ist von den Gewerkschaftsorganisationen unabhängig. Die syndikalistische Landesorganisation Schwedens (SAC) ist dadurch mit dem Unternehmen verknüpft, dass sie im Laufe dieses Jahres eine Anleihe von 20.000 Kronen für dasselbe hergab, eine Summe, die durch Anteilscheine der örtlichen Organisationen aufgebracht wurde. Durch diese Anteile kontrollieren die syndikalistischen Organisationen das Unternehmen.“[498]

Genossenschaften können in den Klassenkämpfen eine wertvolle unterstützende Funktion einnehmen. Die syndikalistischen Gewerkschaften sollten mit ihnen harmonieren. Nicht zuletzt, betonten die Syndikalisten aus Bohuslän, sei unter den Genossenschaftern ein stark ausgeprägter antikapitalistischer Geist vonnöten, der sich seiner Bedeutung im Klassenkampf als unterstützende Einheit bewusst sei. Darauf vertraute die syndikalistische Organisation in Deutschland nicht. In einem Kongressbeschluss aus dem Jahre 1914 betrachtete die FVDG Produktivgenossenschaften als private Unternehmungen, die keine Gewerkschaftsgelder erhalten sollten. Wie die SAC waren sie der Meinung, dass der Kapitalismus nicht durch den Aufbau neuer Kapitalunternehmungen „von innen her" unterminiert werden könne, wie es die Sozialdemokratie tatkräftig propagiere. Dieses bedeute den Aufbau neuerlicher zentralisierter Machtstrukturen. Zudem werde das Lohnsystem dadurch nicht abgeschafft und es werde für den Warenhandel produziert statt für den direkten Verbrauch. Zu beseitigen seien kapitalistische Verhältnisse nur über den revolutionären Klassenkampf, direkt über die syndikalistischen Gewerkschaften. Als generell hilfreich wurden jedoch Konsumgenossenschaften angesehen. Diese bedeuten die Ausweitung direkter Ökonomie bei Ausschaltung des Zwischenhandels und erhöhen den Reallohn der Arbeiterschaft. In konkreten Kämpfen könnten die Konsumgenossenschaften, wenn der Einfluss der Syndikalisten dort groß genug würde, die streikenden und hungernden Kollegen mit ihren Familien unterstützen, beispielsweise durch Feldküchen. Aber auch innerhalb der Konsumgenossenschaften werde das Lohnsystem keinesfalls abgeschafft. Der Sozialismus als Ideal sei zwar genossenschaftlich organisiert, aber im Kapitalismus funktioniere die Genossenschaft nur unter elementaren Zugeständnissen an diesen.[499]

Instruktive Beispiele von Kooperativen jenseits großer Genossenschaften zeigte Peter Merten für Portugal auf: „Da gab es z.B. Fischer, die ihr Geld zusammenlegten, gemeinsam ein neues Boot anschafften, und in der Folge gemeinsam auf Fang fuhren; Schuster, Bäcker und Frisöre, die gemeinsam und ohne ‚Chef' eine neue Werkstatt oder einen neuen Laden eröffneten, Taxifahrer, die auf bestimmten, festgelegten Routen die Mitglieder ihrer Kooperative kostenlos beförderten, Nichtmitglieder dagegen nur gegen Entgelt."[500]

Syndikalisten streben Kollektivbetriebe an. Diese gehen in zentralen Punkten über das Wesen von sozialdemokratisch geführten Genossenschaften hinaus, wie es am Beispiel der Kaffeekooperative „Cafe Libertad" in Hamburg deutlich wird:

„Genossenschaft
- pro Genosse/Genossin nur eine Stimme – egal wie hoch die Geschäftseinlage ist (Kapital)
- geschäftsführender Vorstand, kontrollierender Aufsichtsrat

Kollektivbetrieb zusätzlich
- gleiche Entlohnung – keine Hierarchie
- gleiche Rechte und Pflichten für jedes Mitglied
- Aufhebung der Aufgaben des Vorstandes durch internen Kollektivvertrag

oder Vereinbarung; Beschlussfassung auf regelmäßigen Plena entweder mit Konsens- oder Mehrheitsbeschlüssen."[501]

3.2. Gesundheitswesen

Konstituierend für die kirchlichen und staatlichen Autoritäten, in ihrem Bestreben, das Selbstbewusstsein der Untertanen zu unterminieren, war neben dem Glauben an die tendenzielle Boshaftigkeit des Menschen der Glaube an die eigene Sündhaftigkeit. Der Mensch sollte Demut, Ehrfurcht und Genügsamkeit zur Lebensmaxime erheben, damit er die Autoritäten nicht infrage stellt, gegen diese nicht aufbegehrt, geschweige denn eigene und selbstbestimmte Lebensentwürfe organisiert. Um diese psychologische Matrix zu beheben, lag ein bedeutender Bereich libertärer Bildung in der Sexualaufklärung in weitestgehendem Sinne. Die Syndikalisten in Deutschland engagierten sich in den 1920er Jahren im strömungsübergreifenden *„Verein für Sexualhygiene und Lebensreform"*, sowie seit 1928 maßgebend im „Reichsverband für Geburtenregelung und Sexualhygiene", der reichsweit etwa 15.000 Mitglieder umfasste. Als Organ gab er monatlich die Zeitschrift „Sexualhygiene" heraus, die etwa 5.000 Abonnenten erreichte. In Nürnberg, wo der Syndikalist Franz Gampe als Vorsitzender den Reichsverband leitete, zählte die Organisation im Jahre 1930 knapp 1.000 Mitglieder. Regional unterhielten sie mobile Informationsstellen und boten neben der Vergabe von Verhütungsmitteln auch Beratungen zur Schwangerschaft, Ehe, Eugenik, Vorträge zu Hygiene an Schulen, sowie Rechtsberatung und -unterstützung an. Zur ihren Forderungen zählten die Abschaffung der § 218/219 Strafgesetzbuch, legale Schwangerschaftsabbrüche, Freigabe und legale Verbreitung von empfängnisverhütenden Mitteln und rationale an den Wissenschaften orientierte Aufklärung. Die Titel der Vorträge, gehalten u.a. von Syndikalisten, Apothekern und Medizinern, sprechen für sich: „Die Entstehung des Menschen", „Sachgemäße Anwendung von Verhütungsmitteln", „Wechseljahre der Frau und die Begleiterscheinungen" oder „Kampf gegen den Gebärzwang, Kampf gegen § 218". Der Reichsverband unterhielt Kontakte zur FAUD, zur Freidenkerbewegung und zum „Bund für Mutterschutz", der von der prominenten Frauenrechtlerin Helene Stöcker (1863-1949) gegründet wurde. Diese Arbeiterselbsthilfe besaß eine vergleichsweise große Wirkung und leitete sich aus konkreten Notwendigkeiten ab.[502]

Vereinzelt engagierten sich Syndikalisten auch in anderen Organisationen, die sich gegen die Schädigung der Gesundheit wendeten, beispielsweise im „Internationalen Bund für die Opfer des Krieges und der Arbeit" oder im „Proletarischen Gesundheitsdienst". Diese standen unter kommunistischer Führung. Spezielle eigene Organisationen in diesen Bereichen bildete der Syndikalismus in Deutschland nicht heraus. Zum Grundtenor gehörte auch die Aufklärung vor den schädlichen Wirkungen des Alkohols. Der Konsum unterhöhle die Selbstdisziplin und richte sowohl in den Organisationen als auch in den Familien Schäden an. Dies komme letztlich dem Klassenfeind zugute, der zudem am Konsum selbst reichlich verdient. So hieß es im Organ „Der Syndikalist" in dem Artikel „Die 10 Gebote des Alkohols. Für klassenbewußte Arbeiter!" unter Punkt 5 ironisch: „Trinke recht viel Wein, auf dass du deine Nöte und Sorgen vergissest! Du könntest sonst auf den Gedanken kommen, ihre Ursachen zu beseitigen, und das wäre für die besitzende Klasse gefährlich."[503]

3.3. Wehrorganisationen

Kann der Generalstreik ohne weitere Zwangsmaßnahmen den Kapitalismus beseitigen, Kriege unmöglich machen und den Faschismus im Keime ersticken? Die Syndikalisten hielten das für unwahrscheinlich. Wie damit in der Praxis konkret umzugehen sei, hing von verschiedenen Faktoren ab. In Deutschland griffen Syndikalisten als Angehörige der „Roten Ruhrarmee" während der Märzrevolution 1920 und als Angehörige der syndikalistischen Arbeiterwehr „Schwarze Scharen" zu Beginn der 1930er Jahre zu den Waffen. Beide Male gehörten die daran beteiligten jedoch in ideeller Hinsicht zu den Minoritäten innerhalb der FAUD. 1920 setzte sich diese im Ruhrgebiet aus weitaus weniger überzeugten und ideologisch gefestigten Anhängern zusammen, als die Kernorganisation. Es gab hingegen eine sehr hohe Durchlässigkeit zu kommunistisch-unionistischen Organisationen, beispielsweise der AAU oder der KAPD, die generell für ein militanteres Auftreten standen.

Zehn Jahre später speisten sich die „Schwarzen Scharen" ebenso zu großen Teilen aus Mitgliedern, die sich erst kürzlich dem Syndikalismus zuwandten, aus ehemaligen Kommunisten und militanten jungen Erwachsenen. Die ältere, gewerkschaftlich orientierte Basis, sowie die Funktionärsebene der FAUD lehnte eine separate Organisation neben der Gewerkschaft tendenziell ab, stattdessen solle alle Macht von den Belegschaften der Betriebe selber ausgehen, damit die Gefahr der Formierung neuer politischer Zentralmächte ausgeschlossen bleibt. Dennoch wurden die „Schwarzen Scharen" geduldet, und zwar angesichts der Tatsache, dass der Syndikalismus keine reale ökonomische Gegenmacht zum erstarkenden Faschismus darstellte und die eigenen Versammlungen von den Gewerkschaftsgruppen selber nicht ausreichend gegen die zunehmenden Angriffe verteidigt werden konnten. Vereinzelt kamen gegen Faschisten Schusswaffen zum Einsatz. In Schlesien legten Schwarze Scharen ein Sprengstofflager an.[504] Weitere Überlegungen zu dieser generellen Problematik erübrigten sich in Deutschland mit der Illegalität ab 1933.

In großen Teilen Spaniens hingegen zögerte die Arbeiterschaft nicht und trat dem Militärputsch des General Franco im Juli 1936 mit militärischen Maßnahmen entgegen. Die bestimmende Kraft in Katalonien und Aragonien waren die Syndikalisten, gewerkschaftlich organisiert in der CNT. In Barcelona formierten sich während der Spanischen Revolution 1936 revolutionäre Verteidigungskomitees, sowohl für einzelne Stadtteile als auch in den Fabriken. Ein Teil von diesen unterstand dem wenige Tage nach der Revolution vom 19. Juli 1936 geschaffenen „Zentralkomitee der Milizen". Es setzte sich paritätisch aus Vertretern der Syndikalisten (CNT), der Anarchisten (FAI), den vorhandenen sozialdemokratischen und kommunistischen Gewerkschaften und Parteien zusammen (PSUC, POUM, UGT), wobei die Syndikalisten in Relation zu ihrer faktischen Stärke deutlich unterrepräsentiert waren. Die Beschlüsse des Zentralkomitees galten als von der republikanischen Zentralregierung sanktioniert, waren damit staatsrechtlich bindend. Sie betrafen alle Aufgaben, die in anderen Ländern vom Kriegsministerium, Innenministerium und Außenministerium wahrgenommen wurden. Für die befreiten Gebiete in Spanien gehörten dazu im Einzelnen die „Errichtung der revolutionären Ordnung in der Etappe [militärisches Hinterland zur Versorgung der Truppen an der Front], Aufbau mehr oder minder organisierter und disziplinierter Streitkräfte für den Krieg, Ausbildung von Offizieren, Schulen für das Nachrichten- und Signalwesen, Verpflegung und Bekleidung, wirtschaftliche Organisation, Gesetzgebung und Rechtssprechung, [...] Umstellung der Friedensindustrien auf den Krieg, Propaganda, Beziehungen zu Marokko, Bewirtschaftung des verfügbaren Bodens, Gesundheitswesen, Küsten- und Grenzschutz."[505]

Mit der Leitung des dort angesiedelten Kriegskomitees wurde García Oliver betraut. Parallel zum „Zentralkomitee der Milizen" existierte die republikanische Regionalregierung, die jedoch faktisch keine Macht hatte und von den Syndikalisten als ein Zugeständnis, als Zeichen des guten Willens zur Zusammenarbeit mit den republikanischen und kommunistischen Kräften gebilligt wurde. Die Führung der CNT wollte ihre zentrale Machtstellung nicht dahingehend gebrauchen, dem Mehrheitswillen der Arbeiterschaft in Barcelona auch politischen Ausdruck zu verleihen, weil sie dahinter das Aufkommen einer eigenen Diktatur befürchtete. Ein großer Teil der CNT-Basis hingegen fürchtete die Etablierung einer anderen Diktatur, nämlich eine der kommunistischen Kräfte unter dem Mantel der republikanischen Regierung. Daher organisierten sich diese Syndikalisten Barcelonas in einer parallelen Milizstruktur, die dem „Zentralkomitee der Milizen" nicht unterstand und sich dessen Kontrolle entzog. Diese „Verteidigungsgruppen" unterstanden föderalistisch organisierten Stadtteilkomitees und umfassten in der Metropole knapp 10.000 Kämpfer. Der Zeitzeuge Abel Paz berichtete: „In El Clot, wo ich aktiv war, gab es etwa fünfzehn Verteidigungsgruppen, für die

knapp hundert Gewehre vorhanden waren. Dann musste man noch die Fabrikgruppen von El Clot dazurechnen, die eigene Verteidigungsgruppen mit eigener Bewaffnung, einschließlich Maschinengewehren, aufgestellt hatten. Schließlich waren da noch die Gruppen der JJLL [Anarchistische Jugend] und die anarchistischen Gruppen. Dieses heterogene Gebilde war Aktionsbasis des Verteidigungskomitees unseres Viertels. [...] Wir hielten es für besser, in Würde zu sterben als versehentlich zu überleben. Diese Art zu denken entsprach auch unserer Einstellung gegenüber den übergeordneten Komitees und das Anprangern der rückschrittlichen Linie, die der Basis von CNT und FAI immer mehr aufgedrängt wurde."[506] Tatsächlich hatten die Syndikalisten in Katalonien die Macht ganz in ihren Händen. Diego Abad de Santillán, Vorsteher des Ausschusses der Milizorganisation des Zentralkomitees, skizzierte die Alternative mit den Worten: „Wir hätten allein bleiben, unseren absoluten Willen allen aufzwingen, die Regionalregierung für erloschen erklären und an ihre Stelle die wirkliche Macht des Volkes setzen können; aber wir hatten nicht an die Diktatur geglaubt, als sie gegen uns ausgeübt wurde, und wir wollten sie nicht, als wir nun die Möglichkeit hatten, sie auf Kosten anderer auszuüben. Die Regionalregierung [...] sollte auf ihrem Posten bleiben."[507]

Republikanische und kommunistische Kräfte drängten auf Zentralisierung und Hierarchisierung der Organisation, insbesondere der Milizen, was den Syndikalisten zwar mehrheitlich missfiel, wogegen sie allerdings aus Furcht vor eigenen diktatorischen Maßnahmen nichts unternahmen. Die Losung: Zuerst mit diesen antiföderalistischen Zugeständnissen an die Volksfront zusammen den Krieg gegen Franco gewinnen, dann erst die soziale Revolution ausbauen, zersplitterte die syndikalistische Bewegung. Auch die sich militant gegen diese Politik der CNT-Führung richtende Gruppierung der „Freunde Durrutis" kann neben den von Abel Paz beschriebenen unabhängigen Stadtteilmilizen als Ausdruck des Festhaltens an den eigenen föderalistischen Prinzipien gesehen werden, wonach militärische Gewalt unmittelbar an die Basis gekoppelt und von dieser entschieden wird.

An der Front gestaltete sich das Milizwesen so basisdemokratisch als möglich. Als prominenter Ausdruck kann hierbei die „Kolonne Durruti" angesehen werden. Vom herkömmlichen Militärwesen unterschieden sich die Kolonnen der CNT unter anderem dadurch, dass es keine militärischen Abzeichen gab, keine Grußpflicht, keine Marschformationen, dafür aber einheitlichen Sold unabhängig vom Rang.[508] An der Spitze standen sowohl militärische als auch politische von den Milizionären gewählte Leiter. Die Funktionen in den Abteilungen der Kolonne wurden durch die Milizionäre demokratisch legitimiert, Entscheidungen besprochen und abgestimmt. Sie kamen aus dem Volk und beteiligten sich auch an der Front am Leben des Volkes, Glückspiel und sexuelle Belästigungen wurden strikt bestraft. Der Zeitzeuge und Schriftsteller Carl Einstein (1885-1940), der die Übernahme der politischen Leitung, für die er vorgeschlagen wurde, ablehnte, betonte, die Milizionäre bildeten „eine Gemeinschaft mit der Bevölkerung, [...] jeder Kamerad besitzt gleiche Rechte und erfüllt die gleichen Pflichten. Keiner steht über dem anderen, jeder soll ein Maximum seiner Person entwickeln und darbringen. Die militärischen Techniker beraten, doch sie befehlen nicht. [...] Früher hieß es Armee und Volk oder richtiger, die Armee gegen das Volk. Heute heißt es arbeitendes und kämpfendes Proletariat, beide bilden eine unzertrennliche Einheit. Die Miliz ist ein proletarischer Faktor, ihr Wesen, ihre Organisation sind proletarisch und müssen es bleiben. Die Milizen sind die Exponenten des Klassenkampfes. Die Revolution auferlegt der Kolonne eine strengere Disziplin als alle Militarisierung es vermöchte. Ein jeder fühlt sich verantwortlich für das Gelingen der sozialen Revolution. Diese bildet den Inhalt unseres Kampfes, der von der sozialen Dominante bestimmt wird."[509] 1939 wurde der Syndikalismus in Spanien militärisch besiegt. Die CNT organisierte sich illegal weiter in den Betrieben, und andere Syndikalisten führten gegen den Faschismus einen bewaffneten Guerillakrieg.

Durch die kämpfenden Syndikalisten in Spanien konnte der freiheitliche Sozialismus reichhaltige Erfahrungen darüber sammeln, was eine bis zum äußersten gehende Verteidigung sozialer Errungenschaften anbelangte. Freiheitliche Werte waren mit militärischem Freiheitskampf sogar in Form dieses offenen Krieges kompatibel, solange folgende Losung der IAA eingehalten wurde: „So darf auch die Verteidigung der Revolution nicht einer bestimmten militärischen oder irgendeiner anderen Organisation, die außerhalb der Wirtschaftsverbände steht, überlassen bleiben, sie muß vielmehr den Massen selbst und ihren wirtschaftlichen Organisationen anvertraut sein."[510]

Anmerkungen Kapitel V

[382] Conclusões gerais sobre a organização Social Sindicalista, Art. XIII, zit.n.: Peter Merten: Anarchismus in Portugal…, S. 177.
[383] DS, Nr. 20/1920.
[384] DS, Nr. 15/1927.
[385] Emma Goldman: Das Tragische an der Emanzipation der Frau, S. 23.
[386] Frauen-Bund, Nr. 1/Januar 1925.
[387] DS, Nr. 2/1920.
[388] DS, Nr. 37/1924.
[389] Sekretariat der Internationalen Arbeiter-Assoziation (Hg.): IV. Weltkongress der Internationalen Arbeiter-Assoziation Madrid vom 16. bis 21. Juni 1931, Berlin 1931, S. 88 f.
[390] Wer dem Verfasser als erstes die Quelle liefert, bekommt einen Kasten Bier spendiert!
[391] Vgl.: „Der 14. Kongress der FAUD (S.)", in: DS, Nr. 52/1922.
[392] „Der 14. Kongress der FAUD (S.)", in: DS, Nr. 52/1922.
[393] Vgl.: „Der 14. Kongress der FAUD (S.)", in: DS, Nr. 52/1922.
[394] Vgl.: DS, Nr. 37/1924.
[395] Vgl.: DS, Nr. 10/1920.
[396] Vgl.: DS, Nr. 6/1920.
[397] Vgl.: Protokoll über die Verhandlungen vom 15. Kongress…, S. 93 f.
[398] Vgl.: DS, Nr. 26/1925 und Nr. 27/1923.
[399] Vgl.: DS, Nr. 12/1931 und Der Frauen-Bund, Nr. 2/Juni 1924.
[400] Vgl.: Milly Witkop-Rocker: Was will der syndikalistische Frauenbund?, S. 13.
[401] Protokoll über die Verhandlungen vom 15. Kongress…, S. 100.
[402] Martha Wüstemann: „Die Bibliothek als Barrikade…". Interview mit Martha Wüstemann von Wolfgang Haug, in: Schwarzer Faden, Nr. 4/1992.
[403] Vgl.: Alfred Dressel: Bericht über die Reichstagung der syndikalistischen-anarchistischen Jugend Deutschlands.
[404] Siehe: Rudolf Rocker: Prinzipienerklärung des Syndikalismus, Berlin 1919.
[405] Die Prinzipienerklärung der FKAD ist abgedruckt in: Der freie Arbeiter, Nr. 13/1919. Siehe auch: DS, Nr. 19/1921 und Nr. 32/1922.
[406] Bericht des II. Kongresses der Internationalen Arbeiter-Assoziation, in: DI, Nr. 5/1925, S. 123.
[407] Vgl.: DS, Nr. 2/1923.
[408] Vgl.: Bericht des II. Kongresses der Internationalen Arbeiter-Assoziation, in: DI, Nr. 5/1925, S. 123 und Junge Anarchisten, Nr. 4 und 11/1925.
[409] Vgl.: Helge Döhring: Die Presse der syndikalistischen Arbeiterbewegung…, S. 60-66.
[410] Vgl.: Hermann Weber/Andreas Herbst: Paul Albrecht, in: Deutsche Kommunisten…, S. 58.
[411] Vgl.: Helge Döhring: Syndikalismus im „Ländle"…, S. 160 f. Siehe auch „Der Syndikalist", Nr. 10/1925.
[412] Debatte, Nr. 6/26. Mai 1930.
[413] Vgl.: DS, Nr. 4/1929.
[414] Vgl.: Ulrich Linse: Die anarchistische und anarcho-syndikalistische Jugendbewegung…, S. 81-97.
[415] Vgl.: Junge Anarchisten, Nr. 4/1925 und DS, Nr. 4/1926.
[416] Vgl.: DS, Nr. 13/1930.
[417] DS, Nr. 16/1931.
[418] Vgl.: DS, Nr. 15/1932.

[419] Vgl.: DS, Nr. 43/1927.
[420] Vgl.: DS, Nr. 4/1929.
[421] Vgl.: Bericht des II. Kongresses der Internationalen Arbeiter-Assoziation, in: DI, Nr. 5/1925.
[422] Vgl.: Peter Merten: Anarchismus und Arbeiterkampf in Portugal, S. 187 ff .
[423] Vgl.: DS, Nr. 8 und 41/1924.
[424] Junge Anarchisten, Nr. 6/1926.
[425] DS, Nr. 40/1927. Siehe auch: Junge Anarchisten, Nr. 5/1927.
[426] Vgl.: DS, Nr. 2, 13/1928.
[427] Vgl.: DS, Nr. 25/1928.
[428] DS, Nr. 4/1929.
[429] Vgl.: DS, Nr. 4/1926.
[430] Zitate nach: DS, Nr. 39, 40/1931 und Helge Döhring: Damit in Bayern Frühling werde!...„ S. 98 f.
[431] DS, Nr. 2/1922. Weitere Texte von Oerter und eine kurze politische Biographie finden sich in: Fritz Oerter: Texte gegen Krieg und Reaktion, Lich 2015.
[432] Peter Kropotkin: Gegenseitige Hilfe in der Tier- und Menschenwelt
[433] Statuten der IAA, in: Die Schöpfung, Nr. 32 vom 8. Februar 1923.
[434] Eine erste englischsprachige Ausgabe 1937 in London verschwand nach dem Bankrott des Verlages vom Markt; eine niederländische Ausgabe, die 1939 in Amsterdam erschien, fiel 1940 der Invasion Nazi-Deutschlands zum Opfer. Vgl.: Folkert Mohrhof Die Odyssee eines Manuskriptes…, in: „Barrikade“, Nr. 6/November 2011.
[435] Dieser Titel wurde vom Oetinger-Verlag in Hamburg gewählt, um einen Kontrapunkt gegen Oswald Spenglers – erstmals 1919 erschienenes und immer noch beliebtes – reaktionäres Opus „Der Untergang des Abendlandes“ zu setzen. Spätere deutsche Auflagen trugen den ursprünglichen Titel „Nationalismus und Kultur“, vgl.: Folkert Mohrhof Die Odyssee eines Manuskriptes…, in: „Barrikade“, Nr. 6/November 2011.
[436] Rudolf Rocker: Die Entscheidung des Abendlandes, S. 97.
[437] Zit. n.: Ebd., S. 100.
[438] Ebd., S. 463.
[439] Ebd., S. 464 ff.
[440] Ebd., S. 474.
[441] DS, Nr. 15/1930.
[442] Den bislang umfassendsten und gründlichsten Beitrag zum Thema in Deutschland leistete Stephan Geuenich: Ökonomischer Kampf und Revolutionierung der Köpfe! Annäherungen an die Erziehungs- und Bildungsvorstellungen im Syndikalismus, in: Syfo-Forschung & Bewegung, Nr. 6/2016.
[443] Siehe: Francisco Ferrer: Die Moderne Schule, Lich 2003.
[444] DS, Nr. 44/1932.
[445] Siehe: Peter Kropotkin: Die freie Vereinbarung: Ein anarchistisches Organisationsprinzip.
[446] Abel Paz: Feigenkakteen und Skorpione…, S. 75.
[447] DS, Nr. 44/1931.
[448] Kurt Wafner in: Hans-Rainer Sandvoß: Widerstand in Prenzlauer Berg und Weißensee, S. 204.
[449] Zit. n.: Walter und Anna Lindemann, S. 58.
[450] Zit. n.: Walter und Anna Lindemann, S. 66.
[451] Zit. n.: Walter und Anna Lindemann, S, 74.
[452] Zit. n.: Walter und Anna Lindemann, S. 52.
[453] Walter und Anna Lindemann, S. 71.
[454] DI, Nr. 9/Juli 1928, S. 3.

[455] DS, Nr. 16/1925.
[456] DS, Nr. 15/1927.
[457] DI, Nr. 12/Oktober 1929, S. 18.
[458] DS, Nr. 2/1931.
[459] Die Schöpfung, Nr. 32 vom 8. Februar 1923.
[460] Vgl.: Augustin Souchy: Albert de Jong zum Gedenken, in: Neues Beginnen, Nr. 8/1970.
[461] Vgl.: Bericht des II. Kongresses der Internationalen Arbeiter-Assoziation, in: DI, Nr. 5/1925, S. 4.
[462] Vgl.: DI, Nr. 2/Dezember 1928 und Nr. 12/Oktober 1929, S. 18.
[463] Vgl.: DS, Nr. 32/1931.
[464] Vgl.: DS, Nr. 16/1931.
[465] DS, Nr. 37/1927.
[466] Karl Dingler in Besinnung und Aufbruch, Februar 1933, S. 3 f.
[467] B. Traven: Das Totenschiff, S. 128.
[468] Vgl.: DI, Nr. 6/Januar 1926, S. 47 f.
[469] Vgl.: Martin Veith: Stefan Gheorghiu.
[470] Zusammengefasst nach Tim Wätzold: Libertärer Atlantik, Manuskript.
[471] Vgl.: „Der 14. Kongress der FAUD (S.)“, in: DS, Nr. 52/1922.
[472] Helge Döhring: Kein Befehlen, kein Gehorchen…, S. 116 ff.
[473] Zitate nach Helge Döhring: Kein Befehlen, kein Gehorchen…, S. 151-155.
[474] Abel Paz: Feigenkakteen und Skorpione…, S. 97.
[475] Zitate nach: DS, Nr. 27,30/1928.
[476] Zitate nach: DS, Nr. 41, 43/1931.
[477] Vgl.: Instituto Cervantes Bremen: Zur Erinnerung an das Ende des spanischen Bürgerkrieges, Bremen 2009.
[478] Vgl.: Statuten der IAA, in: Die Schöpfung, Nr. 32 vom 8. Februar 1923. Die folgenden Ausführungen stützen sich, so nicht anders angegeben, auf: Will Firth: Esperanto und Anarchismus.
[479] Vgl.: Bericht des II. Kongresses der Internationalen Arbeiter-Assoziation, in: DI, Nr. 5/Juni 1925, S. 71 und DS, Nr. 50/1931.
[480] Vgl.: Der Arbeiter-Esperantist Nr. 5/1921 und Nr. 11/1922.
[481] Vgl.: „IAA-Zirkularien“.
[482] Vgl.: DS, Nr. 27/1925.
[483] Vgl.: Protokoll über die Verhandlungen vom 15. Kongreß.
[484] DS, Nr. 28/1931.
[485] Vgl.: DS, Nr. 46/1931.
[486] Vgl.: DS, Nr. 11/1931.
[487] Vgl.: DS, Nr. 43/1931.
[488] Vgl.: DS, Nr. 1/1924.
[489] Bericht des II. Kongresses der Internationalen Arbeiter-Assoziation, in: DI, Nr. 5/Juni 1925, S. 65.
[490] Alle Zitate nach: DS, Nr. 13/1921.
[491] DS, Nr. 27/1932.
[492] DS, Nr. 19/1932.
[493] DS, Nr. 16/1925.
[494] Junge Anarchisten, Nr. 3/1927.
[495] DS, Nr. 28/1930.
[496] DS, Nr. 20/1930.
[497] DS, Nr. 20/1930.
[498] Zitate nach: DI, Nr. 1/November 1927.
[499] Vgl.: Folkert Mohrhof: Selbstverwaltete Betriebe als ‚konstruktiver

Sozialismus', in: Barrikade, Nr. 7, S. 26-31.
[500] Peter Merten: Anarchismus und Arbeiterkampf in Portugal, S 205.
[501] Folkert Mohrhof: Kollektivbetriebe am Beispiel „Strike Bike", Vortrag in Hameln, Dezember 2013. http://syndikalismus.wordpress.com/2013/12/15/kollektivbetriebe-am-beispiel-strike-bike.
[502] Dieser Abschnitt nach Helge Döhring: Damit in Bayern Frühling werde!..., S. 101-105.
[503] DS, Nr. 44/1929.
[504] Vgl.: Helge Döhring: Schwarze Scharen. Anarcho-Syndikalistische Arbeiterwehr.
[505] Pierre Broué/Émile Témime: Revolution und Krieg in Spanien…, S. 158.
[506] Abel Paz: Anarchist mit Don Quichottes Idealen…, S. 42 f.
[507] Zit.n.: Pierre Broué/Émile Témime: Revolution und Krieg in Spanien…, S. 156.
[508] Vgl.: Pierre Broué/Émile Témime: Revolution und Krieg in Spanien…, S. 173.
[509] Klaus Siebenhaar (Hg.): Carl Einstein. Prophet der Avantgarde, Berlin 1991, S. 84 f.
[510] Internationale Arbeiter-Assoziation: Statuten, S. 13.

VI. Perspektiven

Da diese Einführung sich meistenteils an der Historie orientierte, werfe ich im Folgenden einen kursorischen Blick auf heutige syndikalistische Bestrebungen und deren Möglichkeiten, im Weltgeschehen zugunsten der Arbeiterschaft wieder eine größere Rolle zu spielen. Die Ausgangslage ist aufgrund der Geschichte zu Beginn des 21. Jahrhunderts keine optimale. Zwar gerät das kapitalistische Wirtschaftssystem in fortwährende Krisen, doch hat es gelernt, damit soweit umzugehen, dass es diese überdauert und im Weltmaßstab als stabil angesehen werden kann. Dies ist nicht nur auf die Militarisierung der Gesellschaften zum Schutz der Eigentumsverhältnisse zurückzuführen, sondern auch auf die sozialpartnerschaftlichen Befriedungsmodelle, die zum Ausgleich zwischen Kapital und Arbeiterschaft entwickelt und erfolgreich etabliert wurden. Dem Staat als „Verwaltungsausschuss der ausbeutenden Klassen" ist es in den führenden Industrieländern gelungen, sich in der Öffentlichkeit als neutrale Instanz und als Ordnungsgarant darzustellen, der die Interessen von Lohnarbeitern und Wirtschaft gleichermaßen zugunsten aller vertrete. Die Stabilität der Wirtschafts- und Staatssysteme lebt insbesondere vom Staatsglauben der Bevölkerung und dem daraus resultierenden Unwillen, diesen zentralistischen Machtapparat in seiner vermeintlich neutralen Rolle zu hinterfragen. Die Teilhabe der Bevölkerung am Wohlstand wird soweit dosiert, dass bei Gewährung einer dauerhaften Zufriedenstellung der Einwohner gleichzeitig unter fortwährender Abpressung von Mehrwert und Steuern ein optimaler Profit erwirtschaftet werden kann. Zur Vorbeugung von Hungerrevolten wurde in Mitteleuropa ein Sozialsystem etabliert, so dass eine radikale und antikapitalistische Bewegung verstärkt auf den Idealismus ihrer Anhänger angewiesen ist. Durch diese Maßnahmen wird ihr Nährboden systematisch eingegrenzt und klein gehalten. Für die Fälle größeren Aufbegehrens hält der Staatsapparat eine ganze Fülle von diplomatischen und konfrontativen Mitteln bereit, möglichen Revolten in jeder Etappe ihres Verlaufes zu entgegnen. Dieses Machtsystem ist intelligent und lernt aus den historischen Erfahrungen. Die syndikalistische Arbeiterbewegung hingegen findet bislang keine strategischen Mittel, dieses Bollwerk aufzuknacken. Im Gegenteil zersplitterte sie sich an der Frage des Umgangs mit sozialpartnerschaftlichen Offerten. Dies hinterließ tiefe Risse innerhalb der internationalen Bewegung. Es förderte auf der IAA-dissidentischen Seite den Drang zum Reformismus und auf der prinzipientreuen Seite die Einkapselung als propagandistische Ideenorganisationen. Derweil schreitet die Zentralisierung der öffentlichen Meinungsbildung durch die modernen Massenmedien voran, so dass jede eigenständige Ideenbildung und Ausbreitung auf regionaler Ebene – wie sie sich noch im 19. Jahrhundert zeigte - im Ansatz torpediert wird. Die bedeutendsten IAA-Landessektionen verdankten ihre Entstehung und Entwicklung nämlich dem langfristigen und konkurrenzarmen Wirken der freiheitlich-emanzipatorischen Ideen. Die fortschreitende Schnelllebigkeit in den Gesellschaften sabotiert ein gründliches Wachstum libertärer Kultur. Die Folgen der Rationalisierungsprozesse in der kapitalistischen Wirtschaftsordnung, besonders die Erwerbslosigkeit, werden medial abgefedert, die Erkenntnisse öffentlich verschleiert. Schuld an der Erwerbslosigkeit seien die Erwerbslosen selber. Das Thema Rationalisierung hingegen ist vergleichsweise wenig präsent in den auflagenstärksten Massenmedien. Aber auch das staatliche Bildungssystem trägt zur Irreführung bei: Dass in Schulen die Ökonomie als einer der bedeutendsten Lebensbereiche nicht als eigenes Fach unterrichtet wird, stattdessen Religion, Musik oder Kunst, spricht Bände. Damit fehlt ein gewichtiger Teil dessen, was man Arbeiterbildung genannt hat, nämlich die Erkenntnisse darüber, wie das kapitalistische Wirtschaftssystem im Großen wie im Kleinen funktioniert. Das ist kein Zufall, das hat Methode. Schulabgänger beispielsweise absolvieren als arbeitsuchende Bittsteller sogenanntes „Bewerbungstraining", statt „Lohn, Preis und Profit" zu studieren. Es gilt in der bürgerlichen Gesellschaft mit deren Wertmaßstäben als ehrenvoll, sich und seine Persönlichkeit an einen Kapitalisten zu prostituieren und sich mit seinen Lohnherren zu identifizieren.

Dem Syndikalismus fällt nach wie vor die Aufgabe zu, einen kulturellen Wandel zu schaffen, der die Menschen dazu veranlasst, ihre Würde wiederzuentdecken und sich dafür grundsätzlich einzusetzen. Dafür muss die Verbürgerlichung von Individuen und der Gesellschaft als zentrales Kulturproblem erkannt werden. Das Klassenbewusstsein und den Glauben an die eigenen Kräfte zu fördern, das Selbstbewusstsein der Lohnabhängigen unterstützen, ist Aufgabe der syndikalistischen Bewegung, die in den konkreten Arbeits- und Lebensbereichen ansetzt. Davon ausgehend gilt es, die nötigen kulturellen Werte zu vermitteln, um das kapitalistische in ein bedürfnisorientiertes Wirtschaftssystem umzugestalten, eine föderalistische und freie Gesellschaft aufzubauen. Dem Syndikalismus kommt damit eine Doppelaufgabe zu: Im Ideellen Sinne muss er an das Ehrgefühl der Menschen appellieren, es wachrufen mit Werten wie Internationalismus, Solidarität und Freiheitsbestreben. Und im materiellen Sinne sollte er im Lebensalltag von möglichst konkretem Nutzen sein. Gelingt dies dem Syndikalismus gleichermaßen, spielt er seine Wirksamkeit in vollem Maße aus. Er wirbt nicht nur kurzzeitig möglichst viele Anhänger, sondern bindet möglichst viele von ihnen auch längerfristig an sich, da die ideell Verbundenen sich durch Misserfolge nicht sogleich desillusionieren oder abwerben lassen. Das historische, geistige und philosophische Fundament des Syndikalismus bleibt zwar deutlich erkennbar. Dennoch muss er stets nach neuen Möglichkeiten Ausschau halten. Wie kann der Syndikalismus im 21. Jahrhundert konkret ansetzen?

Bedingungen und Möglichkeiten international

Industrialisierungsprozesse bringen auf makroökonomischer Ebene diejenigen Rahmenbedingungen mit sich, auf denen der Syndikalismus gedeihen kann. Schon der sozialdemokratische Parteitheoretiker Karl Kautsky (1854-1938) stellte 1914 fest: „Und doch wiederholen [Streiks] sich immer wieder, wenigstens dort, wo die neue Fabrikindustrie große Arbeitermassen in einigen Zentren zusammenballt, aus ihren alten Verhältnissen herausreißt und in neue versetzt, die noch unerträglicher sind, als die alten und um so revoltierender wirken, je mehr sie der Macht der Gewohnheit entbehren."[511] Um diesen Faktor nutzen zu können, forderte Kautsky an eben jenen Orten den Aufbau von Gewerkschaften. Zwar kann der Syndikalismus in nicht wenigen Ländern auf eine lange Tradition auch innerhalb der Landbevölkerung zurückblicken, so dass diese Bewegung nicht ausschließlich auf die Bedingungen des Industriezeitalters reduziert werden darf. Und Hans Manfred Bock konnte konstatieren, dass es „sicherlich kein Zufall [sei], dass sich die stärksten Organisationen der IAA in fast ausschließlich agrarischen oder industriell gering entwickelten Ländern befanden und dass in diesen Ländern die Tradition der IAA überlebt, während sie in Deutschland selbst abgebrochen ist."[512] Als bedeutender Machtfaktor jedoch trat der Syndikalismus erst mit der Industriearbeiterschaft als Basis auf. So in Spanien, wo der Anarcho-Syndikalismus nach den Worten Daniel Guérins auf den „Zustand eines zurückgebliebenen Landes mit archaischen ländlichen Lebensbedingungen und der Entwicklung eines in manchen Teilen des Landes durch die Industrialisierung entstandenen modernen Proletariats" zurückgeführt werden kann.[513] Für die Erklärung des Aufstiegs des Syndikalismus zur Massenbewegung gehe ich daher von den folgenden Grundbedingungen aus:

1. Die syndikalistische Bewegung gedieh in Regionen, wo die Industrialisierung in den Anfängen stand.

2. Die syndikalistische Bewegung konnte sich in höherem Maße dort entfalten, wo die Arbeiterschaft noch nicht in zentralistischen Arbeitervereinigungen organisiert war.

Marcel van der Linden und Wayne Thorpe gelangten hinsichtlich des „revolutionären Syndikalismus" zu dem Ergebnis, dass dieser zu Beginn des 20. Jahrhunderts dort seine stärkste Ausprägung fand, wo die „Wirtschaft in ausreichendem Maße von der Lohnarbeit abhängig [war], das heißt, dass die moderne Arbeiterklasse zu einer unersetzlichen sozialen Kraft werden musste und jeder langfristige von den Arbeitermassen durchgeführte Streik die Gesellschaftsordnung in ihrem Lebensnerv treffen musste. Die Voraussetzung dafür war zweitens, dass die Arbeiter einen ausreichenden Grad an Organisation und Solidarität erreicht haben mussten, zumindest in den elementaren Sektoren der Wirtschaft, um eine weit verbreitete Arbeitsverweigerung spürbar zu machen."[514]

In einigen Studien zum Syndikalismus in Deutschland konnte für unterschiedliche Regionen von 1918 bis 1933 nachgewiesen werden,[515] dass für das Gedeihen syndikalistischer Bewegungen und Organisationen stets der Industrialisierungsgrad entscheidend war, unabhängig davon, ob es sich bei den betrachteten Orten um (Groß-)Städte oder Dörfer handelte. Die Möglichkeiten zur Entfaltung lagen generell dort, wo eine Ortschaft noch in den Anfängen der Industrialisierung stand und wo deshalb die Frage der politischen und gewerkschaftlichen Orientierung der entstehenden Industriearbeiterschaft noch offen war, sich also auch zugunsten föderalistischer Gewerkschaftsstrukturen entscheiden konnte.

Das Ende syndikalistischer Entwicklung war stets dort erreicht, wo die Arbeiterschaft bereits in den Zentralgewerkschaften und politischen Parteien organisiert war. Das Scheitern der syndikalistischen Bewegung lag in Deutschland vor allem darin begründet, dass diese sich später als der traditionsreiche sozialdemokratische Organisationsapparat herauszubilden begann, demzufolge sie dieser in ihrer organisatorischen Entwicklung hinterherhinkte. Falls sich die Ortsvereine der deutschen Sektion der IAA in Ermangelung übermächtiger zentralistischer Arbeiterorganisation erstmals etablieren konnten, zeigten sie bis in die dreißiger Jahre hinein organisatorische Beständigkeit auf. In ihnen konnten die Syndikalisten ihre Kampfformen anwenden und darüber hinaus einer unvoreingenommenen Arbeiterschaft ihre Weltanschauung vorstellen, sowie als Kulturbewegung Fuß fassen. Dem entgegen gingen Ortsvereine mit starker Konkurrenz innerhalb kurzer Zeit entweder wieder ein, oder sie wurden extrem marginalisiert. Diejenigen Gewerkschaften auf allen Kontinenten, denen es zuerst gelang, die Arbeiterschaft zu organisieren, blieben über Jahrzehnte zumeist die bestimmenden Kräfte: So ließ die Industrialisierung Kataloniens in Verein mit jahrzehntelang gewachsenen föderalistischen Vorstellungen innerhalb der Gesellschaft vor Ort die syndikalistische Arbeiterbewegung entstehen. Die Bergarbeiter Asturiens dagegen organisierten sich von Anfang an vornehmlich in der sozialdemokratischen Gewerkschaft.

Bezüglich prekärer Beschäftigungsverhältnisse in Wechselwirkung zur Arbeitsmigration sind für die Herausbildung libertärer Kampfformen auch die Feststellungen Tim Wätzolds bemerkenswert, der zur Geschichte Südamerikas vor 1914 bemerkte: „Ebenfalls relevant für die Entstehung der Arbeiterbewegungen war die zweite industrielle Revolution, die wie die Massenmigration ab 1870 einsetzte, sich auf Produktionstechniken, Arbeitsbedingungen auswirkte und gleichzeitig durch die Veränderungen der Arbeitsprozesse die Entstehung der

Gewerkschaften förderte. Dadurch gewannen die Konzepte der direkten Aktion, insbesondere des Generalstreiks. Sie verliehen den Gewerkschaften Einfluss in den Produktionsprozessen und stellten effektive Instrumente zur Durchsetzung ihrer Forderungen dar. [...] Den Einwanderern war aufgrund der erhofften Rückkehr in die Heimat häufig nicht an dauerhaften Veränderungen durch langatmige Reformprozesse in Form von Wahlen und parlamentarischer Tätigkeit der Parteien gelegen und so beteiligten sich nur vergeichsweise wenige Immigranten an der Entwicklung der sozialistischen Arbeiterparteien. [...] Vielmehr versprach das libertäre Konzept der direkten Aktion pragmatische, undogmatische und konkrete Verbesserung der Umstände. Dies galt insbesondere für die Arbeiter in kurzfristigen und prekären Beschäftigungsverhältnissen, wie im Dienstleistungs- oder Bausektor, Hilfskräfte in der Industrie und Agrarexportwirtschaft, beispielsweise als Träger im Hafen."[516]

Insgesamt bestätigte Tim Wätzold die Annahme, dass die anarcho-syndikalistischen Gewerkschaften in Südamerika auch deshalb eine so bedeutende, ja dominante Rolle spielen konnten, weil sie mit keiner Zentralgewerkschaftskonkurrenz konfrontiert waren, sich somit frei entwickeln und ausbauen konnten.[517] Die argentinische FORA beispielsweise hatte 300.000 Mitglieder im Gegensatz zu den Zentralgewerkschaften mit nur 200.000 Mitgliedern.[518] Für Portugal konstatierten Lucien van der Walt und Michael Schmidt: „[Die CGT] war die einzige landesweite Gewerkschaftsorganisation in Portugal und erlangte 1922 mit 90.000 Mitgliedern ihren Höhepunkt [...] da sie sich nicht mit rivalisierenden Gewerkschaften auseinanderzusetzen hatte."[519]

Idealtypisch kann dieser günstige Nährboden für den Syndikalismus am Beispiel Spitzbergen der 1920er Jahre aufgezeigt werden. Denn Extrembedingungen mit stark zutage tretenden Klassengegensätzen konnten im Verein mit föderalistischen Traditionen die syndikalistische Organisation sehr begünstigen.

Exkurs: Spitzbergen 1925

„Die Syndikalistische Föderation Spitzbergens sendet von den arktischen Regionen den Klassenbrüdern in allen Ländern ihre brüderlichen Grüße und hofft auf den Durchbruch des Syndikalismus unter dem Proletariat der Welt."[520]

Die Inselgruppe Spitzbergen liegt etwa 650 Kilometer von Norwegen entfernt im Nordpolarmeer. Auf dem Festland wurden bis zu 1.300 Arbeiter angeworben, um dort in den insgesamt sechs Kohlengruben Schwerstarbeit zu leisten. Betrieben wurden diese von Kapital-Gesellschaften aus mehreren Ländern. Die Arbeiter mussten jeweils ein halbes Jahr auf den Inseln bleiben, da im Winter der Schiffsverkehr - vom Hafen Tromsö dauerte die Fahrt einer Strecke drei Tage - eingestellt wurde. Die Temperaturen betrugen im Winter zwischen 30 und 50 Grad unter null, im Sommer knapp über 0 Grad Celsius. Ihre Unterbringung in kargen Holzbaracken mussten die Arbeiter durchschnittlich mit einem Viertel ihres Lohnes bezahlen. Die Essensbeschaffung durch die Jagd blieb ihnen verwehrt, da den Betreibergesellschaften das komplette Land gehörte. Da es außer den unmittelbar lebenswichtigen Konsuminteressen keine Möglichkeiten gab, Gelder auszugeben, lag der Anreiz dazu, sich diesen Arbeits- und Lebensbedingungen überhaupt auszusetzen, darin, nicht unerhebliche Mengen Gelder ansparen zu können. Für die Entfaltung des Syndikalismus traten die folgenden begünstigende Bedingungen zutage:

1. Neuzusammensetzung der Arbeiterschaft, sogenannte „Massenarbeiter“: Es formierte sich ad hoc eine vielschichtig und international zusammengesetzte Kollegenschaft. Damit fanden sich ähnliche industriesoziologische Rahmenbedingungen vor, wie sie über die Ruhrbergarbeiterschaft konstatiert werden können, die zu Beginn der 1920er Jahre ebenfalls einen starken Hang zu syndikalistischen Organisationsformen herausbildete.[521]

2. Keine Zentralgewerkschaftskonkurrenz: Der schwedischen SAC gelang es, ihren föderalistischen Einfluss nicht nur geltend zu machen, sondern darüber hinaus auch, sozialdemokratische Konkurrenzgewerkschaften erst gar nicht aufkommen zu lassen. Auf Spitzbergen waren insgesamt ein Drittel, also 450 Arbeiter gewerkschaftlich organisiert. Eine Kohlengrube wurde von der SAC kontrolliert. Sie stellte dort 170 von 200 Arbeitern. Die anderen 280 verteilten sich auf die übrigen Gruben und organisierten sich als eigenständige IAA-Sektion mit dem Namen "Spitzbergens Syndikalistisk Federation" (SSF, mit Sitz in Tromsö). Beide syndikalistischen Gewerkschaften arbeiteten konstruktiv zusammen. Der SSF gelang es, eine 30-prozentige Lohnerhöhung, sowie bessere hygienische Verhältnisse durchsetzen.

3. Klassenbewusstsein und Internationalismus: Das aufklärerische, solidarische und internationalistische Gedankengut der Arbeiterschaft war dermaßen stark ausgeprägt, dass die Kapitalisten Priester einsetzten, Alkohol (Schnaps) verkauften, Bibliotheken „zweifelhaften Charakters“ sowie ein Kino errichteten und sogar Bordelle in Erwägung zogen, um die Arbeitereinheit zu unterminieren – erfolglos. Unterstützung erhielt die SSF von ihren holländischen Kollegen, während diejenigen aus Deutschland sich erfolglos als Streikbrecher versuchten.

Die SSF wird in den syndikalistischen Quellen nur wenige Jahre aufgeführt, gegen Ende der 1920er Jahre verlieren sich ihre Spuren.[522]

Exkurs Ende

Die US-amerikanische Soziologin Beverly J. Silver (geb. 1957) stellte in ihrer Studie zu „Arbeiterbewegungen und Globalisierung seit 1870" bezüglich der historischen Kapitalmobilität fest: „Wo das Kapital abwanderte, wurden die Arbeiter und Arbeiterinnen geschwächt, an den bevorzugten neuen Investitionsstandorten aber neue Arbeiterklassen geschaffen und gestärkt. [...] Wir stellen fest, dass so, wie sich die Arbeiterunruhen mit der Verlagerung der Produktion innerhalb von Industrien geographisch verschieben, sie mit dem Aufstieg und Niedergang führender Industrien auch zeitlich von einer Branche zur anderen wandern."[523] An allen neuen Produktionsstandorten sollte daher mit Vehemenz und Entschlossenheit generell und von Anfang an der Syndikalismus und dessen Methoden propagiert und international eifrig unterstützt werden. Dort, wo sich die Binnenstrukturen der Regionen im Sinne einer Proletarisierung der Bevölkerung ändern, kann der Syndikalismus im klassischen Sinne gedeihen, unter der Voraussetzung, dass er zügig Fuß fasst und seine Anhänger in materieller als auch in ideeller Hinsicht von ihm überzeugt werden, bevor zentralistische, sozialpartnerschaftliche und autoritäre Arbeiterorganisationen Platz finden. Es bedarf einer Wiederbelegung von solidarischer und internationalistischer Streikkultur: Solidaritäts-, Sympathie- und politische Streiks bis hin zu Generalstreiks müssen propagiert und geübt werden, Betriebe und Branchen dürfen nicht isoliert voneinander kämpfen.

Entwicklungen und Möglichkeiten in Deutschland

Die syndikalistische Bewegung in Deutschland hat sich in jüngster Zeit ausdifferenziert. Neben der kleinen Gewerkschaftsbewegung der „Freien Arbeiterinnen- und Arbeiter Union" (FAU) entstand seit 2009 eine ebenfalls bundesweit vernetzte anarcho-syndikalistische Jugendbewegung. Daneben besteht ein Verlags- und Vertriebswesen mit libertärer Literatur. Und auch im Bereich der Theoriebildung ist ein Anstieg der Aktivitäten zu verzeichnen. Durch die entstehende Aufgabenteilung entlasten sich die syndikalistischen Organisationen gegenseitig und profitieren vom Spezialisierungsprozess. Der Ausbau eines libertären syndikalistischen Netzwerkes gehört neben der Stärkung syndikalistischer Basisgruppen zu den Aufgaben der syndikalistischen Bewegung im 21. Jahrhundert.

Die Hauptansatzpunkte syndikalistischer Gewerkschaften in den Betrieben sind Aufklärungen und Informationen zum Arbeitsrecht, der Kampf gegen Entlassungen, das Einfordern ausstehender Löhne und besserer Arbeitsbedingungen sowie von Schutz am Arbeitsplatz. Davon betroffen sind insbesondere die Kolleginnen und Kollegen in prekären Beschäftigungsverhältnissen. In größeren Betrieben engagieren sich die Syndikalisten gegen Privatisierungen, Personalabbau, Prekarisierung der Arbeitsverhältnisse, Outsourcing und gegen die Aushebelungen von Tarifverträgen durch individuelle Arbeitsverträge. Mangels Stärke hat die FAU in größeren Betrieben jedoch lediglich die Rolle des Dampfmachers für die großen Zentralgewerkschaften inne. In Kleinbetrieben und auf regionaler Ebene hingegen gelingt es der FAU, größere mediale Aufmerksamkeit zu erlangen. Dies betraf beispielsweise den Arbeitskampf im renommierten Berliner Kino „Babylon" seit 2009, sowie die Kämpfe im Gastronomiebereich in Dresden 2014.

Spätestens seit den drastischen Verschlechterungen durch die Hartz IV-Gesetze zur Armutsverwaltung im Jahre 2005 geriet auch der Erwerbslosensektor zunehmend ins Blickfeld der Syndikalisten. Sie beteiligten sich in vielen Städten an Aktionen, Blockaden der neuen „Jobcenter", Proteste gegen sogenannte „Jobmessen" und an Demonstrationen. Auf Initiative syndikalistischer Aktivisten entstanden auch immer wieder Kollektive und Genossenschaften, das größte unter ihnen wurde als „Café Libertad" in Hamburg bekannt. Auch Kollektivbetriebe sollten in strategische Überlegungen perspektivisch miteinbezogen werden. Zum Themenkanon der „Anarcho-Syndikalistischen Jugend", gehörten unter anderem Leiharbeit/ Minijobs und der betriebliche Ausbildungsbereich, aber auch die Klassiker der „neuen sozialen Bewegungen", wie Anti-Atomkraft, Antifaschismus, Demonstrationen, die Organisation von Camps. Über Doppelmitgliedschaften und Unterstützung bei Aktionen der FAU übt die Jugend einen bereichernden Einfluss auf die syndikalistische Gesamtbewegung aus.

Die Theoriebildung findet nicht mehr isoliert an Universitäten und fern von syndikalistischen Strukturen statt, sondern nimmt Züge kollektiver Reflexion an. Erfahrungswerte finden organisch zusammen, Aktivisten tauschen sich aus und bauen ihre Erkenntnisse und Erfahrungen aufeinander auf. Aus der syndikalistischen Bewegung gehen Wissenschaftler mit akademischen Graden hervor, genauso, wie eigenständige Forschung betrieben wird. Als Forschungsbetrieb hat sich diesbezüglich das „Institut für Syndikalismusforschung" (Syfo) herausgebildet, das vor allem historisch angelegt ist, analog zur syndikalistischen „Fundación de Estudios Libertarios Anselmo Lorenzo" in Spanien,[524] oder auch zum „Instituto de Ciencias Ecónomicas y de la Autogestión" (ICEA), das im Bereich der Wirtschaftswissenschaften arbeitet. Zugute kommt der Forschung und Publizistik das syndikalistische Verlags- und Vertriebswesen, das für eine vergleichsweise kleine Bewegung stark ausgeprägt ist. Nicht zuletzt mögen die Unterkapitel dieser Einführung manche Anregung dafür geben, welche Fähigkeiten darüber hinausgehend berücksichtigt und genutzt werden können.

Die Strategie, sich in neuen, großen Industriebetrieben eher als die

Zentralgewerkschaften samt zugehöriger Arbeiteraristokratie fest zu etablieren, dürfte aufgrund fortschreitender Rationalisierung in Deutschland und der Verlagerung der Produktionsstandorte ins Ausland weitgehend hinfällig sein. Seine Chancen in Großbetrieben kann der Syndikalismus vielmehr im Vertrauensverlust der Belegschaften in die Zentralgewerkschaften sehen. Konnten die großen sozialpartnerschaftlichen Gewerkschaften vor einigen Jahrzehnten gelegentlich noch offensive Kämpfe führen, um die Arbeiterschaft am Wirtschaftsaufschwung teilhaben zu lassen und zu befrieden, so geht es ihnen heute nur noch darum, drastische Verschlechterungen der Arbeitsbedingungen und der Löhne geringfügig zu minimieren, bzw. den Anschein zu erwecken, als täten sie dies. Zudem wirken sie an der Verschlimmerung der Verhältnisse, beispielsweise an den Armutsprogrammen bezüglich der „Hartz-Gesetze" aktiv mit. Sie müssen große Anstrengungen zur Mitgliederwerbung unternehmen, da ihr Potenzial vornehmlich in den Großbetrieben beschäftigt ist, die von Rationalisierungsmaßnahmen am meisten betroffen sind. Jedoch zeigen die historischen und jüngeren Erfahrungen deutlich auf, dass die Vormachtstellung der Zentralgewerkschaften auch Krisenzeiten übersteht.

Der Schwerpunkt syndikalistischer Organisation und Aktivität wird daher in Kleinbetrieben und im Dienstleistungssektor zu finden sein. Denn in Deutschland existieren und entstehen fortwährend neue Arbeitsbereiche, in denen die sozialpartnerschaftlichen Gewerkschaften nicht Fuß fassen (konnten). Dies betrifft beispielsweise die Gastronomie, das Transportwesen, die IT-Branche, Call-Center und generell Kleinbetriebe, in denen unsichere Arbeitsverhältnisse existieren. Zusammengefasst weisen die Zentralgewerkschaften entscheidende Defizite auf, die eine syndikalistische Alternative begünstigen können:

1. Sie sind nicht in der Lage, die Arbeiterschaft auf internationaler Ebene effektiv zu organisieren. Sie verharren in der Standortlogik.

2. Sie sind kaum in der Lage, die Arbeiterschaft außerhalb größerer Betriebe zu organisieren.

3. Sie sind aufgrund ihrer zentralistischen Verfasstheit nicht in der Lage, mit der nötigen Flexibilität Kämpfe zu führen.

4. Sie beschränken sich ausschließlich auf den ökonomischen Sektor, und organisieren nicht außerhalb der Betriebe (Erwerbslose und Reproduktionssektor).

Damit sind für den Syndikalismus die Möglichkeiten gegeben, künftig ein deutliches Organisationsvakuum innerhalb eines neu zusammengesetzten und strukturierten Arbeitermilieus auszufüllen.

Denn die syndikalistischen Gewerkschaften und Initiativen haben folgende Vorteile:

1. *Sie sind grundsätzlich international ausgerichtet, um die Arbeiterschaft gegen das Kapital zu einigen.*

2. *Ihre Mitglieder in Deutschland kommen zum allergrößten Teil aus Kleinbetrieben und aus prekären Arbeitsverhältnissen. Sie sind zudem erwerbslos, Schüler oder Studierende.*

3. *Sie sind föderalistisch und basisdemokratisch organisiert, um bedürfnisorientiert, flexibel und effektiv handeln zu können.*

In Kleinbetrieben greifen syndikalistische Kampfmethoden am besten, da deren Geschäftsführungen aufgrund fehlender Präsenz zentralgewerkschaftlicher Konkurrenz effektiver unter Druck gesetzt oder gar bestreikt werden können. Wegen geringerer Beschäftigtenzahlen lassen sich die Belegschaften dort zügiger einen und weniger gegeneinander ausspielen. Die Geschäftsleitungen werden in Koalition mit den Zentralgewerkschaften stets versuchen, selbstorganisierte Belegschaften durch ein wechselseitiges Geflecht von Köderungen und Sabotagemaßnahmen aufzulösen. Gelingt ihnen das nicht, greifen sie auf die Staatsorgane von Justiz und Exekutive zurück, um syndikalistische Bestrebungen zu eliminieren. Der Syndikalismus muss sich generell in die Lage versetzen, auf jede dieser Eskalationsstufen Antworten zu finden. Das bedarf praktischer wie auch historischer Erfahrungen, die perspektivisch aufgearbeitet und weitergegeben werden. Außerdem muss sich eine an proletarischem Bewusstsein orientierte Kultur etablieren, welche die syndikalistischen Prinzipien lebt, die das persönliche Risiko nicht scheut und sich konsequent solidarisch für die Mitstreitenden einsetzt.

Anmerkungen Kapitel VI

[511] Karl Kautsky: Der politische Massenstreik, S. 10.
[512] Hans Manfred Bock: Syndikalismus und Linkskommunismus von 1918-1923..., S. 340.
[513] Vgl.: Daniel Guérin: Anarchismus. Begriff und Praxis, S. 118.
[514] Marcel van der Linden/Wayne Thorpe: Aufstieg und Niedergang des revolutionären Syndikalismus..., S. 28.
[515] Zum regionalspezifischen Ansatz siehe: Bert Altena: Zur Analyse des revolutionären Syndikalismus..., S. 5-35. Von Helge Döhring beispielsweise Studien zu Württemberg, Bayern, Ostpreußen, Schleswig-Holstein und Schlesien.
[516] Tim Wätzold: Der libertäre Atlantik..., S. 293 f.
[517] Mündliche Mitteilung von Tim Wätzold an Verfasser vom 4. Juni 2014. Nicht, wie häufig angenommen, sei ein einseitiger Ideentransfer europäischer Organisationen ausschlaggebend gewesen für diejenigen in Südamerika. Es müsse vielmehr von einer Wechselbeziehung gesprochen werden. Dies ließe sich an den früheren Gründungsjahren der südamerikanischen anarcho-syndikalistischen Organisationen ablesen.
[518] Vgl.: DS, Nr. 18/1922.
[519] Lucien van der Walt/Michael Schmidt: Schwarze Flamme..., S. 214 f. Diesbezüglich lesenswert sind auch die Ausführungen zu Spanien auf den Seiten 351 und 366.
[520] DS, Nr. 3/1926.
[521] Vgl.: Erhard Lucas: Arbeiterradikalismus.
[522] Vgl.: DI, Nr. 4/1925. Ähnlich günstige Bedingungen unter äußerst widrigen Umständen herrschten im Rumänischen Campina – ebenfalls Peripherie – vor, vgl.: Martin Veith: Militant! Stefan Gheorghiu und die revolutionäre Arbeiterbewegung Rumäniens, Kapitel 4, Lich 2015.
[523] Vgl.: Beverly J. Silver: Forces of Labor..., S. 22/61.
[524] Anselmo Lorenzo (1841-1914) war einer der bedeutendsten Libertären Spaniens, Theoretiker und Geschichtsschreiber, beispielsweise in „El proletariado militante". Er beteiligte sich bereits an der Ersten Internationale und war 1910 Mitbegründer der CNT. Auch für die Bewegung in Südamerika kam ihm eine sehr hohe Bedeutung zu.

VII. Quellen und Literatur

Archive und Mitteilungen

Bundesarchiv (Berlin): R 58/321

Internationales Institut für Sozialgeschichte (Amsterdam): Rudolf Rocker Papers, Nr. 127 (Korrespondenz Albert de Jong)

Mündliche Mitteilung von Tim Wätzold an Verfasser vom 4. Juni 2014.

Protokolle

Bericht des II. Kongresses der Internationalen Arbeiter-Assoziation; in: DI, Nr. 5/Juni 1925
Der III. Kongreß der Internationalen Arbeiter-Assoziation [Kurzbericht]; in: DI, Nr. 9/Juli 1928
Protokoll des III. Kongresses der Internationalen Arbeiter-Assoziation; in: DI, Nr. 10/ August 1928 – Nr. 12/Oktober 1929
Sekretariat der Internationalen Arbeiter-Assoziation (Hg.): IV. Weltkongress der Internationalen Arbeiter-Assoziation Madrid vom 16. bis 21. Juni 1931, Berlin 1931
Protokoll über die Verhandlungen vom 12. Kongreß der Freien Vereinigung deutscher Gewerkschaften, abgehalten am 27., 28., 29. und 30. Dezember 1919 zu Berlin in der Aula der Luisenstädtischen Oberrealschule, Dresdener Strasse 113
Protokoll vom 14. Kongreß der FAUD, in: „Der Syndikalist“, Nr. 47-51/1922
Protokoll über die Verhandlungen vom 15. Kongreß der Freien Arbeiter-Union Deutschlands (A. S.). Abgehalten am 10., 11., 12. und 13. April 1925 in Dresden
Protokoll über die Verhandlungen vom 16. Kongreß der Freien Arbeiter-Union Deutschlands (A.-S.), abgehalten am 26., 27. und 28. Mai 1927 in Mannheim
Protokoll über die Verhandlungen des 18. Kongresses der Freien Arbeiter-Union Deutschlands (A.-S.), abgehalten vom 29. Mai bis 1. Juni 1930 im „Atlantik“, Berlin-Gesundbrunnen

Zeitschriften

„Der Arbeiter-Esperantist“ - Organ des Deutschen Arbeiter-Esperantisten-Bundes
Archiv für die Geschichte des Widerstandes und der Arbeit (AGWA)
„Auf dem Misthaufen der Geschichte“. Das Magazin für den modebewußten Anarchisten
„Barrikade“ – Streitschrift für Anarchosyndikalismus, Unionismus und revolutionären Syndikalismus
„Besinnung & Aufbruch“ - Zeitschrift der Gilde freiheitlicher Bücherfreunde
„Debatte“ - zu den Anträgen des 18. Kongresses der FAUD - Internes Mitteilungsblatt der FAUD
„Debatte“ - Diskussionsorgan zur Vorbereitung des 19. Kongresses der FAUD. (A.S.) -Internes Mitteilungsblatt der FAUD
„Der freie Arbeiter“ - Zeitung der Föderation kommunistischer Anarchisten Deutschlands (FKAD)
„Die Freie Gesellschaft“ - Monatsschrift für Gesellschaftskritik und freiheitlichen Sozialismus (DFG) – Organ der Föderation Freiheitlicher Sozialisten (FFS) von 1949 – 1953
„IAA-Zirkular“ - Organ der IAA
„Die Internationale“ (DI) – 1924 bis 1926 Zeitschrift der IAA, 1927 bis 1933 Theorieorgan der FAUD, 1934 bis 1935 ('Neue Folge') als Zeitschrift der IAA (unter der Tarntitel „Deutschtum im Ausland. Blätter zur Pflege deutscher Art. Hrgg. vom Verband deutscher Schulen im Ausland“)
„Internationale wissenschaftliche Korrespondenz zur Geschichte der deutschen

Arbeiterbewegung" (IWK)
„Junge Anarchisten" (JA) - Zeitschrift der Syndikalistisch-Anarchistischen Jugend Deutschlands (SAJD)
„Juristische Wochenschrift" - Organ des deutschen Anwaltvereins
„Marx-Engels Archiv" - Zeitschrift des Marx-Engels-Instituts in Moskau
„Mitteilungsblatt der Geschäftskommission der Freien Vereinigung deutscher Gewerkschaften" - Organ der FVDG während des Ersten Weltkrieges
„Presse-Dienst" - Organ der Internationalen syndikalistischen Bauarbeiter-Föderation
„Die Schöpfung" - Zeitung der Freien Arbeiter-Union, Rheinland-Westfalen
„Der Syndikalist" (DS) - Wochenzeitung der FAUD

Literatur

Abelshauser, Werner: Umsturz, Terror, Bürgerkrieg. Das rheinisch-westfälische Industriegebiet in der revolutionären Nachkriegsperiode, in: Werner Abelshauser und Ralf Himmelmann (Hg.), Revolution in Rheinland und Westfalen. Quellen zur Wirtschaft, Gesellschaft und Politik 1918-1923, Essen 1988
Aigte, Gerhard: Über die Entwicklung der revolutionären syndikalistischen Arbeiterbewegung Frankreichs und Deutschlands in der Kriegs- und Nachkriegszeit. Freie wissenschaftliche Arbeit, in: DI, Nr. 2/Dezember 1930 – Nr. 10/August 1931
Altena, Bert: Zur Analyse des revolutionären Syndikalismus, in: Mitteilungsblatt des Instituts zur Erforschung der europäischen Arbeiterbewegung, H. 22/1999
Antonioli, Maurizio: The International Anarchist Congress, Amsterdam 1907, Edmonton 2009
Arbeitsgruppe 30 Jahre FAU (Hg.): FAU. Die ersten 30 Jahre. 1977-2007, Moers 2008
Arschinoff, Peter: Geschichte der Machno-Bewegung (1918-1921), Berlin 1923
Arvidsson, Evert: Der Freiheitliche Syndikalismus im Wohlfahrtsstaat, Darmstadt 1960
Bakunin, Michael: On Federalism and Socialism; in: ders., Selected Writings. Edited and Introduced by Arthur Lehning, London 1973
Bakunin, Michael: Prinzipien und Organisation der internationalen revolutionären Gesellschaft, Michael Bakunin, Gesammelte Werke, Bd. 3, Berlin 1975
Bakunin, Michael: Staatlichkeit und Anarchie, Berlin 1999
Berkman, Alexander: Die russischen Revolution und die Kommunistische Partei. Vorwort von Rudolf Rocker, Berlin 1921
Berkman, Alexander: Kronstadt – die Pariser Kommune Russlands, in: Der Syndikalist, Nr. 11/1922
Berkman, Alexander: The Kronstadt Rebellion, Berlin 1922
Berkman, Alexander: Die Kronstadt Rebellion, Berlin 1923
Bernecker, Walter: Aufstieg und Niedergang des anarchistischen Syndikalismus in Spanien, in: 1999. Zeitschrift für Sozialgeschichte des 20. und 21. Jahrhunderts, Heft 1/1993
Bock, Hans Manfred: Anarchosyndikalismus in Deutschland. Eine Zwischenbilanz, in: IWK, Nr. 3/1989
Bock, Hand Manfred: Syndikalismus und Linkskommunismus von 1918-1923. Zur Geschichte und Soziologie der Freien Arbeiter-Union Deutschlands (Syndikalisten), der Allgemeinen Arbeiter-Union Deutschlands und der Kommunistischen Arbeiter-Partei Deutschlands, Meisenheim am Glan 1969
Bock, Hans Manfred: Anarchosyndikalismus in Deutschland. Eine Zwischenbilanz, in: IWK, Nr. 3/1989
Borghi, Armando: Fernand Pelloutier, ein Vorläufer des Syndikalismus; in: DI, Nr. 1/ März 1924
Borsdorf, Ulrich (Hg.): Geschichte der deutschen Gewerkschaften von den Anfängen bis 1945, Köln 1987
Broué, Pierre/Témime, Émile : Revolution und Krieg in Spanien. Geschichte des spanischen Bürgerkrieges, Frankfurt/M. 1968
CRAA: Argentinien. Die sozial-politische Lage; in: DI (NF), Januar/Februar 1935

Cornelissen, Cjhristiaan: Die moderne Welt der Arbeit und ihre Kämpfe, herausgegeben von Philippe Kellermann, Lich 2015.
Crusius, R., Schiefelbein, G., Wilke; M.: Die Betriebsräte in der Weimarer Republik. Von der Selbstverwaltung zur Mitbestimmung, Berlin 1978
Damier, Vadim: Anarcho-syndicalism in the 20th Century, Edmonton 2009
Däubler, Wolfgang: Kommentar zu LAG Berlin-Brandenburg v. 16.02.2010, 19 SaGa 2480/09 – Kampfmaßnahme durch syndikalistische Arbeitnehmervereinigung, in: „Arbeitsrecht im Betrieb", November 2012.
Degen, Hans Jürgen: Anarchismus in Deutschland 1945-1960. Die Föderation Freiheitlicher Sozialisten, Ulm 2002
Degen, Hans Jürgen: „Wir sind es leid, die Ketten zu tragen..." Antifaschisten im spanischen Bürgerkrieg, Berlin 1979
Dersch, Hermann u.a. (Hg.): Entscheidungen des Reichsarbeitsgerichts und der Landesarbeitsgerichte, Bd. 9, Mannheim 1930
Dettmer, Fritz: Kritische Bemerkungen über die Freiland-Freigeld-Lehre; in DI, Nr. 13/ Dezember 1931, S. 287-292
Dettmer, Fritz: Entgegnung (zu dem Artikel von J. Glemser im vorigen Heft); in: DI, Nr. 4/April 1932, S 94-96
Diehl, Karl: Über Sozialismus, Kommunismus und Anarchismus. Fünfundzwanzig Vorlesungen, Jena 1922
Döhring, Helge: Anarcho-Syndikalismus in Deutschland 1933-1945, Stuttgart 2013
Döhring, Helge: Carl Windhoff (1872-1941), in „Barrikade" Nr. 5/Mai 2011
Döhring, Helge: Damit in Bayern Frühling werde! Die syndikalistische Arbeiterbewegung in Südbayern von 1914 bis 1933, Lich 2007
Döhring, Helge: Kein Befehlen, kein Gehorchen. Die Geschichte der syndikalistisch-anarchistischen Jugend in Deutschland (SAJD) seit 1918, Bern 2011
Döhring, Helge: „Mutige Kämpfergestalten". Syndikalismus in Schlesien 1918 bis 1930, Lich 2012
Döhring, Helge: Die Presse der syndikalistischen Arbeiterbewegung in Deutschland 1918 bis 1933
Döhring, Helge: Schwarze Scharen. Anarcho-Syndikalistische Arbeiterwehr (1929-1933), Lich 2011
Döhring, Helge: Syndikalismus im „Ländle". Die Freie Arbeiter-Union Deutschlands (FAUD) in Württemberg 1918 bis 1933, Lich 2006
Döhring, Helge: Syndikalismus in Deutschland 1914-1918. „Im Herzen der Bestie", Lich 2013
Dressel, Alfred: Bericht über die Reichstagung der syndikalistischen-anarchistischen Jugend Deutschlands; 14.-16. Oktober 1921 in Düsseldorf. Leipzig 1921
Drücke, Bernd, u.a. (Hg.): Abel Paz und die Spanische Revolution. Interviews und Vorträge, Frankfurt/M. 2004
Engels, Friedrich: Ludwig Feuerbach und der Ausgang der klassischen deutschen Philosophie, in: MEW, Bd. 21, Berlin 1962
FAU-Bremen (Hg.): Die CNT als Vortrupp des internationalen Anarcho-Syndikalismus. Die Spanische Revolution 1936 – Nachbetrachtungen und Biographien, Lich 2006
FAU-Bremen (Hg.): Syndikalismus Geschichte und Perspektiven, Moers 2007
FAU-Frankfurt: Organisationshandbuch Syndikate. Grundlagen zum Aufbau von FAU-Syndikaten, Moers 2007
Ferrer, Francisco: Die Moderne Schule, Lich 2003
Firth, Will: Esperanto und Anarchismus, Plön 1998
Föderation der Bauberufe Deutschlands (Hg.): Vorgeschichte und Gründung der Internationalen syndikalistischen Bauarbeiter-Föderation, Berlin o.J.
Freie Arbeiter-Union Deutschlands: Mit uns voran! Unser Weg, Prinzipienerklärung des Anarcho-Syndikalismus, Organisationsstatut der FAUD (A.-S.), Berlin 1931 (Neuauflage Hamburg 2013)
Friedeberg, Raphael: Parlamentarismus und Generalstreik (1904), in: Helge Döhring (Hg.): Abwehrstreik...Proteststreik...Massenstreik? Generalstreik! Streiktheorien und

–diskussionen innerhalb der deutschen Sozialdemokratie vor 1914. Grundlagen zum Generalstreik mit Ausblick, Lich 2009

Gerlach, Erich und *Souchy, Augustin*: Die soziale Revolution in Spanien. Kollektivierung der Industrie und Landwirtschaft in Spanien 1936-1939. Dokumente und Selbstdarstellungen der Arbeiter und Bauern (2. Aufl.), Hamburg 2012

Geschäftskommission der „Freien Vereinigung deutscher Gewerkschaften": Was wollen die Lokalisten? Programm, Ziele und Wege der „Freien Vereinigung deutscher Gewerkschaften", Nachdruck, Moers o.J.

Geuenich, Stephan: Ökonomischer Kampf und Revolutionierung der Köpfe! Annäherungen an die Erziehungs- und Bildungsvorstellungen im Syndikalismus, in: Syfo-Forschung& Bewegung, Nr. 6/2016

Glemser, J.: Anmerkungen zu den „Kritischen Bemerkungen über die Freiland-Freigeld-Lehre"; in: DI, Nr. 3/März 1932, S. 58-64

Goldman, Emma: Das Tragische an der Emanzipation der Frau, Berlin 1987

Goldman, Emma: Die Ursachen des Niederganges der Russischen Revolution. Mit Vorwort von Rudolf Rocker, Berlin 1922

Grau-Maiwald, Heiko: Aus dem Schatten treten! Anmerkungen für die anarchosyndikalistische Gewerkschaftsarbeit, Moers 2011

Grau-Maiwald, Heiko: Aus dem Takt. Offensive Betriebsarbeit im Gesundheitswesen, Moers 2009

Guérin, Daniel: Anarchismus. Begriff und Praxis, Frankfurt/M. 1969

Guth, Felix: Basisgewerkschaft siegt vor Gericht, in: Frankfurter Rundschau vom 10. Juni 2010

Havers, Frank: Die Freie Arbeiter- Union Deutschlands in Sömmerda/Thüringen von 1919 bis 1933, Magisterarbeit, Bochum 1997

Hepp, Georg: Entsprechen die von der FAUD aufgestellten Tageskampfparolen den heutigen Zeitverhältnissen?; in: DI, Nr. 13/Dezember 1931

Herschel, Wilhelm: Tariffähigkeit und Tarifmacht. Eine Skizze, Mannheim 1932

Instituto Cervantes Bremen: Zur Erinnerung an das Ende des spanischen Bürgerkrieges vom 4. bis 7. Mai 2009, Bremen 2009

Jensen, Albert: Die syndikalistische Bewegung in Schweden. Bericht der Zentralorganisation der schwedischen Arbeiter (S.A.C.) zum 3. Kongreß der IAA. in Lüttich (1928); in: DI, Nr. 3/Januar 1929

Kautsky, Karl: Der politische Massenstreik. Ein Beitrag zur Geschichte der Massenstreikdiskussion innerhalb der deutschen Sozialdemokratie, Berlin 1914

Kleinspehn, Thomas (Hg.): Ökonomie und Revolution. Texte von Diego Abad de Santillan & Juan Peiro. Fabrik- und Stadteilkomitees – Syndikalismus und die soziale Revolution in Spanien – Rolle der Industrieföderationen und des Anarchismus, Berlin 1975

Korsch, Karl: Um die Tariffähigkeit. Eine Untersuchung über die heutigen Entwicklungstendenzen der Gewerkschaftsbewegung, Berlin 1928

Kropotkin, Peter: Die Eroberung des Brotes, Bern 1989

Kropotkin, Peter: Die freie Vereinbarung: Ein anarchistisches Organisationsprinzip, Osnabrück, o.J.

Kropotkin, Peter: Gegenseitige Hilfe in der Tier- und Menschenwelt, Grafenau 2011

Kropotkin, Peter: Landwirtschaft, Industrie und Handwerk, Berlin 1976

Lindemann, Anna und Walter: Die proletarische Freidenker-Bewegung. Geschichte Theorie Praxis, Münster 1981

Linow, Fritz: Gewerkschaftspolitik und Schlichtungswesen; in: DI, Nr. 5/März 1929

Linow, Fritz, Kollektivvertrag und direkte Aktion; in: DI, Nr. 9/1930

Linow, Fritz, Eine unmögliche Entscheidung des Reichsarbeitsgerichts; in: DI, Nr. 10/1930

Linow, Fritz: „Wer die Macht hat, hat das Recht!" Gewerkschaftsbewegung und Arbeitsrecht, Moers o.J.

Linse, Ulrich: Die anarchistische und anarcho-syndikalistische Jugendbewegung 1918-1933. Zur Geschichte und Ideologie der anarchistischen, syndikalistischen und unionistischen Kinder- und Jugendorganisationen, Frankfurt/M. 1976

Linse, Ulrich: Anarcho-Syndikalistische Landarbeiteragitation in Deutschland (1919-1933). Über die soziale Kluft zwischen Stadt- und Landproletariat, in: Auf dem Misthaufen der Geschichte. Das Magazin für den modebewussten Anarchisten, Wetzlar 1978.
Lohmann, Hans-Martin: Marxismus, Frankfurt/M. 2001
Lucas, Erhard: Arbeiterradikalismus. Zwei Formen von Radikalismus in der deutschen Arbeiterbewegung, Frankfurt/M. 1976
Martinez, Beltran Roca: Renaissance des Anarcho-Syndikalismus. Eine Untersuchung am Beispiel der CNT Sevilla, Moers 2007
Marx, Franz Josef /Haug, Wolfgang: Bericht zum 6. Kongress der CNT, in: „Schwarzer Faden", Nr. 10/1983
Marx, Karl/Engels, Friedrich: Feuerbach. Gegensatz von materialistischer und idealistischer Anschauung, [Kapitel I von „Die deutsche Ideologie"], in: MEW, Bd. 3, Berlin 1969
Marx, Karl/Engels, Friedrich: Manifest der kommunistischen Partei, in: MEW, Bd. 4, Berlin 1959
Marx, Karl: Zur Kritik der Politischen Ökonomie, Vorwort, in: MEW, Bd. 13
Merten, Peter: Anarchismus und Arbeiterkampf in Portugal, Hamburg 1981
Mohrhof, Folkert: Kollektivbetriebe am Beispiel „Strike Bike", Vortrag in Hameln, Dezember 2013. http://syndikalismus.wordpress.com/2013/12/15/kollektivbetriebe-am-beispiel-strike-bike
Mohrhof, Folkert: Der militante Anarchosyndikalist und Genossenschafter Joan Peiró i Belis. Eine Würdigung und Ergänzung zu Helmut Rüdigers Artikel „Theorie im Lichte der Praxis"; in: „Barrikade", Nr. 6/November 2011
Mohrhof, Folkert: Die Odyssee eines Manuskriptes. Über die Umstände und Widrigkeiten der deutschen Erstveröffentlichung von „Nationalismus und Kultur", 1949 in Hamburg – Eine Dokumentation, in: „Barrikade", Nr. 6/November 2011.
Mohrhof, Folkert: Selbstverwaltete Betriebe als ‚konstruktiver Sozialismus', in: „Barrikade", Nr. 7/April 2012
Müller, Andreas: Aufbruch in neue Zeiten. Anarchosyndikalisten und Nationalsozialisten in Mengede in der Frühphase der Weimarer Republik, in: Archiv für die Geschichte des Widerstandes und der Arbeit, Nr. 8, Fernwald 1987
Müller, Gotelind: China, Kropotkin und der Anarchismus. Eine Kulturbewegung im China des frühen 20. Jahrhunderts unter dem Einfluß des Westens und japanischer Vorbilder, Wiesbaden 2001.
Mümken, Jürgen: Anarchosyndikalismus an der Fulda. Die FAUD in Kassel und im Widerstand gegen Nationalsozialismus und Faschismus, Frankfurt/M. 2004
Münkler, Herfried (Hg.): Max Weber. Der Sozialismus, Weinheim 1995
Nettlau, Max: Der Anarchismus von Proudhon zu Kropotkin. Seine historische Entwicklung in den Jahren 1859 – 1880 (Beiträge zur Geschichte des Sozialismus, Syndikalismus, Anarchismus, Bd. III), Berlin 1927
Öden, Emmelie: Proletarisches Mainz. Der Rudolf Rocker Stadtführer, Bremen 2017
Oerter, Fritz: Texte gegen Krieg und Reaktion, Herausgegeben von Helge Döhring, Lich 2015
Paz, Abel: Am Fuß der Mauer. Widerstand und Gefängnis. Biographie (1942-1954), Lich 2010
Paz, Abel: Anarchist mit Don Quichottes Idealen. Innenansichten aus der Spanischen Revolution. Eine Biographie (1936-1939), Lich 2008
Paz, Abel: Feigenkakteen und Skorpione. Eine Biographie (1921-1936), Lich 2007
Pelloutier, Fernand: Histoire des Bourses du Travail. Origine – Institutions – Avenir. Ouvrage posthume. Préface par Georges Sorel. Notice biographique par Victor Dave [1902], Paris 1921
Pelloutier, Fernand: Les syndicats en France, Paris 1897
Peterson, Larry: German Communism, workers' protest, and Labor Unions. The Politics of the United Front in Rhineland – Westphalia 1920-1924, Dordrecht 1993
Portmann, Werner: Die wilden Schafe. Max und Siegfried Nacht. Zwei radikale, jüdische Existenzen, Münster 2008
Pouget, Émile: Die Revolution ist Alltagssache. Schriften zur Theorie und Praxis des

revolutionären Syndikalismus, Lich 2014
Proudhon, Pierre Joseph: Was ist Eigentum? Erste Denkschrift, Wien o.J.
Rjazanov, David: Zur Geschichte der Ersten Internationale. I. Die Entstehung der Internationalen Arbeiter-Assoziation; in: Marx-Engels Archiv, Bd.1 (1926), S. 119-202
Roche, Karl: Einheitslohn und Arbeitersolidarität, Berlin 1919, neu abgedruckt in: Roche, Karl: Sozialismus und Syndikalismus. Agitationsschriften aus dem Jahre 1919, Moers 2009
Rocker, Rudolf: Anarchismus und Anarcho-Syndikalismus, Berlin 1979
Rocker, Rudolf: Anarchosyndikalismus, o.O, [ca. 2009]
Rocker, Rudolf: Aus den Memoiren eines deutschen Anarchisten, Frankfurt 1974
Rocker, Rudolf: Der Bankerott des russischen Staats-Kommunismus, Berlin 1921
Rocker, Rudolf: Hinter Stacheldraht und Gitter. Erinnerungen aus der englischen Kriegsgefangenschaft, Berlin 1925
Rocker, Rudolf: Max Nettlau. Leben und Werk des Historikers vergessener sozialer Bewegungen, Berlin 1978
Rocker, Rudolf: Prinzipienerklärung des Syndikalismus, Berlin 1919
Rocker, Rudolf: Die Rationalisierung der Wirtschaft und die Arbeiterklasse, Frankfurt/M. 1980
Rudolf Rocker: Streik und Boykott [I]; in: DI, Nr. 1/November 1929
Rudolf Rocker: Streik und Boykott [II]; in: DI, Nr. 2/Dezember 1929
Rüdiger, Helmut: Föderalismus. Beitrag zur Geschichte der Freiheit, Berlin 1979 (zuerst erschienen 1947 in Stockholm)
Rüdiger, Helmut: Theorie im Lichte der Praxis; in: DFG, Nr. 24/Oktober 1951 (Neudruck in „Barrikade", Nr. 6/November 2011)
Sandvoß, Hans-Rainer: Widerstand in Prenzlauer Berg und Weißensee, Berlin 2000
Shapiro, Alexander: Rückblick und Ausblick; in: DI, Nr. 1/März 1924, S. 2-5
Shapiro, Alexander: Die Politik der Internationale; in: DI, Nr. 7/Juli 1932
Schlichting, Jonnie: Revolutionärer Syndikalismus und Unionismus bis 1918. Beiträge zu einer Bibliographie, 2014
Schöttler, Peter: Die Entstehung der »Bourses du Travail«. Sozialpolitik und französischer Syndikalismus am Ende des 19. Jahrhunderts, Frankfurt/M – New York 1982
Schumann, M./Auweder. H.: A Las Barricadas. Triumph und Scheitern des Anarchismus im Spanischen Bürgerkrieg, Grafenau 1999
Seyferth, Peter (Hg.): Den Staat zerschlagen! Anarchistische Anti-Staatsverständnisse, Baden-Baden 2014
Siebenhaar, Klaus (Hg.): Carl Einstein. Prophet der Avantgarde, Berlin 1991
Silver, Beverly J.: Forces of Labor. Arbeiterbewegung und Globalisierung seit 1870, Hamburg 2005
Sjöö, Ingemar: Syndikalismus in Schweden, Hamburg 1999
Sombart, Werner: Sozialismus und Soziale Bewegung, Jena 1919
Souchy, Augustin: Albert de Jong zum Gedenken, in: „Neues Beginnen", Nr. 8/1970
Souchy, Augustin: Bei den Landarbeitern von Aragon. Der freiheitliche Kommunismus in den befreiten Gebieten, Lich 2012
Souchy, Augustin: Sacco und Vanzetti, Frankfurt/M. [1977]
Souchy, Augustin: Der Syndikalismus und die Kollektivverträge; in: DI, Nr. 12/1928
Souchy, Augustin: Wie lebt der Arbeiter und Bauer in Rußland und der Ukraine? Resultat einer Studienreise von April bis Oktober 1920, Berlin 1920 – Neuauflage unter dem Titel „Reise nach Rußland 1920" mit einem aktuellen Vorwort „59 Jahre danach", Erinnerungen an Lenin und einem Gespräch, Berlin/W 1979
Steiger, Karsten: Kooperation, Konfrontation, Untergang. Das Weimarer Tarif- und Schlichtungswesen während der Weltwirtschafskrise und seine Vorbedingungen, Stuttgart 1998
Stowasser, Horst: Anti-Aging für die Anarchie? Das libertäre Barcelona und seine anarchistischen Gewerkschaften 70 Jahre nach der Spanischen Revolution. Eine Reportage, Lich 2007
Studienkommission der Berliner Arbeiterbörsen/Barwich, Franz: „Das ist Syndikalismus".

Die Arbeiterbörsen des Syndikalismus, Frankfurt 2005
Traven, B.: Das Totenschiff. Die Geschichte eines amerikanischen Seemanns, Zürich 1960
Tschepego, Valentin (Hg.): Machno. Zeugnisse einer Bewegung, Lich 2013.
Uisk, Ahto: Syndikalismus – Eine Ideenskizze, Berlin 1985
Ulrich, Axel: Zum Widerstand der Freien Arbeiter-Union Deutschlands gegen den Nationalsozialismus. Ihr konspiratives Verbindungsnetz in Hessen und im Raum Mannheim/Ludwigshafen, in: Nassauische Annalen. Jahrbuch des Vereins für Nassauische Altertumskunde und Geschichte, 1988, Bd. 99
Van der Linden, Marcel/Thorpe, Wayne: Aufstieg und Niedergang des revolutionären Syndikalismus, O.O. 1992
Van der Linden, Marcel: Neue Überlegungen zum revolutionären Syndikalismus, in: 1999. Zeitschrift für Sozialgeschichte des 20. und 21. Jahrhunderts, H. 16/2001, S. 141–158
Van der Linden/Thorpe, Wayne (Hg.): Revolutionary Syndicalism: an international perspective. Fourteen essays on the revolutionary syndicalist alternative in the workers' movement from the 1880s to World War II, Aldershot 1990
Van der Walt, Lucien/Schmidt, Michael: Schwarze Flamme. Revolutionäre Klassenpolitik im Anarchismus und Syndikalismus, Hamburg 2013.
Veith, Martin: Warum IAA? Zu den Entwicklungen in der Internationalen Arbeiter-Assoziation seit 1996. Eine zusammenfassende Darstellung der wesentlichen Entscheidungen, Moers 2010
Veith, Martin: Militant! Stefan Gheorghiu und die revolutionäre Arbeiterbewegung Rumäniens, Lich 2015
Vilar, Pierre: Der Spanische Bürgerkrieg, Berlin 1999
Volin: Die unbekannte Revolution, Berlin 2013
Wartenberg, Gerhard: Erfurt 1922 und 1932, in: „Debatte-Diskussionsorgan zur Vorbereitung des 19. Kongresses der FAUD (AS), Mitteilungsblatt der GK“, Nr. 4 und 5. (1932)
Wartenberg, Gerhard: Unsere Staatsauffassung, in: „Die Internationale“, Nr. 7/1931
Wätzold, Tim: Konflikte innerhalb der antifaschistischen Allianz im Spanischen Bürgerkrieg am Beispiel der Front in Aragonien, Edition Syfo Nr. 4, Moers 2013
Wätzold, Tim: Der libertäre Atlantik. Unsere Heimat ist die ganze Welt. Die Entwicklung der Arbeiterbewegungen Südamerikas zur Zeit der europäischen Massenmigration als Teil der Kulturgeschichte des internationalen Proletariats, Hamburg 2015
Weber, Hermann/Herbst, Andreas: Paul Albrecht, in: Deutsche Kommunisten. Biographisches Handbuch 1918–1945. Dietz, Berlin 2004
Weinhauer, Klaus, Alltag und Arbeitskampf im Hamburger Hafen. Sozialgeschichte der Hamburger Hafenarbeiter 1914-1933, Paderborn 1994
Wienand, Peter: Der „geborene“ Rebell. Rudolf Rocker. Leben und Werk, Berlin 1981
Witkop-Rocker, Milly: Was will der syndikalistische Frauenbund?, Reprint der 2. Auflage 1923, Hamburg 1999
Wojak, Monika: Das Verhältnis von Anarchisten zu linken Regierungen, Bremen, o.J. (ca. 1979)
Wüstemann, Martha: „Die Bibliothek als Barrikade…“. Interview mit Martha Wüstemann von Wolfgang Haug, in: „Schwarzer Faden“, Nr. 4/1992

INDEX

PERSONEN

STÄDTE/REGIONEN/ LÄNDER

ORGANISATIONEN/ ZEITSCHRIFTEN

Über den Verfasser

Helge Döhring, geb. 1972, Historiker und Literaturwissenschaftler, lebt in Bremen. Bücher zum „Syndikalismus in Deutschland 1914-1918" (Lich 2013) und zum „Anarcho-Syndikalismus in Deutschland 1933 bis 1945" (Stuttgart 2013), sowie zur „Syndikalistisch-Anarchistischen Jugend Deutschlands" (Bern 2011) und den „Schwarzen Scharen" (Lich 2011), kommentierte Bibliographie zur syndikalistischen Presse in Deutschland (Moers 2010), Regionalstudien zur syndikalistischen Arbeiterbewegung in Bayern, Baden-Württemberg, Ostpreußen, Bremen, Schlesien und Schleswig-Holstein.
Mitarbeiter und Mitbegründer des Instituts für Syndikalismusforschung und Mitherausgeber des Jahrbuchs „Syfo – Forschung und Bewegung".

helge.doehring(a)syndikalismusforschung.info
http://www.syndikalismusforschung.info

Vom Autor bereits erschienen:

Anarcho-Syndikalismus in Deutschland 1933-1945
Das Standardwerk über die knapp 1.000 widerständigen Anarcho-Syndikalisten nach 1933 bietet eine erste umfassende, fundierte und kompakte Ausarbeitung zum Thema. Unter Berücksichtigung der Genese und Entwicklung des Anarcho-Syndikalismus bis 1933 sowie dessen charakteristischer Faschismusanalyse untersucht Helge Döhring die Neuformierung der FAUD unter den schweren Bedingungen der Illegalität.

Schmetterling-Verlag (Stuttgart), 2013, ca. 180 Seiten, ISBN 3-89657-062-5, ca. 22 Euro

Syndikalismus in Deutschland 1914-1918
Diese Studie gelangt zu dem Schluss, dass es sich bei der „Freien Vereinigung deutscher Gewerkschaften" mit Zentrum in Berlin um die erste reichsweite Organisation handelte, die von Beginn des Krieges an in den Betrieben Widerstand leistete, Streiks organisierte und für einen konsequenten Antimilitarismus eintrat. Besonders unter den Metallarbeitern Berlins erwuchs seit den ersten Kriegsjahren sowohl mit den Syndikalisten, als auch den „Revolutionären Obleuten" das Potenzial, welches sich in der Novemberrevolution 1918 Bahn brechen sollte.

Verlag Edition AV (Lich), 2013, ca. 200 Seiten, ISBN 978-3-86841-079-2, ca. 16 Euro

Schwarze Scharen. Anarcho-Syndikalistische Arbeiterwehr (1929-1933)
Dieses Buch beleuchtet den Platz und die Bedeutung der „Schwarzen Scharen" innerhalb der anarcho-syndikalistischen und antifaschistischen, sowie Arbeiterbewegung. Von detailliert recherchierten Ergebnissen ausgehend, wird schließlich der Bogen zur heutigen antifaschistischen und anarcho-syndikalistischen Bewegung gespannt, um die für die Zukunft relevanten Fragen herauszustellen.

Verlag Edition AV (Lich), 2011, 184 Seiten, ISBN 978-3-86841-054-9, 14,90 Euro

Kein Befehlen, kein Gehorchen!
Die Geschichte der syndikalistisch-anarchistischen Jugend in Deutschland seit 1918
Das Buch präsentiert auf über 500 Seiten die komplette Geschichte der syndikalistisch-anarchistischen Jugendbewegung von 1918 bis ins Jahr 2011 unter wichtigen und zukunftsweisenden Gesichtspunkten und stellt nicht zuletzt eine Verbindung dieser unterschiedlichen Jugendgenerationen her.

Apropos-Verlag (Bern), 2011, 424 Seiten, ISBN 978-3-905984-07-1, 14 Euro

Die Presse der syndikalistischen Arbeiterbewegung in Deutschland 1918 bis 1933
Mit diesem Handbuch ist die Geschichte der syndikalistischen Presse in Deutschland von 1918 bis 1933 erstmalig geschlossen aufbereitet und dargestellt worden.

Verlag Syndikat-A (Moers), 2010, 90 Seiten, ISBN 978-3-9810846-8-9, 8,90 Euro

Abwehrstreik...Proteststreik...Massenstreik? Generalstreik!
Streiktheorien und -diskussionen innerhalb der deutschen Sozialdemokratie vor 1914 – Grundlagen zum Generalstreik mit Ausblick
Die Fixierung heutiger Geschichtsschreibung auf den sog. „Massenstreik" als konsequentestes Mittel der Arbeiterschaft und auf die Parteilinke um Rosa Luxemburg als Parteiopposition versucht dieses Buch zu durchbrechen, indem der Einfluß lokalistischer Gewerkschaften auf die Streikdebatte näher beleuchtet wird.

Verlag Edition AV (Lich), 2009, 151 Seiten, ISBN 978-3-86841-019-8, 14 Euro

"Mutige Kämpfergestalten".
Syndikalismus in Schlesien 1918 bis 1930
In Schlesien existierte nach dem Ersten Weltkrieg eine starke revolutionäre Arbeiterbewegung, welche diesen widrigen Bedingungen an vielen Orten bis 1933 zu trotzen verstand, darunter syndikalistische Organisationen. Wie für kaum eine andere Region sind aus Schlesien viele Zeugnisse überliefert, die mittels eindringlicher Details die Schwierigkeiten dieser Bewegung auf den Punkt bringen.
Verlag Edition AV (Lich), 2012, 120 Seiten, ISBN 978-3-86841-064-8, 12 Euro

Syndikalismus im „Ländle".
Die Freie Arbeiter-Union Deutschlands (FAUD) in Württemberg 1918 bis 1933
Diese breit angelegte und fundierte Regionalstudie befasst sich mit dieser syndikalistischen Arbeiterbewegung in Württemberg von 1918 bis 1933. Die zentralen Fragen dieses Buches lauten: Unter welchen Bedingungen gedeiht die syndikalistische Bewegung? Elche Faktoren hindern ihre Entfaltung?

Verlag Edition AV (Lich), 2006, 224 Seiten, ISBN 978-3-936049-59-6, *16 Euro*

Damit in Bayern Frühling werde!
Die syndikalistische Arbeiterbewegung in Südbayern von 1914 bis 1933
Bereits vor dem ersten Weltkrieg war die aus der Sozialdemokratie hervorgegangene revolutionäre syndikalistische Arbeiterbewegung in einigen Betrieben Münchens fest verankert. Wie sie die Kriegszeit überstand, was sie mit der Revolution und der Räterepubik zu tun hatte, und wie sie sich in der Weimarer Zeit in Südbayern ausbreitete, ist Gegenstand dieses Buches. Wer waren diese syndikalistischen Arbeiter, und was bewirkten sie?

Verlag Edition AV (Lich), 2007, 282 Seiten, ISBN 978-3-936049-84-8, 17 Euro

Aus den Trümmern empor!
Anarcho-Syndikalismus in Württemberg 1933 bis 1956
Im Mittelpunkt steht der Prozeß gegen 13 Angeklagte vor dem Oberlandesgericht Stuttgart im Jahre 1936. Der Prozeßverlauf, die Haftzeiten, sowie die Folgen dieser Strapazen für die Bewegung nach 1945 sind zentraler Bestandteil dieser Untersuchung, genauso wie die Wandlung dieser einstigen anarcho-syndikalistischen Klassenkampfbewegung hin zu einer anarchistischen Kulturbewegung. Beitrag in: Martin Veith: Eine Revolution für die Anarchie.

Verlag Edition AV (Lich), 2009, Seiten 218-328, ISBN 978-3-86841-005-1, 22 Euro